HISTOIRE
DE LA
CUISINE
BOURGEOISE

フランス料理の歴史

マグロンヌ・トゥーサン=サマ
Maguelonne TOUSSAINT-SAMAT
太田佐絵子=訳

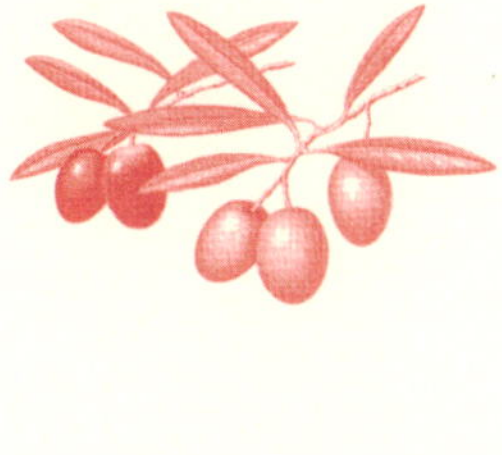

原書房

フランス料理の歴史◆目次

本書の原稿を最後に読みなおしているときに、ジャン＝ルイ・フランドランの訃報を聞いた。彼は親しい友人であり、また尊敬する師でもあった。高等専門学校での彼の講義が私の前途を決定づけたのだから。

一九九二年に彼が著した『プラティナ年代記（Chronique de Platine）』には次のように書かれている。「いつの日か、フランスの偉大な料理と、農民やブルジョワの料理との関係史をまとめなければなるまい。いずれにせよ、すでに長い歴史があるのは確かだ。『偉大な料理人たち』は、偉大な作曲家が民族音楽からインスピレーションを得るのと同じように、庶民のルセット（レシピ）をとりいれているのである」

ジャン＝ルイ、あなたにこの本を献呈して認めていただきたいと願っていた。つつしんでここに本書を捧げる。

マグロンヌ・トゥーサン＝サマ

汝に私のわずかなものを
マグロンヌ・トゥーサン＝サマ

まえがき

われらは皆ブルジョワ

「ブルジョワ、ブルジョワーズbourgeois, *e*（名詞）――（ブールboursより）。（古い意味）市民権に類する特定の権利を有する都市の住民。（現在の意味）都市に住む裕福な者。職人や使用人の言葉で親方、旦那。（女性形の俗語）女房、かみさん。（形容詞）ブルジョワの、ブルジョワの身分にふさわしい、ブルジョワに属する。（用例）クラス・ブルジョワーズclasse bourgeoiseブルジョワ階級。（俗語）保守的、俗物的。（用例）プレジュジェ・ブルジョワpréjugés bourgeois（政治や文学や芸術などで進歩的と対比させて）因習的偏見。メゾン・ブルジョワーズmaison bourgeoiseきちんとしているが豪奢ではない家。キュイジーヌ・ブルジョワーズcuisine bourgeoiseぜいたくではないがおいしい料理。パンション・ブルジョワーズpension bourgeoise決まった数の寄宿者にキュイジーヌ・ブルジョワーズを出す下宿。アビ・ブルジョワhabit bourgeois軍服、僧服に対して平服。男性名詞で大衆、下層民。貴族に対するブルジョワの身分。

ブルジョワジーbourgeoisie（女性名詞）——ブルジョワの身分。ブルジョワ階級。（用例）フレカンテ・ラ・ブルジョワジーfréquenter la bourgeoisieブルジョワ階級と交際する。ドロワ・ド・ブルジョワジーdroits de bourgeoisie（古語）市民階級の特権。

百科事典より。ブルジョワという形容句は、市民全体ではなく市政に参加できる者のみをさしていた。ブルジョワジーとはブルジョワ全体のことだった。中世社会で形成されて数多くの都市を支配し、統治した商人集団が起源とされる。王権の後ろ盾を得た都市のブルジョワジーの発展は、もともと封建領主に抑圧されていたコミューン（中世の自治都市）に解放をもたらした（…）」『ラルース・ユニヴェルセル（Larousse universel）』（一九四八年）

階級への偏見

ブルジョワの狭量さというものがよく嘲笑の的にされるが、「ブルジョワ」や「ブルジョワジー」のオーソドックスな定義を読むと、偏見はこの階級だけの属性というわけではないことがわかる。社会学者なら誰でもそういうだろうが、社会の上から下まで誰もが喜々としてブルジョワ化しようとしている現代においても、ブルジョワに対する偏見はいまだに存在している。貴族たちが節約をし、無産者階級《プロレタリア》が私有財産である家を建てさせ、一九六八年の五月革命に参加した学生たちがかつて糾弾した価値基準に組しはじめた現代においてもである。一方ブルジョワのほうは人生がもはや「穏やかに流れる大河」ではないことを悟ったので、取引ではこれまでにないフェアなビジネスにもみごとに順応した。ビジネスでも国政でも、つねに変わることがなかったのである。

奇妙なことに、ブルジョワ階級を何世紀にもわたって存続させる原動力となった価値観は、中世の小話からシムノン［「メグレ警視」シリーズで有名なベルギーの小説家］にいたるまで、文学や世評では賞賛されるどころかつねに笑いものにされてきた。貯蓄、組織、仕事、忠実、教育、教養、才覚、慎みなどがあざけりの的になり、風刺画では吝嗇《りんしょく》や凡庸さや順応的態度など、この階級に対する非難ばかりが引き合いに出された。非難があたっていることもときにはあったが、ブルジョワにかぎらず、完璧な者などいないのである。

中流階級とその価値観の勝利

フランスではなるほどブルジョワについてよく書かれたためしはない。それだけに、フランス革命二〇〇年記念祭で、民衆革命の勝利ではなく、実際のところ［フランス王国成立より］八世紀をついやして国王にとってかわったブルジョワの勝利を祝ったのはおかしなことに思われる。とはいえ上流ブルジョワが、豪勢な生活を送る左翼政治家となってめだつのもまんざらではないと思いはじめ、ついには社会的・文化的価値を主張するまでにいたるのは、一九八一年に社会主義が出現してからのことだ。にもかかわらず、「ブルジョワ」あるいは「ブルジョワ的」という言葉は、依然として軽蔑的か、さもなければ嘲笑的な意味あいを含んでいる。だが人があざけったり軽蔑したり愚弄したりするのは、その相手を恐れているか、ねたんでいるときだけだ。つまり一種の悪魔ばらいである。

ところで、ブルジョワの社会的優位はマルクス主義の失墜と保守派の信用を失わせる失業を加速させたため、これからの世紀はスウェーデンの手本にならってフランスのみならず世界中で中流階級の普遍化がなされるだろう、と大真面目に論じられている。月面に人類が降り立ち、合成映像が製作されるようになって以来、誰もがエコロジーや、本物で自然のままの価値観を追い求める。流行などというものはもう流行遅れで、バカンスを田舎ですごそうとしてもそこに農民は見あたらない。そして雑誌から店先にいたるまで「商品」が幅をきかせている。「伝統的なもの」もである。

旅商人の子孫である訪問販売員たちは、運がよければ街の片すみで、奇跡的に転用をまぬがれた飾り気のない小さなレストランを見つけて感動するかもしれない。そこの窓ガラスにはいまも、堂々たる白い文字で「キュイジーヌ・ブルジョワーズ」と書かれているのだ。

結局のところ、ブルジョワは料理のおかげで猶予期間を得ているのかもしれない。その料理はすくなくとも辞書では、簡素だがおいしいとされているのだから。

キュイジーヌ・ブルジョワーズの概念

キュイジーヌ・ブルジョワーズをどのように定義したらよいだろうか。それはいってみれば、都会的でありながらも、古い家庭料理の伝統を忠実に守っているということだ。このことはまったく矛盾するものではない。なぜなら都市や都市の住民にも歴史があり、そもそものはじまりは市場にあったからである。

料理という概念は、新石器時代に文明が形成されるとともに生まれた。つまりある社会的集団、あるいは民族的集団に特有の伝統様式にのっとって、食品が調理されるようになったのである。それは地域環境に依存する資源だけでなく、住民たちの風俗や作法に由来する文化的遺産である。社会の枠組みを伝える媒体としての宗教的なタブーがその根底にあるのはいうまでもない。

したがって、キュイジーヌ・ブルジョワーズの歴史はブルジョワジーの歴史に依存するのだが、それが同時進行であったかは定かではない。

キュイジーヌ・ブルジョワーズの連合体

ブルジョワという集団はそもそも都会的なものだが、それでも周辺地域とのつながりはあったし、これからもあるだろう。地方のブルジョワ階級はその地域に独自の社会的・精神的な特徴をもたらし、またこれからも同様であろう。しかし同時に、そのコミュニティが本質的にパリのコミュニティと共通する特徴をもち、今後ももちつづけることはまちがいない。パリのコミュニティというものは、それ自体往々にして、ある一定の時期に地方から導入されたものであるからだ。

したがってフランスのあらゆるキュイジーヌ・ブルジョワーズには、忘れられてしまったものや、残ってはいるが起源が忘れられてしまったものを含めて、原則としておたがいに共通点がないわけではない。地方では、市場の能力に直接結びついている地域の特性がきわだつということはあるにしても、である。

鍋の中までも中央集権

とはいえ、ジャコバン派ブルジョワによる大革命まで継続されていたフランス建国以来の政治的・文化的な中央集権体制は、鍋底にいたるまで首都の都会生活の模範となっている。明らかな例外もあるが、地方の料理法も、ファッションも、ライフスタイルも、パリを手本にしたものにすぎない。

結局いつの時代でも、料理やルセットの伝統は生き方を抜きにして語ることはできない。食糧供給システムから市場価格まで。調理や給仕の手間から設備まで。調理室の配置から食事をする部屋まで。台所用具から家具まで。儀礼的なメニューから給仕の作法まで。ルセット集から家庭の覚書まで――すべてはパリにならうのである。

千年の歴史

キュイジーヌ・ブルジョワーズのはじまり

ブルジョワがそれを意味する言葉とともにフランスに登場したのは紀元千年ごろのことだ。ル・ピュイという都市の文書ではじめて、ブルゲンシス・キウィタティスBurgensis civitatis（都市のブルジョワ）がキウィスcivis（ふつうの市民もしくは都市生活者）と区別して示されている。ブルジョワジーは元来ブルジョワジーの特権である税の支払いによって定められた法的カテゴリーの

タイユヴァンの栄光

その名声は、偽身障者たちもここに戻れば治るという怪しげな奇跡小路にまでおよんでいたと見える。この界隈ですきっ腹をかかえていたはずのヴィヨンが彼の本を引き合いに出しておもしろがっているからだ。

「そこでタイユヴァンの料理書の／フリカッセの章を調べてみた…」

（『ヴィヨン詩集成』、天沢退二郎訳）

ひとつであり、それによっていくつかの特典を与えられ、市政において政治的役割を果たすことを許されていた。やがて法的な権利から、現実的な権利へと徐々に変化していく。紋切り型の考えとは違って、初期のブルジョワは無から生じた商人ではなく、田畑からやってきた活動的な農民たちだった。

古代ギリシア時代から一八世紀初めまでの食習慣について伝えてくれるものといえば、料理書や帳簿、書簡や年代記だった。しかしこうした文献には「宮廷料理」とよばれるようなものについてしか書かれていない。それはたいてい、招待客をもてなすというより感嘆させるためのものであり、高価でこれ見よがしの、唯一記録に残すべき貴族の「ガストロノミー」である。宴会について話すとき、おいしかったではなく、素晴らしかったという言い方をしたのである。上流社会の礼儀では、宴会の楽しさとは招待客を驚嘆させることにあった。

一四世紀までの料理書（作者不詳のことが多い）によると、ヨーロッパでは今日の高級ホテルのような、いわゆる無国籍料理が流行していた。ルセットはラテン語で書かれており、たいていはそのまま書き写されたので、翻訳上の問題が生じることもなく容易にひろまった。たとえば『あらゆる食物の調理法についての教書（Enseignement qui enseignent à appareiller toutes manières de viandes）』の写本の一部が伝わっている。イングランド王エドワード一世（在位一二七二～一三〇七年）の時代の本だが、この時代にはフランス語がヨーロッパ文化の外交用語だったので、初版本はフランス語で書かれていた。私が高等専門学校に提出する学位論文の準備をしていたとき、ある無名のイタリア退役軍人が書き写した写本を見つけたことがある。それは、アッシジの司祭Nという一四世紀の人物による文書を一四八〇年に書き写したものだった。優美なラテン語で料理について書かれたこの写本は、貴族の風俗にならってミラノの上層ブルジョワ家庭で行なわれていた料理法を伝えている。一九世紀までの料理書がすべてそうであるように、材料の分量についてはまったく書かれていない。これについては読み手であるプロの料理人にまかせられており、それは料理人の雇い主たちの蔵書でも同じである。

一四世紀にイタリアで刊行された料理書の多くは、ヨーロッパの宮廷で高く評価されたカタルーニャの料理人の仕事ぶりを手本にしている。当時のイングランド王に仕えた料理人たちの一人は『救い主イエスの書（Livre de San Sovi）』を書いているが、著者が誰かはわかっていない。ちなみにカタルーニャ料理は、当時もっとも手がこんでいたアラブ＝アンダルシア料理の影響を受けたものだった。

一四～一五世紀のフランスの書物にざっと目をとおしたところ、賢明王シャルル五世の料理長タイユヴァンによるきわめつけの料理書『ル・ヴィアンディエ（Le Viandier）』がとりわけ精彩を放っている。その一連の写本は、貴族の宴会を準備する人たちのために用意された、突飛なアイディアの逸脱ぶりを示している。彩色や金箔、羽や毛でおおったロースト肉、巨大なパテ、入れ子式のつめ物料理、舞台装置のように動く仕掛けのものすらあった。宴会のことを伝聞によってしか知らない者たちのあいだでさえ、タイユヴァンは一五世紀を通じて料理の世界で権威を保ちつづけたが、それは現代の『ヴォーグ』や『ポワン・ド・ヴュ』をめくってあれこれ想像するのと同じようなものだったのかもしれない。

『ル・ヴィアンディエ』の強力なライバルとして、一三六二年にパリの無名のブルジョワ（役人だったのはたしかである）が若妻を教化するために書いた『メナジエ（Ménagier）』も、『ル・ヴィアンディエ』に負うところが多い。同書の料理をアレンジし、例として解説されている料理は、従僕と料理人の役もこなす執事のジャック親方と、食器を洗ったり近くの水飲み場から水を運んだりする女中しか雇えない家では実現できそうもない、費用のかかりすぎる料理なのだ。だがつまるところ上流のブルジョワである著者は、当時うわさの種になっていたしゃれた結婚披露宴のメニューや、豪邸の消費量について書かずにはいられない。あくまでも夢見るだけであるが。

書きとめておくに値する料理は、まだ支配階級の料理だけである。というのも、それ以外の人々にかんしては、特筆すべきことは何もないのだ。人々は腹をできるだけ満たすために食べる。楽しみといえば、そこそこ満腹することだけ、というくらい食事は粗末で単調なものだった。イタリアでブルジョワが「グラッシgrassi［脂肪］」といわれるのも理由のないことではない。

人口の大多数は文明がはじまって以来、穀物を粥状にしたものや、摘みとったり菜園でとれたりしたもののポタージュを日々の献立にして、濃度を高めるためにガレットやパン屑をくわえたりしていた。これに塩漬け肉か干し肉をそえるのだが、たいていは豚肉か老いた山羊あるいは羊の肉だった。牽引に使われる牛は、老衰死か衰弱死したもの以外にはほとんど食肉として利用されなかったからである。繊細な味で値も張る子牛肉や子羊肉は、イタリアの例では中世末期になってはじめて現れるが、それも一にぎりの恵まれた人々に供されるのみだった。

一四世紀のフィレンツェの人々の食生活にかんする滑稽で味わいのあるサッケッティの三百の『小話集（Nouvelles）』には、文無しの食いしん坊たちがどれほど肉にとりつかれていたかが描かれている。一方、のちほどとりあげるプラートの商人が残した膨大な数の書簡は、妻たちに与えた指図をとおして、トスカーナ州の裕福なブルジョワの嗜好や習慣についてあらゆる情報を提供してくれる。『メナジエ』を書いた同時代のパリのブルジョワと同じように、イタリアのブルジョワは自分の家でも、仕事においても、有能で手際が良いまさに一家のあるじだった。妻はよほどの大ブルジョワでもないかぎり、依然として束縛された状態に置かれていた。

貴族の特権である狩りの獲物はほとんどロースト肉として城館の食卓にならんだが、ブルジョワも田舎の所有地でジビエ（野禽獣肉）を手に入れることができた。家禽や養殖魚または釣った魚も特権的なものだった。貧しい人々が長い四旬節の期間に食べることができたのは、塩漬けの魚だけである。ニシンが中世の小話によく登場するのももっともなことだ。嘲笑の対象にはなることはあっても、ごくありふれたふだんの食事についてはべつだん言及することもないのである。

もっとも、ふだんの食事にかんして安上がりな物ですませるというのは、もったいをつけて気どらないときのブルジョワや中世貴族の食事の基本でもあった。そこに賦課税として入ってくる肉や魚やチーズをくわえる程度のものだった。宮廷ではさらに粥が食卓にのぼっている。若きルイ一四世と王弟が深皿の中身に顔を突っこんでいた話はよく知られている。

新鮮な果物は旬の時期に出まわるだけで、それほどおいしいものではなかった。そのかわり、ドライフルーツは保存食のひとつになっていた。砂糖がエキゾティックなものであるあいだは、果物の砂糖漬けはぜいたく品だった。蜂蜜は中世の賦課租としてのみ生産され、農民やつましい都会人はほとんど目にすることがなかった。しかしルネサンスの進行とともに農業や流通も改善されていった。ルイ一四世時代の人々が依然として食糧難にあえいでいたことを除けばだが、生活水準も改善されてはいたのである。

文字になった料理

行政官や法学者になった都会の商人あがりのブルジョワ階級は、聖王ルイ九世以後の議会のはじまりとともに影響力をもつようになった。節約と節度と先見の明という美徳をすでにそなえ、時代を追うごとに力をもつようになっていく。宗教改革では、ブルジョワ階級はたいていプロテスタントになっている。

家政書も農学の実践書という範疇ですでに現れていたが、それは上流階級の人々（彼らはそれを召使いたちに読んで聞かせた）だけでなく、田舎に別荘を所有する（イングランドのジェントリーのような）それほど身分の高くない人々にもよく読まれた。ルイ一六世時代末期までに、裕福で教養もある新し物好きの中流階級が現れて、ときには貴族以上に洗練された存在になろうとすることさえあった。

一七世紀は「卑しむべきブルジョワジーの長い支配」にほかならないとサン＝シモンは嘆いている。次の一八世紀もまたしかり。というのも金融資本家《フィナンシエ》でもあるブルジョワ階級は実質的な経済力をもち、コルベール、ネッケルといった有能な大臣を輩出することになったからだ。貴族が召し使いの世話や田舎の領地の管理を執事にまかせていたのに対して、事業の責任者たるブルジョワはすべて自分で管理した。

しかし貴族も、それと気づかずにブルジョワ階級から教訓を得ることになる。富の誇示にではなく、気配りと洗練さに贅をつくし、つねに節約を旨とする新たな会食の形に敏感に反応するのである。

古典主義時代にはどの街においても、まだ中世と同じように惣菜屋《トレトゥール》やロースト肉屋《ロティスール》や「豚肉加工屋《シャルキュイティエ》」、菓子屋《パティスリー》で調理ずみ食品が売られていて、住まいに大きな厨房がなかったり、十分なスタッフがいなかったりする人たちに重宝されていた。だがブルジョワたちは田舎に広大な領地をもっていて、快適な季節になると土地の産物を使った特別なルセットで、郷土料理とよべるものを作るようになっていた。モリエール『町人貴族』の主人公ジュルダン氏「上流階級のまねをしようとする主人公として滑稽に描かれている」のように、自分でも気づかないうちにやっていたのだ。とはいえそれが本格的に行なわれるようになるのは帝政期以降である。

一六五〇年には大貴族たちの料理長をつとめたラ・ヴァレンヌことフランソワ・ピエールが、有名な『フランスの料理人』を著している。ルイ一四世時代（一七世紀）があったおかげで、フランスの高級料理《オト・キュイジーヌ》は今日まで続く名声を勝ち得たのである。『フランスの料理人』には、今日でもよく知られているおもなソースを用いた、現代的な料理人の一流の技が披露されている。これによって過去の料理とは永久に袂をわかつ、新しい料理《ヌーヴェル・キュイジーヌ》の体系化がなされたのである。こうした料理はすでに当時のブルジョワの手がとどくところにあった。それは最後の「ヌーヴェル・キュイジーヌ」になることなく、最初の「ヌーヴェル・キュイジーヌ」らしい洗練を求め、華美を廃したものだったが、セヴィニエ侯爵夫人のような「名門」の人々はいうまでもなく、才女《プレシューズ》や、ラ・ヴァレンヌ料理長の同業者たちからもひんしゅくをかったのはいうまでもない。ブルジョワの「ポタージュ・ド・マルミット」のようなルセットは、太いパンの厚切り、または端をちぎったものを上質のスープに入れて弱火でじっくり煮るのだが、ライバルのL・S・Rからは「物乞いの食べ物」扱いをされた。それがふつうの人々のふだんの食事だったのは事実だが、当時はほとんど挑戦的といってよいものだった。

『フランスの料理人』はそれでも料理書としては大成功をおさめ、周辺諸国のあらゆる言語に翻訳され、フランス革命まで版を重ねていた。この「小さな青い本」の噂は広まり、プロの料理人はもちろん、「貴顕および個人の食卓」の秘訣を祝宴に応用しようとする、地方の上流人士たちによって買い求められた。

一七世紀の料理革命は、よけいなスパイスが使われなくなったルネサンス期にすでに進行していた。すくなくともフランスでは、バターの使用と同時にその土地固有の香料を使うことがロワール川上流域［フランス中央部。ワインの産地で知られる］で奨励され、「原点に立ち返る」という観念が現れた。中世には酸味のあるソースが好まれたが、ルネサンス期にはこってりしたものが好まれるようになった。

この「革命」は、じつはルネサンス期の終わりに、田舎の地主向けの料理書が現れたときにはじまっていた。たとえばニコラ・ド・ボンヌフォンは、ルイ一四世治下にベストセラーとなった『田園の快楽』の中で、ブルジョワ風という言葉を早くも用いている。現代では体調維持のため健康的に食べることが求められているが、ボンヌフォンの本によって、食餌療法という古くからある考え方がはじめて広く一般に広まったのである。それまで「体液」を治すために必要とされた、「温」と「寒」、「乾」と「湿」の調和にもとづくサレルノ［イタリア南部の都市。中世から医学校で知られる］の学校の名高い養生訓は廃れてしまった。

『フランスの料理人』はプロの料理人にとっては別として、教育的な目的をもつものではないが、健全さの概念によって、もはや貴族の料理ではなく大ブルジョワの料理をはじめて世に知らしめた。洗練された人々はのちに啓蒙の世紀のになない手となり、「良き」中流ブルジョワジーへの道を開くことになる。

啓蒙思想すなわち良き手本

マシアロの『王家とブルジョワの料理人（Le Cuisinier royal et bourgeois）』（一七〇〇年）からしばらくたった一七四六年に、現代料理にかんするはじめての書籍が出版された。ムノンの『ブルジョワの女料理人（La Cuisinière Bourgeoise）』はまさにブルジョワ階級の人たち向けであることを前面に打ち出している。それがうたい文句になっていることから、ブルジョワが重視されていたことがわかる。『酒宴の神コーモスの贈り物（Dons de Comus）』を一七三九年にすでに出版していたマランは、貴族である読者たちに、ブルジョワ化した節度ある料理を選択するよう強く勧めている。同書からうかがえるのは、ブルジョワ階級の社会的成功に大貴族もしだいに無関心ではいられなくなったことである。「ブルジョワ風」料理を食することによって、貴族はみずからが質素であることをわざとらしく示したのだ。一方、すでに廃れた貴族の料理を誇らしげに味わうことで「ド」・プルソンニャックと貴族のようによばれることを夢見るブルジョワがあらわにしたのは、その社会的な野望である。君が何を食べているか言ってみたまえ、君が何者であるかを…あるいは君が何者になりたいのかを言いあててみせよう［ブリア＝サヴァランの著書からの引用］というわけである。

ムノンとよばれる人物はそれまで貴族的な『宮廷の夜食（Soupers de la Cour）』（ルイ一五世時代）で知られていたが、「これは貴族向けではなく、ブルジョワ向けに書かれたものである」とはっきり述べている。大邸宅では料理長や食膳係など大勢のスタッフを見こめるが、中流階級には女料理人と、そのころから配膳室の目配りをするようになった女執事しかいなかった。イングランドにおける農村ジェントリーのあいだでは、昔からふつうに行なわれていたやり方である。

倹約を心がけたいものの貴族姓を名のることも夢見ないわけではないブルジョワ階級は、支配階級に近づきたいとの願いを絶たず、同じ第三身分に属するとはいえ、下層民とは一定の距離を置こうとしていた。『ブルジョワの女料理人』の教えと助言に忠実に従えば、社会に台頭するもくろみの助けとなるだけでなく、食品の選択・調理法と盛りつけ方を身につけることで、すでに社会的地位の高さを証明することになるのだった。まだはっきりと確立されてはいないが、その地位に自尊の念をもつようになるのはこの頃からである。

さらにムノンによる同書は、プロの料理人ではない人々を対象とするフランスではじめての料理書になったのである。その流れをくむ著作が次々に現れて、いまだかつてほとんどかえりみられることがなかった日常生活を、創造的なものに変えようとしていた。料理の知識は家庭の伝統として伝えられ、その地域に特有の料理が貴族のあいだにも浸透していく。

一八世紀は衣服や料理の地域性がはっきりしてくる時代である。地方都市が地方色をもつようになり、大革命という中断期をへた一九世紀には、ブルジョワが作り上げた地方分権主義とともに重んじられるようになる。

たとえばリヨンの料理は正当にもフランスの典型的な料理としてとおっているが、それは宮廷や城館内で召される料理の流れを直接くむものではない。それは女性たちによって伝えられてきた、郷土の豊かな産物に恵まれた地方の家庭料理（イタリア語ではcasa linga［自家製］とよばれるようだ）の流れをくむものである。名高いリヨンの女性料理人たちはいまもフィルーおばさん、ギィおばさん、ブランおばさんのようにおばさん《メール》とよばれていないだろうか。

当時最高のシェフだったアレクサンドル・デュメーヌは、ディグアン［リヨン北西部の町］にある、一七七〇年から先祖代々料理人であるレストラン経営者の店で修業した。彼は、自分の才能が地域に由来するものであることを忘れない。「私はブルギニョン生まれである。だからすでに『素質』に恵まれている。なぜなら誠実なブルギニョンの人々は、彼ら自身が素朴であるのと同様に、ゆるぎない本物しか調理しないからだ。（…）フランスは恵まれた土壌をもっている。とりわけ極上の生産物の豊かさ、多彩さに恵まれているので、誠実な料理人ならじゅうぶんに立派な仕事ができる。

（…）完璧さの追求が聖務という職人は幸福だ。彼や彼の兄弟たちは受け継がれた資質にくわえて、そこかしこで天才のひらめきを発揮するだろう」と。

一九世紀すなわちブルジョワジーの確立

正式には三世紀前からかもしれないが、家庭の暖炉の灰の中で、一千年以上の時をかけて丹念に作られた料理という文化的遺産を象徴する「キュイジーヌ・ブルジョワーズ」は、これ以後どんな意味をもつのだろうか。キュイジーヌ・ブルジョワーズというのは、家や家庭を意味するラテン語のドムス（domus）に由来するキュイジーヌ・ドメスティック（cuisine domestique）という言葉で、以前はよばれていたものである。

文学上では、モリエールの『守銭奴』ですでにそれらしきものが見られる。それは戯画的なブルジョワ、アルパゴンが「羊肉料理《アリコ》の脂っこいやつ、添えものにマロンをどっさりつめたパテ」（鈴木力衛訳）で祝宴を開こうとする場面だ。「アリコ」（「なんでも」という意味のラテン語アリクオド aliquod に由来する）は、一九世紀にあらゆる社会的階層の人々に知られ、気に入られていた料理で、タマネギとカブとジャガイモと羊肉をいっしょに煮こんだものである。

プロヴァンス地方が本場である牛肉の蒸し煮もまた、歴史の古い料理である。去勢牛または去勢していない雄牛の肉をワインに漬けて柔らかくしてから、鋳鉄製のマルミット鍋か蒸し煮鍋を灰の下にもぐりこませて長時間加熱する。ワインを使わないブルギニョン風牛肉もめざすところは同じである。蒸し煮したブフ・ア・ラ・モードは、一晩中とろ火で煮こんでいた熾《おき》を思いださせてくれる。また、アルザス風ベクオフ baeckeofe の肉のごった煮は、主婦たちが洗濯する日にどうやってそれをパン屋に預けていたかをいまもその呼び名に示している（50ページ参照）。その蒸し煮料理も、別の料理法では食べられない部位を利用した絶品である。昔は暖炉の厚い灰の中で何時間も加熱していたが、かまどが用いられるようになり、やがてはレンジになった。ブランケットについては、炒めて（「スフリ」）煮るという二度の加熱調理を行なう中世の調理法が忘れられず残っている。カスレはかつてソラマメを使って作られたが、カトリーヌ・ド・メディシス［メディチ家ロレンツォ・デ・メディチの娘、アンリ二世の妃］以後インゲンマメが使われるようになった。野菜と肉と腸詰をグラタンにして「ジャム」になるまで煮つめたものである。

つまりブルジョワ料理とは本来、安上がりでおいしい食品をじっくり加熱して、うっとりするような香りをさせた完璧で壮大な料理なのである…　ひと口食べれば舌の上に、先祖代々の日常生活が感じられるのだ。ポテ［塩漬け豚肉などと野菜を煮こんだ料理］やポトフ、雌鶏のポトフ、ポタージュやスープなどはいまも好まれる料理だが、これらはすでに『フランスの料理人』の中で、豆類や、かつて樽に塩漬けして売られていたカキやムール貝といっしょにじっくりと煮こまれていたものなのである。

こうしたおいしい鍋料理は、トゥルト［野菜、肉、果物などのパイ包み焼き］やグラタンのように、たいていは残りもので調理されるいかにもブルジョワらしい料理をいかにも想起させる。では昔のラムカンはどうだろうか。いまもラムカンのことを思い出すだろうか？　昔も今も変わらないイングランドのウェルシュ・ラビットWelsh Rarebit［チーズトースト］の兄弟分であるラムカンはクロックムッシューの走りのようなもので、チーズ、タマネギ、腎臓肉、ひき肉でグラタンにした厚切りパンのことである。あまりお金がかからないおいしいアントレになる。ブルジョワ料理は地方に起源があることをけっして忘れることはない。たとえばアルザス風のタルト・フランベがそうだ。

なんでもないものなのだが、パン生地、タマネギ、卵、細切りにした背脂、クリームなどを使ったこのおいしいタルトは、やがて洗練されたキッシュ・ロレーヌになるのである…　それについては何時間でも語れるだろう。

こうして列挙したものはまぎれもなく、大きなテーブルの周りに近親者を集める味わい深い幸福の目録といえるだろう。幸福な気持ちでいることは、最初の意味での食餌療法の基本のひとつである。だが気のめいるダイエットと、多少なりとも両立などできるのだろうか！

そういうわけで、現代人はキュイジーヌ・ブルジョワーズを戦前の黄金時代の具体的な証拠として、心に思い浮かべるのである。それは、タンパク質もビタミンも知らなかったが、必要な物が自由に手に入るようになるとすぐに、良識にしたがって最終的に献立のバランスをとる術を心得ていた祖父母たちの心地よい世界、いわば失われた楽園の名残なのである。

第*1*章　キュイジーヌ・ブルジョワーズの歴史——中世

「ブルジョワ」という概念は最近になって生まれたものではない。アリストファネスや、古代の対話編の著作家たち、つまりプラトン、クセノフォン、ペトロニウス、プラウトゥスたちの言葉に信を置くなら、ブルジョワたちは言葉でそう表現される以前に非難を受けてさえいる。

ブルジョワ階級らしきものは、紀元一〇〇〇年ごろにガリアに現れた。紀元一〇〇七年に書かれたトゥーレーヌ地方ボーリュー＝レ＝ロッシュのモナスティック monastique[1]ブールや、シュブカストラル subscastral[2]ブールに住む人々にかんする文献に、ブルゲンシス bourgenses という言葉が出てくる。これはブルグス bourgus または burgs の居住者を意味し、ゲルマン人から入ってきた語彙である（ただし語源はギリシア語のピルゴス pyrgos）。一般的には、食料の備蓄を守るために要塞化した集落、もしくは高台にある建物に限定される。

(1)　大修道院に帰属する。
(2)　城塞に保護された

当時の社会構造と概況

そして歴史はブルジョワを創造した

後期ローマ帝国が衰退したのち、西欧はローマ帝国時代の都市の残骸が点在する不毛の地になったかのように思われているが、そうではない。大都市のネットワークは存続していたのである。規模はそれほど大きくない、あるいは大きくなくなったにしてもである。たとえばパリは一〇ヘクタールしかなく、トゥールーズやケルンはかろうじてその一〇倍だった。

都市住民の基盤は、もともとその土地に住んでいたガロ＝ローマ人である。ゴート人、ゲルマン人、ヴァンダル人、サクソン人などの外国人侵略者の多くは、ほとんど都市に引き寄せられることはなく、都市に本拠地を置くこともなかった。

クローヴィスのような異国の王たちが賢明にもよく理解していたのは、平和をとりもどしたばかりでほとんどキリスト教化していない地域では司教や大修道院長が尊敬される最良の行政官となることだった。高位聖職者たち——サン＝レミとして知られるレミギウスもそうした一人である——は実際に、一時的な地方総督の役目を果たしたのである。司教座や修道院は当時唯一といってよい宝物庫だけでなく、広大な地所も擁していた。そしてなによりも神という後ろ盾があったのである。直接的には収穫物で多くの人々を養い、間接的には地方の職人たちに仕事を与え、利益のあがる交易市場も開いていた。

こうした初期のネットワークと並行して、ブルグスという新たな居住形態が現れる。ローマ皇帝ウァレンス（在位三六四〜三八七年）治下である紀元三七一年の記述にあるように、それは最初から交易の場だった。そこには「ここにブルグスが建設され、『商業』の町と名づけられた。なぜならそれがこの町の目的だったからだ」と記されている。

フランス語の「ブール」のもとになったブルグスは、当時は女性名詞だった。そしてブルゴーニュ人の遠い祖先であるブルグント族の名の起源にもなっていると思われる。

しかもフランドル地方から地中海まで、ガリア全体にブールの原型となるものが作られていったのは、ブルゴーニュからなのである。ただし、城塞都市のような「自由村」が広大な田園地帯の中心にあって、キリスト教の庇護のもとで市場が開かれていたブルターニュ地方とアキテーヌ地方は別である。

八一六年のエクス公会議の記録によると、市場町《ブール》はurbs（大都市）、civitas（都市）、castrum（要塞）、villa（農場）などと同じような地理的・経済的な単位とされている。城や修道院の所管であれ、都市とつながるものであれ、ブールは一〇世紀になると、ル・ピュイ＝アン＝ヴレあるいはディジョンのサン＝ベニーニュによって実証されているように、独自の特許状をもつようになった。

ブルグスは、（王国、州、伯管轄区などあらゆる政治的単位の）境界に沿って作られることが多かったので、第一に警備隊と商館が設置された。イタリアでは同じ頃、城壁外にあって無防備な状態にあった町を意味するborghiという言葉があったが、それとは違う。アルプスのこちら側では真実、あちら側では誤りというわけだ。

ブールは民族大移動や、その後の封建領主どうしの対立、多くの農民の奴隷化などといった時代の猛威から身を守るため、大修道院に後ろ盾を求めた。事実、大修道院はこうした町の中核をなしているることが多かったのである。宗教が定着すると、永遠不変の救済にくわえて、（ハンセン病療養所という）最小限の医療機関もできた。学校（修道士アルクィンは「もっと服従させたいと望むなら人々を教育しましょう」とカール大帝に進言した）や工房、地下倉が作られることもあった。とくに重要なのは福者の庇護と聖遺物である。巡礼の人々は団体として大挙してやってくるので、聖俗にかかわらず地元の人々に繁栄をもたらしてくれる聖遺物はまさに町の宝物だった。もともとあった城館や都市が、安全を守るためにいくつかのブールを離れたところに作ることもあったが、大修道院は意外なことに、アラス［フランス北部アルトア地方の中心都市］は別としてかならずひとつしかもたなかった。こうしたブールは巡礼地が威光を失うと不振におちいり、ナンシー［フランス東部ロレーヌ地方の中心都市］に吸収されたサン＝ニコラ＝ド＝ポールがそうだったように、新たな都市に依存することもあった。

領主たちの多くは富の流れにあずかるために、二つの道が交差・合流する戦略的な場所に自分の管轄下にあるブールを作り、修道院の庇護も確保した。こうして共同社会の安全を守る兵士が集結し、聖職者は人々の救済を行なった。大多数の人々は町全体を養うためにみずから働いた。それがかの第三身分であり、司教のアダルベロン・ド・ラオンが定義した中世の概念によると、彼らがキリスト教社会の均衡と機能を保ったのである。

つまりブールは何もないところから現れたのではなく、すでにあった都市からの枝分かれ、あるいは補足だった。同様に、ブールの住人であるブルジョワは、長いあいだ集落を守ってくれる防護柵が築かれると同時に、地面や周囲の農村の奥深くから自然発生的にわき出てきたというわけではない。

土地から離れて

当時の都市は田園地帯にあった。畑やブドウ畑が城壁の外側に出現したが、多くの人々は都市内部の菜園や放牧地、家禽飼育場、果樹園、牛舎で、食物を得るための作業に忙殺されていたのである。最初にブールに住みついたのは、領主のために働く者とその家族たちだった。召使い、馬小屋や牛小屋の世話係、貧農、鍛冶屋、職人、射手などである。彼らのなかには奴隷の境遇の者も、奴隷の境遇から解放された者もいた。一方農村では、伝統的な農地に結びついた労働力はたいていの場合、領主が聖職者であってもそうでなくても、土地と同じく領主に属していた。隷従者である農民たち（pagani）は田園風景の一部だったのである。マナンたち（ラテン語のmanere［とどまる］に由来する）は同等や上位の者より抜け目がなかったので、解放という幸運に恵まれるか、ほかの農民よりは自立した「農奴《セルウィ・カサーティ》」になる日まで、そこにとどまっていた。彼らはまず、自分たちにまかせられた狭い畑「マンス」の管理者になった。そして相応の力があれば、そこから未来が開けてくるかもしれなかった…

彼らは幸運に恵まれるか、あるいはそれ以上に本人の資質によって——それが真正ブルジョワの遺伝子に組みこまれ、やがて世紀をへるにつれて美徳を積み重ねていく基盤となる——領地内で責任ある経営や官吏の仕事に従事することができた。領地内だけでなく、領地外でも同様だった。ブールや、商業がある程度盛んな町には、法律の仕事をする人々がやってきて、領主のために働いた。

商売——ブルジョワへの道

こうした「ミニステリアレス」（任務をおびた下僕）は、領地の余剰生産物を売ることができた。穀物、木材、ワイン、羊毛、チーズ、肉などである。また外国の商人や行商人といったいわゆる「ほこりだらけの足」をした者たちの一部も、元ミニステリアレスと同じように、ブールに定住するようになる。

そして彼らはいずれも「ネゴシアトレス」（商人）のカテゴリーに属し、結局はブルジョワとなる。商品取引や当時まだめずらしかった通貨取引はブルジョワジーの唯一の仕事であると庶民から思われていたので、貨幣はそれ以後ブルジョワの属性となった。貨幣だけではなく、それを上手に扱う技術や方法もである。貯蓄についてはこのあととりあげる。

自由人としてのブルジョワ

市民特権

一一四一年に出されたルイ七世の特許状によると、ブルジョワは聖職者でも「ミレス」（騎士）でもない、都市の自由な住民として定義されている。その当時「ブルジョワ」という言葉は限定的に使われ、まだ中世的な意味にかぎられていた。広義の道徳的な意味は、ロマン主義の時代以降に生み出される。

ブルジョワジーは一三〜一四世紀になると、地代《サンス》つまり市民特権である税金の支払いによって決められる法的カテゴリーに属するものとなった。このカテゴリーに属する住民だけが、経済的分野などで恩恵を受けることができた。さらに制度上の政治的役割を果たすようになり、やがては支配者としての役割をになうようになった。ブルジョワジーは事実上、都市のエリートになったのであ

大地の放浪者たち

「そして彼らは歩きだしさまよう／売るための荷物をもって／夜が明けてから暗くなるまで／彼らは出入りしつづけた／町全体が彼らで埋めつくされた／町の市場(3)も外の市も(4)／それから仮小屋を閉めて架台をかたづけた…」
ベルトラン・ド・バール＝シュル＝オーブ、プロヴァンの復活祭の市について。

(3) 決められた市場で開かれる市。

(4) 郊外の不定期の場所で開かれる「草」市。

る。

　食品関係の職人や商人、とりわけ肉屋（血と死骸のにおいからその職業は不人気であったものの、肉は強い力の象徴だった）などは、ほとんど世代を重ねることなくブルジョワ化した。やがて要職につくようになると、都市の権力は彼らの手に移る。フランスの歴史は彼らに負うところが大きい。カペー家も、もとをただせばサクソン人の肉屋出身のブルジョワである。

　またコルベールやジュヴナル・デ・ジュルザンの家系、セヴィニエ侯爵夫人の家系は農民出身の名家である。コルベール家（Colbert, Colevertもしくはコリヴェルティ Colliverti, 直訳すると「農奴の首輪をはずされた者」という意味）の家系は、自作農《ラブルール》（自分の所有するわずかな耕具で数アルパン［約二〇〜五〇アール］の土地を耕す人）になっていた。やがて大聖堂が頑丈な材料を用いて建てられるようになると、石工頭からブルジョワである石工兼建築技師長や商人《マルシャン》、あるいは（ランス、アミアン、パリなどの）ラシャ（毛織物）販売業者になり、ついには銀行家や収税吏、軍需品調達者などになった。その後は知ってのとおりだろう。

　それとは逆に「シリア人」商人もユダヤ人も、中世においてはブルジョワではなかった。ただし、のちにノストラダムス家やモンテーニュ家となる、おもだった南仏の改宗者は別である。

入会金

　一二世紀においてブルジョワになるためには、一年以上前から都市に住み（ブールはすぐ都市に変わったからだ）立派な店をかまえていなければならなかった。つまり通りからよく見える家をもつということであり、ブールのかぎられた面積と都市の地価から考えると高くて狭い家ということになる。財政や軍事の要職にもつく必要があり、すでにしかるべき地位にあるブルジョワたちの助言を受けたうえで、高額の税金を支払って「市民階級名簿」に名前を記載してもらわなければならなかった。端麗王フィリップ四世の初期の王令は、横行している「不正行為とずる賢いやり口をなくす」ために、都市ブルジョワジーへの入会条件を定めている（貴族による反ブルジョワ的偏見がすでにみられることに注目していただきたい）。志願者は、三人のブルジョワに推薦してもらい、国王の地方行政官《プレヴォ》に名のり出る。そしてすくなくとも六〇スーはする家を建てるか買うかして、諸聖人の祝日［11月2日］から夏の聖ヨハネの日［6月24日］まで、都市（城壁内である！）に住まなければならない。あらかじめ自分が従属する土地の領主や騎士や司祭の承認を受けておく必要もあった。最後に、ブルジョワジーの権力を得た見返りに、「ブルジョワのワイン」一樽が市参事会員に贈られた。

　時代がくだった一六世紀末にも、モンス出身だがリエージュにある君主司教宮殿の有能な料理長となったランスロ・ド・カストー［一六〇四年に刊行した『料理書（Ouverture de cuisine）』で知られる］は、このようにしてリエージュのブルジョワになっている。彼は裕福な生活とリエージュの不動産、あげくは小間物商（小間物の卸売商）同業組合への所属許可証を得ている。彼がなぜこの組合に入れられたのか、歴史は何も語っていない。

「フラン＝ブルジョワ」というのは、都市または封主に属する地区に住みながら、封臣の義務も賦課租もまぬがれていた者をさしている。

したがってブルジョワは税金を払いつづけ、都市やブールの支配者の聖俗にかかわらず、徐々にその財政的、道徳的監視から自由になっていった。一五六〇年には、当然のように国王の平民官吏や商人や金利生活者などになっている。このため一九世紀になると、ブルジョワは自由な職業についている者たちと同一視されることになる。

ブルジョワ天国の三つの輪

第一の輪、都市と食糧補給

都市やブールを囲む柵はのちに城壁になるのだが、その外側の市外区《フォーブール》には、川に沿って汚染源となる有害な小工場（なめし工場、製パン業、畜殺場、染色業など）がたいてい集まっていた。その周りには、ほぼ一里四方にわたって農村地帯が広がり、その都市圏特有の法律や免除事項や慣習法（布告《バン》）だけに従属していた。それが郊外《バンリュー》で、イタリア語のcontadoに相当する。ブルジョワもしくは財力のある都市圏住人は、バンリューに家や農地をもっていたが、法律によって夏は都市に住まなくてもよい権利が認められていた。

野菜と果物

野菜は実際のところ、人々の食糧供給の中でふつう考えられているよりもはるかに大きな位置を占めていた。領主たちが野菜を下賤の食べ物と考えていたにしてもである。食物の中で占める位置があまりにも大きいので、この章全体をとおして随所でとりあげることになるだろう。

　ブルジョワがまだ郊外《バンリュー》の農場主だったころ、自家用か市場で売るために小さな庭《クルティヤージュ》もしくはエルブ（野菜）の「クチュール」（菜園）をもっていた。ニンジン（新技術による）、ムカゴニンジン（ニンジンの一種）、ポレ（ポロネギ）、カブ《ラーヴ》、西洋ダイコン《ナヴェ》など、根菜だけではなく「葉菜」もあった。チコリや、霜が降りたあとがとくに好まれるキャベツ類、カルドン、春には当時もてはやされたエンドウマメやソラマメも作られた。レタスやセロリやクレソンが流行するのは一四世紀以降のことだ。ニンジン、タマネギ、エシャロットも多かったが、こうした野菜は十字軍参加者たちによってアスカロン「イスラエルの都市、現アシュケロン」からもたらされたという説が根強く残っている。パリ近郊のアルジャントゥイユでは、アスパラガスがすでにあった。

　果物については、森や区分けされた土地の生垣で、アリーズやコルムなどのセイヨウナナカマド、ハシバミ、ナナカマドの実を摘んでいた。やがて果樹園とよべるものができたが、最初のうちは大修道院の果樹園以外は経営がうまくいかなかった。われわれが知る唯一の文献の記述からは、接ぎ木する高さや方法についてブルジョワが庭師にあれこれ指図しているようすがうかがえる。果樹園ではリンゴや洋ナシがとれたが、まだあまりおいしいものではなかった。パリ郊外ではモモ、プラム、アプリコットが栽培され、モンモランシー周辺ではサクランボがとれた。修道院の庭ではルバーブが育てられ、移植用の苗がよく配られていた。市場には輸入果物も多くみられた。「オレンジ色のリンゴ」とよばれたレモンや、糖度の高さから好まれたナツメヤシなどもあった。都市の庭に日あたりのよい一画があれば、ところかまわずイチジクが植えられた。それでも南仏からは上質の干しイチジクが送られてきていた。アーモンドはデザート用としてだけでなく、よく知られたソースのとろみづけとしても広く使われたが、これも南仏産だった。

ブドウはなくてはならないものだったので、ほんのちょっとした中庭にもブドウ棚があった。『パリのブルジョワの日記——一四〇五年から一四四九年まで（Journal d'un bourgeois de Paris : de 1405 à 1449）』（一九九〇年、パリ、リーヴル・ド・ポッシュ）で無名のブルジョワが百年戦争の時代に書いているように、財力のある市民は都市の城壁外にブドウ畑を所有していた。そもそもブールの初期の住民たちは、たいていがブドウ栽培者だったともいえる。水があまり安全ではなかったので、ワインが健康を守るものとされたことは述べておくべきだろう（病院は大量のワインを寄贈されていたのだ）。ブルゴーニュを除けば、ワインは上等なものではなかった。とはいえ——今日では信じがたいが——フランスでぬきんでて大きなブドウ畑はパリ地方にあった。

多少なりとも裕福なブルジョワは、自分の土地で日雇い労働者を働かせていた。都市の人口は、自分の畑やブルジョワから賃借りした畑を経営するためにいつも城壁外にいる耕作者たちがつねにかなりの割合でふくまれていた。ブルジョワの財産は、金銭や物質という商業的資産を除けば、その大部分が所有地からの収入だったのである。

蓄える技術

飢饉や侵略、戦争といった大きな危険のほか、天候不順、輸送状況などにはじゅうぶん用心しなければならなかった。収穫した食糧やよい時期（『メナジエ』の著者によると、せりで一番の安値のついた時期）に購入したものは、都市の家々の地下倉や屋根裏に大事にしまいこまれ保管された。豆類、塩漬け食品、脂肪、ベーコン（塩漬けの豚肉）、コンフィ（肉の脂漬け）、蜂蜜やレーズンをベースにしたジャムなどである。イタリアではオリーヴオイルの壺の中に小さなチーズがしまいこまれていた。燻製肉やハムはひとつでも手に入ると、マントルピースにつり下げておいた。だがもっとも大切な蓄えは、やはりワインだったと思われる。百年戦争のあいだ、フランスのブルジョワはブドウのしぼり汁よりも穀物にこと欠くのである。

かなりの金持ちでもないかぎり、ブルジョワが自家用の穀物を作ることはまれだった。小さな農場を所有する裕福な家は、家禽や卵（大量に消費された）、兎connins、山羊、羊を所有していた。豚肉は民間伝承から想像されるほどではないにしても、よく食べられていた。あらゆる種類の王令や禁止令が出されたにもかかわらず、都市の人々はそれぞれすくなくとも一頭は豚を飼っていて、ごみ収集人の代わりにしたり、道の泥の中から餌を見つけさせたりしていた。とはいえ肥満王ルイ一六世の息子である皇太子の馬が、口汚い雌豚と衝突して死亡するという事件もあったほど公然たる危険物でもあった。

ブルジョワとて貧民と同じく飢餓の困難に直面し、攻囲された時代があったが、そうした時代をかえりみることはもうない。『パリのブルジョワの日記』を読むと、百年戦争のあいだ、アルマニャック派でもブルゴーニュ派でも、イングランド人がパリに攻めこむのを防ぐために城壁の扉を閉ざしたので、食糧すら首都に入ってこなくなってしまった。裕福な書記官である著者は、首尾よく「ヴィターユ」［古語で食物の意］を見つけることができたものの、それがどれだけ高くついたかを苦い思いで書き記している。「四旬節の最初の週に、パン屋は今後白パンも菓子もエショデ［生地を湯がいてから焼いた小さな丸い菓子］も作ってはならないという布告が、鳴り物入りで行なわれた。これは小麦を所有するブルジョワが、自分でパンを焼かざるをえなくするためだ」。冬には事態がさらに悪化し、狼たちがパリをうろつき、毎日何百人もの人々が飢え死にしていた。「一四二〇年、貧窮したパリのあちこちで、子どもや少年少女が一〇人、二〇人、三〇人と飢えと寒さで死んでいった。そして夜に彼らがこうわめく声を聞けば、どんなに冷酷な心の持ち主でも同情しただろう。

医師

「さて、前にある言葉にもどるが(5)、執事に毎週ワインとヴェルジューとヴィネガーの見なおしをさせなさい。穀物、油、クルミ、エンドウマメ、ソラマメその他のガルニゾン(6)も。またワインについては、もしワインが病気になったら次のようにして治しなさい。ワインが腐っていたらまず大きな樽(7)に入れておきなさい。冬になって凍ったら治るだろう…」

『メナジエ・ド・パリ』

(5)「前に述べたことにもどろう」
(6) 備蓄。
(7) 391.761リットル入りの巨大な樽。

『ああ！　おなかがへって死んじゃうよ！』。だが貧しい親たちにはパンも小麦も炭もないのだから、どうしたら子どもたちを助けることができるというのか？」

商売

　商人たちはふだん朝早くから仕事を開始し、野菜栽培業者、小作農、牛乳・乳製品販売商、パン屋など生鮮品を扱う売り子たちは都市の門へとかけつける。誰でも入市税を支払わなければならず、闇取引はむずかしかった。

　料理に必要な設備が十分ではなかったころも設備が整ったあとも、ささやかでもごちそうを用意しなければならなくなったとき、つつましやかな家庭は都市にたくさんあった惣菜屋《トレトゥール》、「オワイエ(oyers)」、ロースト肉専門店《ロティスール》、「豚肉加工屋《シャルキュイティエ》」などの「できあいのもの」に頼ることができた。オワイエは家禽全般と、許可されたジビエを生かローストにして売っていた。ガチョウ（oés）は一押しの商品だった。ロティスールは、ローストした肉を丸のまま、あるいはバラ売りしていたが、シャルル六世によって取引を止められるまで、四旬節のあいだは魚を売っていた。シャルキュイティエでは、焼いた肉もしくはソーセージや腸詰のような調理ずみの肉を売っていた。牛肉や子牛肉、羊肉、豚肉については、そうした動物を屠殺する権利を唯一にぎっている肉屋《ブシェ》のところで調達しなければならなかったのである。パン屋《ブーランジェ》は一五世紀までケーキも作っていたが、菓子屋《パティシエ》は肉か魚かチーズのパテを作る権利しかもっていなかった。売れ残った前日のパテは、店の戸口で焼くことが義務づけられていた。

　肉屋は真の資本家といえる最初の商人だった。ブルジョワジーのなかでもまったく別格であるという主張もあるくらいに、彼らは特権階級を形成していた。ラシャ販売業者、法律家とならんでもっとも繁殖力の強い株であった。公証人の作成した財産目録から、あらゆる形で巨大な財産を所有していたことがわかる者もあった。肉屋出身の大ブルジョワのなかでも抜きん出ていたのが、持株会社（肉、金銀細工店、銀行）のまさしくトップにあったエティエンヌ・マルセル［パリ市商人頭、政治家。三部会を招集し王権縮小をくわだてたため一三五八年に暗殺される］である。肉屋は家畜の購入に大金を注ぎ、その肉を解体する。彼らに比べてその他の食品業に従事するプロたちは職人にすぎず、薄給だった。

肉屋は一一三四年になるまで勅許状を受けていない。とはいえその職業は、食品業の歴史のなかでもっとも古いもののひとつである。彼らが構成した社会はかなり閉鎖的で、畏れられてもいた。攻撃的かつ反抗的な気質で、フランスの内戦においても百年戦争においても、またオルレアン公とブルゴーニュ公との血みどろの戦いにおいても、重要な位置を占めている。

肉屋を営む家の男子は、みずから従事しない場合は「金銭的に」この職業を営むことが義務づけられていた。だが、いくつかの家の跡取りだけが資格をもつ肉屋の店主となる権利は、七歳と一日になれば与えられた。

一四、五世紀の裕福な肉屋が、仕事の細部にみずからたずさわっていたと思ってはいけない。屠殺や動物の売買は見習いや会計係にまかせて、店主はいわゆる仲買人を介して大都市に供給される家畜の取引を行ないながら、全体を監督していたのである。遠くから羊の群れをつれてくる肉屋もあった。たとえば協同組合を作っていたマルセイユの肉屋たちは、中央山地東部の独占権を保有し、一四九八年まで何千頭もの羊をユヴォーヌ川沿いの郊外《バンリュー》で肥育し、必要に応じて少しずつ売っていた。食肉卸商《シュヴィセール》(8)は南仏のユダヤ人社会の一員であることが多かった。

パリのグランド・ブシェリは現在シャトレ広場になっている界隈にあり、一五世紀には三二軒の肉屋があった。国王またはシャトレの行政官である「市長《メール》」の管轄下にあって、高等法院に匹敵する裁判所がここに置かれていたが、その後、もっとも財力のある肉屋から選ばれたグランド・ブシェリ長の管轄になった。この裁判所はたいていの場合、汚職や不法行為や、まさしく乱暴者である肉屋の若者たちの暴力ざたを裁いた。たとえば『メナジエ・ド・パリ（Ménagier de Paris）』（歴史家のマリアンヌ・ミュロンは「一三世紀の家政百科事典のようなもの」だと書いている）のブルジョワは、買い物で危険な目にあうといけないので、家の食料調達係のジャン親方を「エス・ブシェリès boucherie」（肉屋の方）に行かせるよう妻に忠告している。いずれにせよ、若い妻が適切な指示をあたえることができるように、商店と実際の価格と小売されている肉の量をすべて念入りに列挙している。

一般に四旬節のときは別にして、中世の都市住民はよく肉を食べていたことがわかっている。しかも何世紀にもわたってそれが都市の一般的傾向となっていた。一二世紀におけるベルリンの人々を例にすれば、じつに一日一・三キログラムの肉を消費していたのである。『メナジエ・ド・パリ』を信用するなら、パリの食肉業組合は週につき「王と王妃、領主たちの分を含めて羊三一三〇頭、牛五一二頭、豚五八二頭、子牛約三百頭を売っていた…」。当時のパリ市の人口が平均一〇万人だった（しかも大半は極貧生活を送っていた）ことを考えると、これは相当に高い数字である。

(8)　解体して鉤につるした肉を卸売と仲買で売る肉屋。

子羊は食べられていなかった。一九世紀末まで子羊は健康に良くないと思われていたのだが、実のところ値段が高すぎたのだ。そのかわり値段の安い羊が庶民の代表的な肉であった。臓物屋は庶民に人気があり、臓物はたいていサフランで調理された（サフランが大量に消費されたのは、このためである）。

牛肉（veelとよばれた）はプラートの有名な商人フランチェスコ・ダティーニの手紙からもわかるように、イタリアの特産品だった。手紙の中で彼は妻に次の食事についてこう指示している。「日曜日に食べたような上等な牛肉を手に入れなさい（…）。ベロッツォにマレンマーノ犬を食べないようにと言っておきなさい。それでもまだわからなかったら人だかりがしている露店に近づいて『プラートの貴族である夫のために上等な牛肉をくださいな』と言いなさい。そうしたらより質のいいものをくれるだろう。それからマルゲリータに私が最近使った鍋に肉を入れて火にかけ、あくをしっかりとるように頼んでおきなさい…」

こうした家長たち、用心深い商人たちがアルプスの両側でどれほどすぐれた一家のあるじぶりを示していたかがわかるだろう。もちろん男性優位の時代であるから、女性の才能を高めようとすることはほとんどなかった。また最上級の子牛肉も当時は煮て食べていたことがわかる。

魚

教会によって定められた断食を忘れてはいけない。断食の日は年に一七〇日もあり、そのうち四〇日間は厳しい四旬節《カレーム》であった。魚は中世における頼みの綱だった。

鮮魚は「シャス・マレ」とよばれる、猛スピードで走る荷馬車のリレーによって届けられた。パリへはおもにイギリス海峡や北海から運ばれてきた。塩水を入れた樽で運ばれた魚は、到着したときにまだ生きていることもしばしばだった。中世のすべてのものにあてはまることだが、厳格な管理が行なわれていたのである。

しかも四旬節のあいだはニシンがキリスト教徒の生活の中心を占めていた。古代ローマ人は食べたことがなかったニシンだが、オランダのアムステルダムはこれで財をなしたのである。ヨーロッパ一の金持ちであるアムステルダムのブルジョワたちは、ニシンの骨で築かれた都市であると誇らしげに語っていた。ニシンは塩漬けにしてから燻製にするか、あるいは単純に塩漬けまたは燻製で食べる。生で食べることもある。

当時のルセットにみられる、海や湖沼の産物の全リストは長いものである。ルーヴル宮の図書室を百科にわたるものにしようというシャルル五世の命をうけて書かれた、当時の料理法のバイブル『ル・ヴィアンディエ』の著者であるギヨーム・タイユヴァン料理長のルセットなどがその例である。それほど「肉絶ち」つまり小斎の食事をとらなければならない日は多かった。丸みをおびた海の魚は冬に、平たい魚は夏に食べるといった案配である。淡水魚は河川や自然の池、あるいは領主や大修道院が所有する養魚用の整備された池で釣るのだが、それには許可証が必要だった。しかしブルジョワはそれをたやすく手に入れることができた。都市では淡水魚の魚屋か、漁具を使う漁師のところでしか淡水魚を見かけることはなかった。

カレームkaresme用の海産物のなかには、今日メニューにのっていたらぎょっとするようなものもある。ネズミイルカ（海の豚）は串焼きにして食べた。クラスポワcraspoisはネズミイルカと同じく魚ではなく、まして生きた動物でもない。きわめて脂肪分が多い、動物の一部分である。つまり「四旬節の脂身」とよばれる鯨の脂肪のことだからだ。実際には四旬節期間中のパリでは、国王が中央市場《レ・アル》に所有していた二つの陳列台でしか見ることがなかった。

訴訟の弁論を書き記した文献（一三八三年三月の民事訴訟）によると、「多くの貧しい商人たち」はそれを転売する権利をもっていた。また当時の食餌療法の本『健康の至宝（Le Thrésor de santé）』の著者によると、クラスポワは二四時間調理しても「まだひどく堅くて消化されなかった」。要するにパリの一〇万人の人口のうち、貧窮にあえぐ四万人がおもな消費者だったことがわかる。

香辛料

あらゆる種類の香辛料や香料・調味料が中世の料理（そして当然のことながら外国貿易）で果たした役割の重要さについては、語りつくせない。食品の保存のためというのはすぐに理解できるが、香辛料の「象徴的意味《サンボリスム》」はすぐには理解しがたい。じつは過度に香辛料を使用するのは、もっともひどい社会的差別のしるしと考えられていたのである。

香辛料のなかでもきわめて高価なものは、小売商人の店にわずかな量しか置かれていなかった。店や市場の陳列台で小売りをする小売商人、あるいは街角のたんなる行商人たちも、少しずつならひと通りのものを売っていた。鶏卵や甘草はリキュールの香りづけに使われたほか、壺に入ったバターや鶏肉や果物、あるいは修道院でとれた野菜の消化を助ける役割を果たした。

だが香辛料専門の大商人は、当時の薬品にも使われた香辛料や砂糖のほかに、蜂蜜、ロウ、ロウソク、火をとおして芳香をつけたワインなども扱う香辛料商兼薬屋《エピシエ・アポティケール》でもあった。商業界のエリートである彼らはまっさきにブルジョワジーの仲間入りを果たしている。要するに開祖たちであった。

ブルジョワがいつの時代にも関心の的としたのは、貴族のふるまいについてであり、貴族の模倣をしようとした。『メナジエ・ド・パリ』を書いた律儀な行政官は、若い妻を啓発するために貴族の食習慣をていねいに伝え、一方タイユヴァンは『ル・ヴィアンディエ』の中で大貴族たちのふだんの献立に「なくてはならない」香辛料と調味料を列挙している。そうした品々は、今日のブルジョワがロブション〔〝フレンチの神様〟と称される三つ星シェフ〕の本を見て夢見るように、『メナジエ』の著者一族を夢見させたのである。

ジンジャー、シナモン（樹皮および花）、クローヴ、グレーヌ・ド・パラディ、ラヴェンダーespic、コショウ、長コショウ、サフラン、クルミ、ミュゲット、ローリエlorierの花、ガランガ、乳香、砂糖、アーモンド、ニンニク、タマネギ、ネギ、エシャロットescalognesなど、これだけでもなくてはならないものばかりだった。パセリ、チャービルsalmondeあるいはsalmille、スカンポ、ブドウの葉かスグリの芽、青い小麦は「緑色にする」のに必要だった…「軟らかくするdestremper」には白ワイン、ヴェルジュー、ヴィネガー、泉の水、あるいは雨水pluye、肉汁、雌牛の乳layt、アーモンドミルクを。そしてタイム、セイバリー、バジル、ミント、ヒソップ、ニンニク、コリアンダー、フェンネル、エストラゴンを忘れないように…といった注意書きが続く。

このような貴重な香辛料全部をなんらかの形で手に入れる手段がないなら、せめて大量の塩を手に入れなければならない。時の権力者は当初プロヴァンスとラングドックで、さらに一三八三年以降は全国で、高い「塩税」を上乗せした塩の「義務」的購入を押しつけた。これは一大事だった。塩は燻製や費用のかかる脂肪漬けとともに、肉、魚、バター、チーズを保存するまたとない手段だった…そしてパンをうまくふくらませる手段でもあったからだ。

一部のグルマンディーズは「エピス・ド・シャンブル」とよばれていた。台所で料理の中に入れられるのではなく、シャンブルつまり居室内で賞味されたからだ。たとえばフェンネル、アニス、コリアンダー、セイヨウネズの実、あるいは裕福な家ではジンジャーを砂糖漬けにしていた。クルミやピスタチオ、松の実、ハシバミの実、オレンジ、レモン、プラム、アプリコットも砂糖漬けにして「コンフィチュール・セッシュ（乾いたジャム）」にしていた。ヌガーは現在とまったく同じものだった。

砂糖の値段から考えると、いずれもとても高価なものだった。エピス・ド・シャンブルと糖菓はしたがって最上級のもてなしだった。日常生活では、訴訟に勝ったときに司法官に贈るのが慣例となっていた。だがすぐに買収の手段として両陣営から事前に贈られるようになった。スパイスを納めない者に正しい裁きはくだされない（Non deliberetur donec solventur species）のである。司法官の官職をほぼ独占するようになっていたブルジョワは、したがってエピス・ド・シャンブルにはこと欠かなかった。

定期市と市場

中世初期には移動や運搬がきわめて困難だったので、人々は道路や航路の便が良い大都市に定期的に買い出しに出かけ、さまざまな食料品や商品を手に入れていた。ブルジョワ商人はこうした定期市から生まれたのである。

しかし道路や開拓地が増えるにつれて、定期市は重要性を失っていった。決まった中央市場で、一時的または常設で開かれる市場や、あるいはたんに道路沿いでわずかな量の食料品を「呼び売りしていた」行商や露店の小商人にとってかわられたのである。

一二世紀前半にルイ六世は、サン＝ミシェル橋からプチ＝ポン橋までのセーヌ川沿いにあったパリュ市場のようなパリの市場を、狭すぎて不便（汚い、泥だらけ…）だと感じ、中央市場を建設しようと思い立った。後継者であるルイ七世は、現在のフォーラム・デ・アルにほど近い場所に中央市場を建てさせた。シャンポーとよばれる巨大市場のための工事は、一一八三年まで続けられる。そこには商店や商品倉庫や陳列棚があった。夜には市場の門が閉められた。その後食料品以外の商品もくわわる。

パリ中央市場には、パリ地区だけでなく、ボーヴェ、アミアン、コルビ、ブリュッセル、ルーヴァンなどの生産者たちが入っていた。専門に取り扱う商品によって区域が分けられていた。魚屋地《ポワソヌリ》区の中央には王が建てたさらし台がそびえ立ち、遠くからでも見分けられる赤と黄の衣装を身にまとった処刑人がいた。魚屋の露台を占有し、破産者に緑色の帽子をかぶせて、弁済不能者の十字架にしばりつけていた。善良なブルジョワたちの憤りをこれほどかきたてるものはなく、彼らはこの破産者たちの目の前までやってきて嘲弄した。

ブルゴーニュのワインをはじめとして、セーヌ川であらゆる商品を運んでいた水上商人組合（名高い nautesもしくはmercatores aquae）は、商人会館（のちの市庁舎）の、ブルジョワの談話室《パロワール》ともよばれる小部屋Loge（ギリシア語のロゴスlogosに由来）に本部が置かれていた。パリ市庁はガロ・ロマン時代にさかのぼるこの強力な「同業組合《メティエ》」――まだコルポラシオンとはよばれていなかった――に直接由来するものである。現在のパリの大紋章はブルジョワの印を表している。やがて地方都市も、それぞれの中央市場hallesをもつようになった（おおいをかけた商品の保管場所を意味する高知ドイツ語のHallaが語源の名詞である）。

第二の輪、ブルジョワの家

都市に特徴的な邸宅のはじまりはブルジョワの家であった。ブルジョワは一四世紀ごろにようやく「市民権」を得るので、そのころからブルジョワたちの「オステル hostels（大邸宅）」がパリのマレ地区や、新たに都市の中心部となったメインストリートにあふれることとなった。

城やブールや大修道院は柵で守られていたので、最初のうちは家は木造建築に板葺き屋根だった。それにもかかわらず、スペース不足により何階建てにもなっていることもある。そのかわり、一階と地下室はほとんどが煉瓦か石造りだった。木造建築は二通りの方法で頑丈にすることが可能だった。太い柱を積み上げてしっかりつなぎあわせる方法と、もっと軽い木を二か所で積み重ねてそのあいだを土か荒壁土で埋める方法である。風にさらされないように、また美的配慮から、塗料で着色をほどこした。ときには彫りこみを入れたり、彫刻したりすることもあった。一一〇〇年代ころになると、修道院のようなロマネスク建築の住居の伝統とも、封建領主の城館ともまったく異なる、こうした都市のブルジョワ的建物が——あえていえば——形をなしてきた。

ブルジョワは実用的であると同時に快適かつ経済的で、家族を守るのにふさわしい家をもちたいと望み、教会や封建君主という社会制度から自立して、もはやそれらを規範として受け入れないことを示そうとしていた。また自治都市や市町村という概念がしだいに明確化するにつれて、自由への欲求もはっきりと表れてきた。

都市に立派な店をかまえる

通りに面したごく狭いファサードは、「通りに面した切り妻壁」によってブルジョワの何某がここに住んでいるということを示すと同時に、家族の平穏を保証するものでもあった。中庭あるいは庭があっても、それはもはや公道の延長としてのもてなしの場ではない。家の背後に隠れた空間は、家庭の領域である。私的な領域、閉じられた領域である。そして最高級の邸宅では、中庭に井戸があった。両隣で共有するが、境界壁が上部をしきっていた。だからそれぞれの家が見られる心配なしに水をくんでいた。

貴族たちが都市に住むようになったとき、馬車が通れる中庭、庭園、「付属建物」より奥にある、通りから引っこんだ場所に館を建てた。金か名誉にのぼせあがっているなりあがりのブルジョワはそれに遅れをとるまいとするが、（そう言ってよければ）底辺のブルジョワはカーテンや彩色ガラスで私生活を守りつつも通り沿いにとどまろうとする。通りでの暮らしが生活のすべてだからである。

夜明けから閉門時刻まで、通りには多くの人々がひしめいている。忙しそうな通行人や野次馬のほか、物売りたちが、重い資材や用品を積んだ重装備で商品を運び、呼び売りをする。宗教団体や同業組合の行列、おべっかを言われるのが常となっている人々の後ろに続く、武器をたずさえた従者の一団。物乞いの男や女、外見をいつわっていることをたとえ知っていても嫌悪感を覚えさせる乞食、昨日まではたぶん恐れられ、へつらわれていたであろう受刑者の非情な行進…

一般的にブルジョワの家はふつうより何段か高く作られていた。たえずぬかるんでいる道から家を守り、食料やワインの「樽」を保存する地下倉にやや高さをもたせていた。ブルゴーニュやフランス中部ではとくに、いわば迂回式の正面階段が家にある種の優雅さをもたらしていることもあった。階段は入口の扉の前の踊り場で終わる。入口は上の階の張り出し部分によってにわか雨から守られている。開口部がなくて金具がついた扉にはのぞき穴があるが、開き戸を閉めてしまえば光は入らない。扉の下部にはたいてい猫の通り穴があった。

じつはアフリカを起源とする猫は、ペストを媒介する不吉なクマネズミと同じ中世末期に広まった。ネズミはたえざる災厄だった。一四世紀末に『メナジエ・ド・パリ』を書き、われわれにとってはこの時代全般についての案内人となっているブルジョワは、若い妻にネズミどもをあらゆる手段を使って遠ざけるようにと念を押している、「…もし召し使い mesgnies(9)からネズミが小麦や脂身やチーズなどに損害を与えたと報告があったら、ジャン親方に六通りの方法で退治するように言いなさい。一、良く働く猫たち(10)を飼う。二、ネズミ捕りと魔術師をよぶ。三、召使いが作った aiselles(11)器具を置く。四、パテとチーズのフライとリアガル riagal(13)の粉でトゥルトゥレ tourtellé(12)を作り、巣に置いて食べさせる。五、ネズミをのどの渇いた状態にしておければ、エピュルジュ espurge(14)を作っておくとよい。もしそれを食べたら、すぐに飲み物が欲しくなって腹がふくれて死ぬだろう。六、一オンスのトリカブト、二オンスの細かいヒ素、一にぎりの豚脂、一リーヴルのフルムチーズの粉、卵四個を用意してパンを作り、かまどで焼いてレッシュ lesches(15)に切り、釘づけにしなさい」。

ブルジョワが商人であれば、フランス窓〔観音開きのドア兼用窓〕によって店や作業場(アトリエ)に入ってもらうことができる。そこにならべられた商品が通りにあふれだすこともあるかもしれない。半階上がった位置で上下に開く窓のない鎧戸は、一方がカウンターに、もう一方が庇になる。もちろんガラス窓はなく、ロウを塗った布のカーテンが悪天候から守ってくれる。店がない場合は主たる居室に直接入ることになるが、そこは生活の場であり、仕事場であり、客間、食堂でもある。台所の役目を果たす奥の間も兼ねそなえていたかもしれない。どんな零細ブルジョワもこうした部屋を台所にしていたが、大家族だと、そこを共同の寝室にもしていた。

(9) 「mesniée」という言い方もある。家の使用人。
(10) 猫の出入口の効用。
(11) (ばね仕掛けの)ネズミ捕り。
(12) 「トゥルテリ」ともいわれる菓子。
(13) トリカブト。
(14) スポンジ。
(15) 薄切り。

最良のケースでは寝室は上の階にあった。らせん階段を使ってそこに行くのだが、のちには見張り台[16]を模した張り出し部分で建物の正面を飾ることになる。家の主は幼い子どもたちといっしょに前方で眠ることが多かった。見習いや使用人は、作業場で徹夜する以外は、食糧も保管してある屋根裏部屋で眠る。「アクサンス」とよばれる寝室が賃貸しされることもあった。一階の大きな部屋が商売でふさがっていれば、共通の部屋は二階になり、寝室の役目も果たした。

廊下は中庭の上にある階を一周していた。風説とは異なり、数多くの窓があった。とくに北部では動物の角の薄片、ステンドグラス、平織りの布、油をひいた羊皮紙の窓などがあった。祭日にはそこに垂れ布やラグや枝をつるした。

繁栄するにつれてしだいにぜいたくをするようになっていく。とはいえ当時の寓話などによるとこうした家は、奉公人まで含めた家族が、ブルジョワか職人である家の主人の周りに集まって幸福でいられることをまず第一に考えて作られていた。

同じ家の住人

ブルジョワは家を完璧に維持するということで知られているので、思慮深くて要職にもあった『メナジエ』の著者——おそらくは四〇歳で、当時は長生きだと思われていたかもしれないが、それほど年寄りではないだろう——、つまりわれらがブルジョワは、結婚したばかりのふつつかな若妻に、良識あるアドバイスをするのを時間の浪費とは思っていない。おそらくは最初の妻のアドバイスだろう——また、あえて結論づけるのだが、私はこの都会育ちか、ベジエ［フランス南部の都市］近郊出身のパリ人が、南仏のビテロア地方の事例や思い出を考慮に入れて、話の中にちりばめているような気がする…

⒃　城塞の張り出し部分に設けられて敵の接近を見張る哨舎。

ところで、フランスを動かす有力者たちの一員であるこの男は、まずまずの生活をしている。なぜなら都市の家のために若いブルジョワ女と、信用のおける三人の使用人を雇い、さらにその補佐役として見習いvarletsや、一五歳から二〇歳といえば皆そうかもしれないが、「愚かな」——彼がそう言っているのだ！——小間使い《シャンブリエール》たちがいた。

下働きの者としては、ベギン修道会女アニエス（やや気むずかしい未亡人、家政婦）、食糧調達係のジャン親方（給仕長または執事）、厨房のリシャール——なんでもするが、料理を作っていたかどうかははっきりしない。いずれにしても、このリシャールという男は、かのブルジョワの指示に従って、厨房をとりしきるのを職務としていた。「…おまえさん《ベル・スール》(17)、食糧調達係のジャン親方から厨房係のリシャールに、台所を掃除して洗ってきれいにしておくよう言ってもらいなさい。それから女たちについては修道女アニエスに、男たちについては食糧調達係のジャン親方に、持ち分の仕事をするよう監督させなさい。山、谷、畑、町、部屋、ソリエ(18)、台所など、それぞれのいる場所と技量によって人を配置しなさい。召使いたちはできること、しなければならないことについて給金をもらっているのだからね。怠惰や無為はあらゆる不都合を生じさせるのがわかっているのだから、やらなければならないことはきちんとやるだろうよ」。バルザックのグランデ爺さんもウージェニーに同じように言いそうだ！

第三の輪、暖炉

火事が心配なので台所は、前述の中庭によって母屋とへだてられていた。ギリシア・ローマ文明にはまだ、住人を暖めたり、食品を焼いたりする背壁つき暖炉《フォワイエ・シュミネ》はなかった。せいぜい中世初期に、

(17) 愛情のこもった呼称。
(18) 1階。

暖房器具として部屋から部屋にもち歩く大きな火鉢があったくらいだ。城館や修道院に背壁つき暖炉がみられるようになるのは、一〇世紀になってからである。これはいわばもち運べる厚い壁にくぼみを設けた暖炉で、煉瓦の管を家の突出部や排水溝につないで煙を外に出す煙道がついていた。

パリや大都市でブルジョワ家庭がこの快適な設備を利用しはじめたのは、一三世紀末になってからである。それまでは、よほどの大金持ちでないかぎり、開放式のかまどしかもっていなかった。発掘によって発見された赤くなった地表、焦げた破片、黒焦げになった食品のかけらなどが実証するように、いつも同じ場所に火がつけられていた。家が平屋建て、あるいはかまどが上階にあれば、屋根に開口部をつけるという考えが浮かんだかもしれないが、それまで排気設備というものはなかった。したがって調理はしゃがんで行なっていた。それが伝統的なフランス料理のはじまりである。

火事は中世の大きな恐怖だった。一般的に、そして攻囲戦や暴動などの大きな事件があったときはとくに、知事のような役目をするプレヴォが、戸口の前に水を張った容器を置いておくよう命じていた。

通りで呼び売りしていた「石」炭は値段が高かった。石炭は火鉢用にだけ使い、とくに料理用のかまどには木炭を使った。なぜなら灰は熱を長く保ったので、鍋を埋めて経済的な料理ができたからである。それが「蒸し煮《エトゥフェ》」とよばれるもので、いまもブルジョワ料理の基本のひとつである。しかも木炭の灰は洗濯にもなくてはならないものだった。

裕福な家庭ではやがて専門の部屋となる台所だが、ギリシア文明でもそうだったように、昔は居間と一体になっていた。それはいまもあることだ。「リビングキッチン」が最近またはやっているのだから。

加熱調理

火床はどちらかというと不完全なものだったが、食品をとろ火で煮るのには役立った。なぜなら献立の主体はポタージュか穀物の粥なので、鍋を熾《おき》の上に置くか、暖炉の灰に埋めるかして、一日中静かに加熱調理したからである。

初めのうちはどこの家でもそうで、のちにはつましい家だけになったが、肉や魚をローストする設備はそなえていなかった。おそらくはそのために「ロースト」という方法がいまも特別なぜいたくという暗示的意味を含みもつのだろう。ローストに適するのは上質の部位だけなのだからなおさらである。庶民にも手に入る「食肉店で通常売られる」肉はたいてい、塩漬け肉か加工肉だったので、熾火でじっくり煮るのがせいぜいだった。そしてそこから、フランス料理の評判を高めた煮こみ料理が生まれたのである。

とはいえ、人類の黎明期にさかのぼる、焼き網で焼くという調理がわれわれの先駆者たちに伝わらなかったわけではない。当時の多くのルセットが証明するように、豚や羊——ふつうは塩漬けだった——の骨つき背肉《コトレット》や骨つきばら肉を焼くのはたいへん好まれていた。

ダゴベルト王時代から、パン屋や、貴族と聖職者を除く市民は、小麦小売商人《ブラティエ＝ルグラティエ》blattier-regrattierとよばれる専門商のところで加工せずに小売りされる穀物を、「共有の製粉機」で粉にしなければならなかった。尊厳王フィリップ二世の時代には、ひいた粉をふるいにかけて生地をこね丸めていたパン屋あるいは粉ふるい屋《タルミジエ》talemisiersがストライキに突入し、同じく共有で、もちろん領主に使用料を支払うパン焼き窯にゆだねることなく、みずから焼き上げを行なう許可を求めた。

ブルジョワはというと経済的な解決策を見出した。パンをこねて成形させると、庶民のように共有パン焼き窯にもっていくかわりに、急いで家にもどって生の丸パンを炉床の灰の中に埋めこんでそのまま置いておいた。ユーモアのセンスがあった端麗王フィリップ四世は、ブルジョワのパン焼き税を免除したので、この税はお人よしの人々のみの義務として残った(19)。王のパン焼き係は、パン屋や菓子屋全体に対して権限をもち、負担金を払わせていたことをつけくわえておこう。

台所の役目を果たし、あらゆる食事を調理している部屋の奥まった場所にあった暖炉だが、ブルジョワが満足な暮らしを送れるようになると、できるだけ大きなものが必要になった。理想は側面を両方とも補強した作業台だった。ハムやさまざまな肉の燻製がかかっているマントルピースには、自在鉤crémaillèreがつり下げられていて、容量二五リットルのものもある大きな鉄鍋を支えた。大きな肉も、大きな薪をのせる薪のせ台か薪架をそなえた炉床で焼くことができた。薪のせ台の上には、料理を加熱したり温めなおしたりする容器を入れるかごのようなものrouelleをのせていた。

炎や熾火にかけたり、焼き網にのせたり、火鉢の前側に置いた大皿や瓦のようなものに入れて調理することもできた。ルセットの説明にあるように、火に近づけたり離したりできる自立式の台もある。火力の調節ができなかったからだ。全体がよく考えられたセットになっていた。

(19)　ダゴベルト王からヴァレリ・ジスカール・デスタン政権時代まで、フランスではパンに課税されていた。

設備をじゅうぶんすぎるほどそなえた名家でなければ窯で調理することはなかったので、最寄りのパン屋に調理した料理をまかせていた――二〇世紀まで続く儀式である。アルザスの主婦たちは何世代にもわたって、洗濯の日には行列を作ってパン屋の窯まであの、名が体を表すベクオフ［パン窯を意味するアルザス語］をもっていくのだが、はじめは肉とソラマメとパースニップ［ヨーロッパ原産のセリ科の一年草］を混ぜあわせたものだった… 家族同士で会食するときの中世のルセットは、家庭のオーブンで焼かずにすむものだった。オーブンが登場するのはもっとあとのことだからだ。

城館の外部にロースト用の装置が設置されるのは、じつはブルジョワが途方もない財産を築きあげる一五世紀以後のことである。革製のおおいで顔を保護した猟犬happelopinまたは少年galopin/enfansがまわす回転式の焼き串である。のちに、歯車を動かすのは檻に入れられた子犬かリスになる。

初期の台所用具一式

世代をへるにつれて、ブルジョワの台所の壁や棚は過剰な備品でいっぱいになっていく。レードルとポルーシュ potlouche、大きなナイフ、肉をひくマンショワール minchoir、二本歯のフォークのようなもの、ブロシェット［小串］などがあった…

ロースターの受け皿はすでにロースト肉の肉汁を集めていた。ロースト肉は豚の脂肪の薄切り（lesches）にはさみこまれていて、スライスしたタマネギを中に入れるのにちょうど良かった。この方法は現代でも通用するものだ！ 長い取っ手がついた金属製の壺（コクマール）もあった。コカソン cocasson はさまざまな種類のやかん、カクロール caquerolle は三本脚のコクマールのことで

(23) フックまたはフォークのようなもの。
(24) 焼串をかけるための薪のせ台のフック。
(25) すりこ木。
(26) こし器。
(27) 穴杓子またはひしゃく。
(28) ピュレ。
(29) 「クレピーヌ crespine」ともいう。網脂。
(30) 料理長。
(31) インゲン豆がフランスに登場するのは16世紀のカトリーヌ・ド・メディシスとアンリ2世の婚姻後である。（98ページ参照）。

ある。フライパンpoisle/paelle/pesleや、ポワロン［小型の片手鍋］poillonsの役目を果たす陶製鍋もある。金属製のタルティエールは縁をさらに高くすることによって、現在のトゥルト型になった。クロワールcouloirは取っ手つきで、液体をとおす、つまり「漉《クレ》す」ための穴が開けられている。水切り《パソワール》には二本の持ち手が必要だった。おろし金は香辛料やチーズを粉にした。

　だが中世料理の道具の王様は乳鉢である。フランスの多くの博物館は、金属製や木製、革製、大理石製の乳鉢を誇らしげに所蔵している。あらゆるルセットのキーワードは砕くということであり、たいていはそのあとに「漉す」か、牛乳か肉汁か水で溶くという言葉が続く。砕いてすばやく粉にしたスパイス、アーモンド、パンの身、あらゆる肉、ソラマメ(31)、エンドウマメ、セモリナなど…それを全部まとめてすりつぶしてピュレを作る。したがってそれぞれの味は消えている。そのあとていねいに「漉される」のでなおさらである。もっとも大きな塊でもスプーンで食べられる大きさである。われわれの祖先の歯が悪かったからだろうか？

　要求の多いブルジョワの料理には、ほかにも多くの器具が存在する。鉄、青銅、銀などの金属製の道具は、裕福だが貴族というわけではない人々の家庭に広くいきわたっていた。

　ともあれ、こまごまとした食料品を虫やネズミから守って保存しておくために、驚くべき数のボエットboëtesすなわち木製、金属製、革製の容器をもっていた。もっともよく知られているのは巧みに仕切られた箱で、おもな香辛料が入れられた。その名前は残っているが意味は変わってしまった。その箱は当時「キュイジーヌ」または「キュイジニエール」とよばれていたからである。しかもこのようにして保管された高価な食料品は、南京錠をかけた特別な家具にしまわれた。その家具はアルマリalmarie、次いでarmarieとよばれたが、最後にアルモワールarmoire（香辛料用戸棚）になった。「エピス」という言葉自体は、関税を数え上げるのに使われたラテン語の「スペキエス・

リスト・ド・マリアージュ

15世紀末の詩人ユスタシュ・デシャンは、詩集『結婚の鑑』の中で理想の料理道具一式をあげているが、これはいわばリスト・ド・マリアージュのようなものだ！

「壺、フライパン、鍋、クラモー(20)、焼き網、ソースロン(21)、鉄串、焼串(22)、壺の肉を干すのに手をやけどしないためのクロッシュ、アーヌ(23)、肉刺し、シュミノン(24)、ペターユ(25)、乳鉢、ニンニク、タマネギ、エタミネ(26)、すばやくポレ(28)にするための穴あきフライパン(27)、大さじ、小さじ、クレティーヌ(29)、ロースト肉を返すための長いへら、ポタージュ用の素焼の壺、クー(30)のための大きなナイフ」

(20)　自在鉤（クレマイエール）の別称。
(21)　ソースを作るための小さな鍋。
(22)　木の柄がついた焼串。

アロマティカスSpecies aromaticas」（香りのよい「特別で貴重な食品」）から来ている。塩漬け食品は樽《ティン》や小樽《ティネット》に入れられたが、たいていは樽半分から加工した木製容器だった。樽はごみ箱にも、豚や貧民のための残飯入れにもなった——施し物aumosnes用の容器ともいわれていた。

台所はまさに飽和状態だった。かならずあったのが銅のショフエchauffouerで、ショリエcholier［石灰屋］とは違って手を洗うための湯を張ったたらいのことである。石を削った流しもあり、排水は側溝を通ってすぐ近くの小川に流れこんだ。いわゆる家具としてはスパイス戸棚があったことはわかっているが、カーニーcarneyつまり塩漬け用容器、一六世紀以降になるがパテをこねるためのパン櫃《メ》あるいは大箱《ユシュ》、食器をしまうヴェスリエvesselier、ベンチ、椅子、架台つきテーブルもあった。その中央では、裕福な家庭でもニワトリが運を天にまかせていた。犬や猫や子どもたちが、踏み固められた土の床の上をうろついていた。床にはやがて敷石や素焼きタイルが張られるようになる。

夜になると、かまどのかすかな光だけではじゅうぶんではないので、よく見えるようにたいまつや小椀のオイルランプ、ローストト肉から出た牛や山羊や羊の脂でできたロウソクをともした。

テーブルマナーと処世術

装飾

領主の屋敷には「客間」とよばれる広い部屋があって、接待中はそこでごちそうが供され、盛大な宴会が開かれたが、ローマ人たちにとって大切だったいわゆる食堂は、中世にはすでになくなっていた。

ふだんは大貴族でも寝室で——もっと趣味のよい人は控えの間で——、そして天気の良い季節には、ブドウ棚や植えこみや休憩所を整えた庭園——宮廷風騎士物語はこの舞台背景を見逃しはしない——で日常の食事をとっていた。田舎の領主である貴族が、ブルジョワの狭い台所とおなじように、ニワトリや犬や猫…それに子どもたちでごったがえした広い台所で、客たちと食事することもまれではなかった。

寄木張り床（中国の発明である！）が知られるようになるまで、すでに述べたように、領主や小貴族の屋敷の床は踏み固めた土か舗石かタイル敷きだった。十字軍がもたらしたサラセンの（東洋的な）じゅうたんが使われるようになるまでは、衛生的でお金もあまりかからず、いつでも取り換えられて、冬は快適、夏は涼しいものを地面に広げていた。つまり（敷きつめた干し草、わら、イグサなどであり、そして大事なときには香りのよい草や花がまかれた。

詩人のユスタシュ・デシャンは、台所に不可欠な道具を列挙した「リスト・ド・マリアージュ」に、新郎が二人の「寝室」を飾るべきフール feurre つまり、まぐさ、わらを記載するのを忘れない。フランスの王や大公たちもそれ以外のものは知らなかった。食事中に両足を暖かいわらの束に入れておくのは誰にとっても気持のよいものだった。

大貴族のなかでも上流に属する人々のあいだでは、壁を自然の植物で飾ることが行なわれていた。「外はひどく暑いので、空気をひんやりとしたよい香りにするために青々とした小枝が」フォア伯ガストン・フェブスの寝室に飾られていた（年代記五四）。その後一四世紀になると、カーテンやタピスリーが発明されるが、伝統となった「草木」のモチーフが広く用いられている。それで

支度一式

「家事のために新たに必要なものは、ベッドカバー、クッション、ベッド、フレージュ(32)、フルム(33)、ベンチ、テーブル、架台…」と親愛なるユスタシュ・デシャンは言っているが……「ルゾン(34)、食器棚、衣装だんす、台、小箱、三脚椅子も必要だ」と同時代の匿名の人物はつけくわえている。

(32)　わら、まぐさ。
(33)　いくつかに分割できる長椅子。
(34)　スツール。

もブルジョワは、客をもてなす部屋にかならず木の枝や花を飾っていた。中世の人々は花が大好きだった。お祝いのときにも髪に花を飾っている（66ページ参照）。

テーブルまわり

家具

台所の食器戸棚《ヴェスリエ》のなかには、食事の支度に欠かせないものがしまわれていた。食事がしばしば居間で供されるようになると、そこに装飾用の家具である飾り戸棚《ドレッソワール》が置かれた。それは大貴族や小貴族にとっても、社会的な出世を切望していたブルジョワや手工業者にとっても、おそらくもっとも大切な家具だっただろう。そこにはおしゃれでぜいたくな家族の持ち物が飾られていた。

きちんとした家柄の女性、つまり（品格のある）ブルジョワ女性には「棚板」のない飾り戸棚をもつことが許されていた。それは棚板だけでなく脇板も、刺繍されたビロードの天蓋もないものだった。飾り戸棚のそばにある、白いテーブルクロスをかけた小テーブルで、訪問客にイポクラス酒やワインやドラジェが供された。小鉢にもったジャムを食べる小さなスプーンlouchetteや、美しくアイロンをかけられた小さなナプキンtouaillesがそえられていることもよくあった。

身分の低い人々からまねをされるブルジョワに対して、ユスタシュ・デシャンは『結婚の鑑（Miroère du Mariage）』の中でこのようにアドバイスしている。「パント容器、壺、水差し、銀ではなくてもせめて鉛や錫の食器がたくさん入っている飾り戸棚が必要だ」。聖体の祝日のような祝賀には、食器をつめこんだ飾り戸棚を通りにひきずっていき、窓のカーテンで縁どりをしていたことをつけくわえておこう。

ブルジョワが一八〇三年に食堂を思いついたとき、結局使われることのないティーセットや、リキュールグラスでいっぱいのガラスのはまったサイドボードの中に、飾り戸棚が無意識の記憶として残ることになる。

国王であっても、しがない卸売商であっても、食事のときにいちばん必要な家具はテーブルである。いわば何不自由ない暮らしをしている人々は、脚部が固定式で長椅子《バン》もいっしょにつながり、おしゃれな家なら天蓋もついていることが多い一脚もしくは数脚のテーブルをもっていた。祝宴《バンケ》banquetという言葉はこの長椅子bancから来ている。「ドルマント」とよばれる固定式のテーブルと、それに連結した長椅子は住居の一部をふさぐものだった。相当なスペースが必要だったに違いない。

とりわけ田舎のごく質素な家では、こね桶やパン櫃や大箱も食卓の役目を果たした。こね桶の木枠の下には二枚扉の小さな収納庫までついていた。数少ない家具が、いくつもの目的に使われていた。

たいていの人たちはテーブルをもっていなかったので、移動式の架台に台板をのせるエストーhestauxを使っていた。食事のときは、ここと決めた部屋に架台を運び、台板をのせるだけでよかった。食事がすめば全部解体する。そこから、「テーブルを組み立てる［整える］」という表現が生まれたのである。

中世初期にはアーサー王の騎士たちにならって円卓が特別な宴会のためだけに使われていたが、移動式の標準的なテーブルはいわゆる「縦長」の細いものだった。

いつも壁に立てかけてあるというわけではない長椅子は、さまざまな物をしまっておくのに便利な、箱型の座席になっていた。名誉ある立派な招待客には肘掛椅子faudesteuilを勧めた。多少なりとも豪華な装飾がほどこされた本来の意味の座席と背もたれには、カロとよばれるビロードや絹のあて布がついていた。こうした豪華な椅子をもっていない場合には、無償または有償で借りてきた。この手はずについてはこのあととりあげる。いずれにせよ、それぞれが年齢、社会的地位、力量によって上座あるいは下座に席を割りあてられた。

テーブルクロス

リネン類をたくさんもっているのは、貴重品を見せるのと同様に自慢の種だった。『職業の書（Le Livre des Metiers)』には、ブルジョワ家庭はトゥアイユtouailles（ランチョンマットのようなもの）とドゥブリエdoublierなどのテーブルクロスを大量にもたなければならないと書かれている。ドゥブリエは必要に応じて裏返すために二つ折りにした大きなテーブルクロスのようなものである。

大人数で、しかも使用人や会食者が多い家では、家長が上座の肘かけと高い背もたれのある椅子に座り、全員が同じテーブルにならんで席についた。家長だけがテーブルクロスを使い、目下の者たちはたいてい台板からじかに食べていた。テーブルクロスはテーブル全体をおおうが、トゥアイユは家長の席にかぎられていた。じつはテーブルクロスには象徴的な意味あいが含まれていた…それはいまも根強く残っている！

公証人による相続財産の目録には、ロンジエールものっている。大きくはないがひじょうに長い補助的なテーブルクロスで、会食者がいるテーブルの側面に沿って置かれ、手や口をふくのに用いられた。客を迎えるときには食器や、飲み物用のテーブルも用意された。

じつは王侯の財産目録にも食卓用ナプキンはあまりのっていない。私室で使うタオル《デ・セルヴィエット・ド・トワレット》はなおさらである（ふつうの人たちの身のまわり品は麻で織られていることが多かったが、「トワレット toilette」という言葉はトゥアイユすなわち「布《トワル》 toil」に由来し、「リネン《ランジュ》 linge」という言葉は「亜麻《ラン》 lin」に由来する）。最初はたいてい結婚祝いとして贈られるこうした布類は、ていねいに手入れされ、何代にもわたって伝えられた。古いviez布類という記述は、王族の財産目録にさえもよくみられる。

軽食や立食のときには食卓用ナプキン《トゥアイユ》は壁かけ用になる。会食者たちがそこに来て口や手を拭くのである。しかし『メナジエ・ド・パリ』のブルジョワは、食後に果物や甘いデザートといっしょに「冷たいトゥアイユ」を招待客に出さなければならないと説いている。趣味のよい人である。

われわれが知っているような食卓用ナプキンは一五世紀末ごろに現れた。肩や左腕に置かれていたが、ルネサンス以後は、ひだ襟や胸飾りのために首に結ばれるようになった。

ふだんのテーブルクロスは色縞模様だった。つまり布幅いっぱいまで色のついた縞模様になっていて、布の耳の代わりに縁飾りがついていた。一五世紀以降の最高のおしゃれは、ランスの町特産のダマスク風織物をもっていることだった。けれども「唐草模様」とよばれるこの布類は値段も最高だったので、ジャック・クール［地中海貿易で財をなし、シャルル七世に莫大な財政援助をしたフランスの商人・政治家］の妻でもないかぎり、どんなに野心に燃えるブルジョ

「食後に部屋で、客をもてなす／非の打ちどころのない白いトゥアイユ／ドラジェ入れが開けられたときに／口を拭いていただくために」
ユスタシュ・デシャン『結婚の鑑』

ワ女性でも、想像することしかできなかった。

食卓用布類は整理棚にはしまわれなかった。そもそも食器や香料用の台所の戸棚はあったが、リネン用の戸棚はなかったのである。寝具や下着類といっしょに大箱《フルム》fourmesにしまわれたが、おしゃれな人は乾燥させたバラの花びらをリネンの上下にしきつめていた。イタリアではこの大箱もよく結婚祝いに贈られたが、そこには最高の画家による彩色や装飾がほどこされていた。

画家たちは、昔の絵画でこうしたリネン類がどれくらい念入りにアイロンをかけられていたかを絵画で伝えている。貴族の家のナプリ［リネン類］napperieは配膳係《オフィシエ》のもとで管理されていたが、ブルジョワの女性も同じくらい念入りに気を配っていた。そもそもアイロンについては一五世紀より以前にもあったことが知られている。糊づけは特等粉で行なわれていた。長いあいだテーブルクロスには碁盤目状の折り目が見えるようにアイロンがかけられていた…　修道院の食堂でも同様である。

食卓用具

飾り戸棚には装飾用の豪華な食器があふれていたが、家庭内で使うふだんの食器はどちらかというと粗末なものだった。一二世紀の、まだ駆け出しだった頃のブルジョワは、素朴な陶製の大皿や器や壺をテーブルにならべていた。だが世代をへるにつれてしだいに錫の食器がみられるようになり、なかにはひじょうに美しいものもあった。ただし幸運に恵まれない人々は、シャルルマーニュの時代と同じように木製の大皿や椀や小皿で満足していたのだったが。

大金持ちの家にはファイアンス陶器もあった。ヴァロワ時代にようやくフランスでも作られるようになったが、それまではイタリアから輸入していたのである。だが金、銀、金めっき、ブロンズのプレートは、王室のような名家中の名家だけが先祖伝来の財宝あるいは戦利品としてもっているものだった。いずれにしてもまだ「備蓄用財産」だったのである。ブルジョワが貴金属の食器をもつのは、ルネサンス期まではまれだった。一二九四年のフィリップ四世（端麗王）の王令は、年収が六〇〇〇トゥール・リーヴルに満たない者が金銀の食器を使うのを禁止している。違反すれば当該の食器を溶かして国庫に入れられることになっていた…

ところで食卓で第一にあげるべき用具はトランショワールまたはタイヨワールである。タイヨワールはたいていは円形のプレートで、その上にトランショワールと、肉や魚をのせて会食者に出した。そうするとこの厚切りパン《トランショワール》が肉や魚の汁を吸収してくれるのである。王族にならって、中世末期の大金持ちのブルジョワの家では、金めっき、銀、金のタイヨワールが使われた。ただしそれが許されていたときのことだ。「平均的な」ブルジョワは、銅、錫、ブロンズを使っていたが、錫がとくによく使われた。気どりのない善良な人たちはあいかわらずモミ材、ナラ材に執着し、食事を出したあとにソースを浸みこませた厚切りパンをかごか樽にかたづけると、そのたびに木皿のしみをこそげ落としていた――『メナジエ・ド・パリ』の著者は、食事がバランスよく行きわたるよう、召使いたちが「料理の残りものを厨房係のところに」もっていくよう配慮していた。

食卓のもうひとつの用具として、ガリアの時代と同じような深皿《エキュエル》がある。深い容器で、両側に取っ手がついているものとついていないものがある。誰もが深皿を口に運んでポタージュや粥といった液状の食物を飲みこんでいた。貧しい人々は深く削った木製のものか陶製のものを使い、ブルジョワは錫か上質の陶器《ポタリ》、王族は銀、金めっき、金に宝石類の装飾をほどこしたものを使った…とはいえ、それを使うときの動作は同じであるが。

一四世紀末にはイタリアのファイアンス陶器（125ページ参照）や、深皿としての役目を果たすさまざまなサイズの深皿《エキュエル》＝椀《ジャット》が登場し、食卓に置かれていた炭のように黒い深鍋にとってかわった。このころ「テーブルセット」とよべるような、すべての食器を組みあわせる風潮が現れた。しかし日常の食事では、『メナジエ』と同時代の人々はまだ深皿なしですませていた。それぞれが好きなものを深鍋や壺からとっていたのである。両手いっぱいに…スプーンを使わずにである。深皿という魅力的な食器が広まる一四世紀までは、シャルル五世のような豪勢きわまりない王の宮廷でもせいぜい数十人ほどしか見ることのできない、とてつもないぜいたく品とされていた。

つまり上流社会でも固形の食物は右手の指で――あらかじめ切り分けられた断片を三本の指だけでそっとつかみ――ソースに指先だけつけて食べていた。指はなめるか、あるいは上流社会の作法に精通していればテーブルクロスで拭いた。

会食者は深皿やトランショワールだけでなく、飲み物のグラスも二人ずつで共有していたので、『メナジエ』の著者が「食事は八皿だった」と書くとき、それは一六人の客に食事を出したことを意味していた。接待役の手腕は、料理を分けあうことになる客をうまく組みあわせることにあった。中世は他人を重んじる時代だったので、このようにして出される量を分配するためにさまざまな礼儀作法が生み出された。

すくなくとも貧しい人々の家では、二人（あるいはそれ以上…）でひとつの皿を共有するシステムが三百年近く続いた。その後、若きルイ一四世の従僕だったニコラ・ド・ボンヌフォンの有名な著書『田園の快楽（Les Délices de la Campagne）』には次のように書かれている。「招待客の取り皿も深くなっている。ポタージュが出されたら、それぞれが飲みたい分をとれるようにである。大皿からひとさじひとさじすくったりはしない。おたがいに口から出してそのまま拭かずに大皿に入れたスプーンを使うかもしれないのが嫌だからである…」

ホスト側が招待客の数に見あうスプーン…および取り皿を準備するようになるまで、各自がスプーンをポケットに入れてもっていく時代が到来する。

もちろんローマ時代からスプーンは存在していたが、厨房では食事の用意をするために使っていたのである。食卓に移っても、卵形か円形の金属部分がついた形はほとんど変わらなかった。もち運びに便利なように柄が折りたたみ式になったものもあった。

ナイフは道具のなかでももっとも古い歴史がある。中世の食卓には、集まった人たち全員のために用意された肉や魚の大きなかたまりを、薄く切るためのナイフしかなかった。貴族の屋敷では肉の切り分け係、ブルジョワの家では信用できる召使いか家長自身がその役目をつとめた。一六世紀以降になると、鞘に入れた小さな折りたたみ式ナイフをたずさえて都市に食事をしに行った。ナイフにまつわる迷信や慣習は数多い。たとえば四旬節の魚には黒い柄の薄切りナイフ、復活祭の子羊には白い象牙のナイフを使うのが粋とされた。

フォークについてはとりあげないでおく。フォークが使われるのは数世紀あとのことだからである。食卓で使われるその他の道具については省略する。現代より多くはなかったにしても、現代と同じくらいはあったのだから。

とはいえ当時のちょっとしたおもしろい習慣をあげておく。なんとパンを塩入れに使っていたのだ！　大きなパンの中身を削って上部を開け、塩をつめる…　身分の高い人の家では、塩入れは金銀細工師の傑作で、たいていの場合「ユニコーンの角」のかけらや「蛇の舌」といった魔よけの品が入れられていた。鎖でぶらさげておいて、出された食事の中に入れられたなんらかの毒を見つけだすためになくてはならないものだった。

魔法であろうとなかろうと貧しい人々にとっての最良の予防策は、結局のところ食前食後に手を洗うという素晴らしい習慣にあった。清潔と清浄は何度もいうように、中世の人々の強迫観念となっていたのである。

日常と祝祭

生きることと食べること

ブルジョワは朝寝坊をしなかった。当時の人々はあまり採光の良くない住居の中で、太陽の時間によって生活していたことを忘れてはならない。

文献によると、現代であれば昼食あるいは朝食とよぶであろうdipnerは、tierce（朝九時か一〇時）に出されていた。財力があれば、焼いた肉か塩漬け豚肉、粥か穀物のフロマンテ、蜂蜜入りかスパイスをきかせた香りのよいワインという軽食が多かった。さもなければ一にぎりのクリでよかった。それに勤勉で倹約家の一部のブルジョワは、彼らの「後裔」であるバルザックのグランデ爺さんのように、パンきれを浸したワイン一杯で満足したに違いない。

ところでジャンヌ・ダルクは「ワインのスープsouppes」つまりワインに浸したパンが好きだった。「…彼女はワインを銀のカップに入れ、たっぷりの水と五、六個のスープ(35)を食べただけで、ほ

「5時に起き、9時に食事をとり、／5時に夕食をとり、9時に床につくと／99年生きられる」
この俗諺は長生きするための1日のスケジュールを定めていた。

(35) 前述のようにフランク語のsuppa「浸す」から来たsouppeは、肉汁・牛乳・ワインなどをかけたパンきれだった。

かには何もとらなかった」と年代記作者は伝えている。
フランドルやドイツやイングランドでは、自家製ビールとパンを、チーズといっしょに味わっていた[36]。

祝宴の準備

端麗王フィリップ四世は一二九四年に奢侈禁止令を出したが、それは誰もがふだんの食事については料理一品とアントルメ一品、祝宴には料理二品と脂身のポタージュより多く食べることを禁じるというものだった。この命令はほとんど守られなかったが、すくなくとも話の種にはなった。脂肪分のないものであれ、脂肪分の多いものであれ、想像できるかぎりのつめ物のパテが登場したのが、王令に対する答えだった。実際のところ、パテはたくさんの材料を一品の料理にまとめたものである。とはいえブルジョワは、生きた小鳥をつめた名高いパテのような大仕掛けの料理については、喜んで時の権力者たちにまかせていた。

祝宴を準備する際に、名声や社会的地位を保つには、世間で評判になっているスペシャリストをよんで宴会に華をそえることが不可欠だった。たとえば『メナジエ』の著者は、当時の祝宴の最高権威者を紹介している。そうすることで若い妻に、異例に思える予算についての理由と事のしだいを説明しているのである。

中世においては「熟練の料理長」の仕事をはじめ、望みのものはなんでも借りることができた。『メナジエ』の著者が妻に向かって才能をほめたたえているのは、エリー親方という人物である。正餐だけで二〇「エキュエル」、つまり四〇人の会食者があり、膨大な食糧供給——たとえば卵

『メナジエ』のブルジョワは、若い妻がとくに接待のときに、家の繁栄のために必要な買い物をジャン親方に指示できるよう、肉屋のあらゆる部位の価格一覧を作成して楽しんでいる。
「以下に身分の高い殿様やその他の方々の正餐と晩餐を書き記すので、正餐や晩餐を用意することになったときは、季節や入手できる肉によって、好きな料理を選び、取り出して学ぶことができるだろう」

(36)　イングランド人、フランドル人、ドイツ人は自家製の「弱いビール」を利用していた。

三〇〇個——が必要だったと思われる。豪華さを好むブルジョワがかならずしも浪費家というわけではなかった。なぜなら彼は翌日にはもう、香辛料商《エピシエ》にロウのたいまつの残りを返させているからである。同様に、ごちそうのあまり物は小売商人に売り、小売商人はそれをいわゆる中古品として転売している。このような習慣は一九世紀まで続けられていた。

必要なスタッフのなかでも、見習いはおそらく地面に生えている「緑の草」や「帽子」の花輪用のスミレ、二本のほうき、シャベルなどを担当していた。エリー親方は自分の見習いといっしょにやってきた。というのもそれだけの支払いを受けたからである。パンの身で作った塩入れのスペシャリストや、食卓に必要なパンであるトランショワールを薄切り《シャプレ》chapelaitしていたもう一人の仲間もいた。

公共の泉かセーヌ川から水を運ぶ水運び人でも、スタッフは全員パリにある二つの職業紹介所のうちのひとつで集めることができた。コマンドレス通り（今のクトゥルリ通り）にあった紹介所は、ブルジョワ女性が経営していた。ビュフテリ通り（今のロンバール通り）にあったもうひとつの紹介所は、聖オポルテュヌ修道院の修道女であるカトリネットたちの手で運営されていた。仕事のない貧しい娘たちを受け入れて、職が見つかるまで食事を与えていたのである。宗教的であろうとなかろうと、紹介所の経営者は「コマンドレス」の称号をもっていた。エリー親方やその同輩の何人かは評判が高かったので、ずっと前から予約しておかなければならなかった。

こうした祝宴が行なわれている家は、さまざまな修道院が町中に食糧補給のために送りこんでくる、ほどこしを受ける修道士や、寄付金を集める修道士たちの一団に文字どおり包囲されていた。ジャコバンことドミニコ会修道者、コルドリエことフランシスコ会修道者、アウグスティヌス会修道者、カルメル会修道者、そして修道女が、それほど明白な使命をもたない人々に混じって叫び声と祈りでほどこしを求めていたので、守衛たちは本当の客の到着を大声で告げる役目をじゅうぶん果たせなかった。

食事をしてもらうのにじゅうぶんな数の食器をもっていないときは、それを借りていた。身分の高い人々も、借りることができた場合は、飾り棚に飾るための豪華な食器を借りた。おたがいの家で同じ食器を見つけてもかまわなかった。質素な家は粗末なホウロウ引きの深皿や器ですませていたが、ブルジョワはまさに芸術品といえるような錫製品を使っていた。二つ折りのテーブルクロス《ドゥブリエ》、テーブルクロス《ナップ》、「冷たいタオル《トゥアイユ》fraisches touailles」（前述の壁にかけるナプキンである）も借りていた。立食式の食事であることも多かったが、賓客のために長椅子や肘掛椅子faudeesteuils、それに四角いクッション、さらには補助用の架台式テーブルまで手に入れた。

そうしたものを置いたうえで、召使いたちが動きまわれるだけのじゅうぶんなスペースが残るような、野心に見あうだけの広さの部屋を、ブルジョワはかならずしももっていなかった。『メナジエ』の著者によると、たとえば同僚であるシャトレの法廷執達吏ジャン・デュシェーヌもしくはジャン・デュ・シェーヌ殿は、ためらうことなく「婚礼用にボーヴェの屋敷」を借りている。これはシャルル五世時代にフランスの大法官だったシャトレーのジャン・ミル・ド・ドルマンの屋敷であるが、管理人に四フラン払って借りたのである。さらに五フラン支払えば、食器やテーブルや補助用長椅子も提供してもらうことができた。家具も大法官のものだったかどうかはわからない……それから二〇〇年後のアンリ二世の時代にも、ヴェネツィアの大使ヒエロニモ・リッポマーノが、市会への報告でこうした慣習を伝えている。市会議員たちはさぞかし驚いただろう。パリの管理人たちは主人が留守のあいだ、一日単位または週単位で、自分が管理している邸宅を貸し出しているというのだから。

エリー親方がいないときには、場所によっては名家に仕える料理長さえも貸し出された。見積もり書が作られると、接待役はもう達人にまかせるしかなかった。彼がいれば、厨房や設備についての問題は解消される。即使用可というわけだ。「さて上述の数量のものとそれに付属するものについてとりきめ、そして料金が支払われる《マルシャンドラ》(37)」と『メナジエ』の著者は説明している。ブルジョワはいつでも値段交渉を行なう。そうやって金持ちになり、金持ちでいつづけようとするのである。

「それらしく」したいときには「帽子屋」への出費も膨大なものになった。女性の列席者を飾る花冠chapelsまたはchappeauxは、たとえばこの場合、全部で一五フランである。「だがその頭には、バラや野バラの冠をのせていた」と一三世紀の『見知らぬ者の歌(Lai d'Ygnaures)』にも歌われている。こうしたバラや野バラは賃貸しされるものではない。生花だからである。同業組合の規則による監視の目も光っていた。そのかわり、「花の帽子屋は日曜日にクルティルcourtils(38)で帽子を作るための草や花を摘むことはできないし、摘ませることもできない」と『職業の書』に定められている。もっともブルジョワは日曜日に宴会を開くことはなかった。給仕人も見つからなかっただろう。魅力的な花冠の習慣は、ルネサンス期には姿を消してしまった。

祝宴

食卓につく前に手洗いの儀式が行なわれた。身分の高い人々の屋敷では、小姓が植物で香りをつけたぬるま湯と、手を拭くための「上等なトゥアイユ」を勧めた。ブルジョワの家では家の若い娘

(37) 「支払いをして買う」。
(38) 囲いのある庭。

（たち）か召使いがこの役目を果たした。そのあと、身分や財力や年齢によって席についた。家のあるじが招待客といっしょに席につくと、女主人や娘たちやその他の家族も席につく。品格を重んじる人、あるいは爵位のある人の屋敷では、子どもたちが食卓に姿を見せることはなかった。ブルジョワ社会では長男が給仕にくわわり、おもに賓客をもてなした。

会食者が席につくまで、食卓はテーブルクロスがかけられただけの状態になっていた。ふつうは二つ折りになっていたが、前述のように口や手を拭くロンジエールがかかっていることもあった。そして給仕係が塩入れ、深皿、グラスをもったいをつけてならべる。最後にパンがかごに入れられて運ばれ、そのあとトランショワールにのせられる。

家のあるじに続いて列席者がおごそかに食前の祈りを述べる（同じように食後には感謝の祈りが唱えられる）。そこで祝宴が開始され、ナプキンをかぶせた料理が登場する。たんなるいつもの慎重さからである。ワインと料理が運ばれてきて、立食用テーブルや小卓にならべられる。給仕は食卓に肉か魚をのせたトランショワールだけを出す。煮汁やスープを受けるために作られた厚い黒パンである。食事がすむと煮汁を吸いこんだ厚切りパンは樽に集められ、貧しい人々に与えられる。

パリの最高級パンはコルベイユ［パリ南郊の都市］で作られたものだった。ノルマン人によってガリアにもたらされたぜいたく品の最高級バターは、ヴァンヴ［パリ南郊の町］から直接届けられた。

最近、レストラン「ル・グラン・ルーヴル」の中世記念ディナーのために、現総料理長であり歴史家でもあるイヴ・ピナールと優秀なパン職人が、ルセットのすっかり失われてしまったこの密度

固いパンにのせて食べる

「トランショワールのパンは長さ半ピエ［約15センチ］、幅と高さ４ドワ［約８センチ］の４日前に焼いた黒パンを３ダース、コルベイユのパンの市場で買うこと」

もともとしっかりしたパンなので、ほどよい固さになっている。

の濃いパンの作り方を再現してくれた。といってもトランショワールの見本は、公共のコレクションにも、個人のコレクションにももはや存在しない。図版や物語に登場するのみである。

貴族たちの常軌を逸した「美食」の習慣に詳しい『メナジエ』の著者は、その豪華絢爛さをまねたい気持ちを抑えることができない。「エリー親方が五月の火曜日に行なった二〇エキュエル（四〇人の客）限定の正餐という結婚式の献立」は、彼が属する階級では飛びぬけてぜいたくなものである。要するに非の打ちどころのない正餐である。良きブルジョワは良識ある人々である。市場で手に入る物に左右されるので、つねに望みどおりのものが作れるわけではないことに注目したい。「アシエット(39)のバターは肉の日なのでなし。同じくサクランボは手に入らなかったためなし。したがってアシエットはなし。ポタージュはザクロと鮮紅色のドラジェをのせた去勢若鶏のブランマンジェ。ローストは各皿に子山羊肉四分の一頭分。四分の一頭分の子山羊は子羊より良い。それに若いガチョウ一羽。雛鶏二羽、ソースはオレンジ、カムリーヌ、ヴェルジュー。冷たい《トゥアイユ》タオルかナプキン。アントルメはザリガニ、ロシュ(40)、子ウサギ、豚肉のジュレ。デセルトは粒小麦粥とジビエ料理。イシューはイポクラス酒とメチエ。ブートオールはワインと砂糖菓子」。

質の高い正真正銘の祝宴に続いて、午後の遅い時間には義務として内輪の晩餐会が開かれる（「一〇エキュエル」つまり出席者二〇人）。晩餐はヴィネグレット、パテ、ジュレ、フルマージュ froumages（チーズ）。

質が高いのは結婚披露宴の食事だからだが、それでも当時のブルジョワのシックな料理について多くのことを教えてくれる…　質の高い料理がどんなものだったかということも教えてくれる。貴族の祝宴にならって、メニューの順序が義務的であり、かなり模倣的な一そろいの料理を四度サーヴィスしているからである。

(39)「オードヴル」といえるだろう。
(40) コイ科ニシニゴイダマシ属の川魚。北ヨーロッパのみに生息。繊細で味がよいことからほとんど姿を消してしまった。

最初の「ポタージュ」はかならずしも現在のポタージュと同じではなく、どちらかといえば煮こみ料理のことである。次の「ロースト」は、貴族のあいだで一八世紀初めまでしか続かない習慣だが、この頃にははじまっていたということだ。良識あるブルジョワは、ローストした肉や家禽のピラミッドを、より適切な大きさに修正している。「アントルメ」は食事のクライマックスである。風味のよい極上の塩漬け肉をジュレにしたもので、可能であればさまざまな色で貴族的な演出をほどこした。上流社会ではたいてい、幕間の出し物がつく。いつもは「デセルト」にコンポートと果物のセットが出されるが、ここではジビエ料理をそえた粒小麦粥である。「イシュー」はスパイス入りのおいしいイポクラス酒で食事を儀礼的に締めくくるものであり、ウブリまたはメティエという今のワッフルのような小さな乾菓子といっしょに出された。

香りをつけた水でふたたび手を洗い、上等なトゥアイユで拭いたあと、全員が立ち上がる。給仕たちが食卓をかたづけ、テーブルクロスを運び去り、天板と架台を解体し、すばやく部屋をかたづける。会食者たちは立ったまま感謝の祈りを唱える。

アーメンがすむとすぐに見習いたちがブートオール、つまりワインとドラジェカップに美しくのせられたエピス・ド・シャンブルを運んでくる。休む前に消化を助け、息をさわやかにしてくれるものだ！

ワインと砂糖菓子はブートオールである。手を洗い、感謝の祈りを捧げ、応接室(41)に行く。使用人たちが食事をし、ワインと砂糖菓子がすむとそうそうにいとまごいをした！…

(41)　おそらく宴会場だろう…

昨日のルセットを今日のメニューに

中世のルセットについては一般に誤った考えが行きわたっている。なるほど中世のルセットのいくつかについては消滅したか、あるいは時代とともにすっかり変わってしまったので、その変遷を探ることはもうできない。だがその他の多くは変わっていないか、あるいはほんの少ししか変わっていないのである。そこには何世紀にもわたる家庭料理の習慣が蓄えられている。料理法も受け継がれている。たとえば魚を「フォン」というだし汁で調理する習慣は、カワカマスbrochet（またはlus）の次のようなやり方に由来している。「カワカマスは沸騰したお湯とワイン少量を入れて煮ること。最初に頭を、次に尻尾を入れてひと煮立ちさせる…」

ソース

ふだんの食事でたとえばニンニクのような手に入りやすいスパイスをきかせたソース（sausseあるいはsaulce）をそえない肉や魚や野菜はほとんどない。ニンニクソースはじつは、北フランスから南フランスまで、オーソドックスなソースだった。それが忘れられてしまったのはいかにも不思議なことである…

⑷² 鱗茎の１片。

鶏肉と牛肉のための白いニンニクソースと緑のニンニクソース

「ニンニク１ドゥルス⑷²と焦がさない白パンの身をいっしょにすりつぶして、白いヴェルジューで溶かす。魚用にこれを緑色にするにはパセリとスイバを、あるいはそのどちらか一方、もしくはロマランをくわえる」

『メナジエ』のこのルセットはシンプルかつ美味である…ニンニクがお好きなら！

ソースのとろみづけには、ルイ一四世時代以降は小麦粉が使われているが、当時はパンの身が使われていたことに注目してほしい。一般に、発酵させないパンが使われていた。また中世の料理の脂肪分がいかに少ないかにも注目してほしい。揚げ物に使われてはいるが、それでもごくわずかである。『ル・ヴィアンディエ』と『メナジエ』のソースにはオイルもバターも含まれず、（調理された鶏肉の）ラードや油脂もほとんどなかった…　そのかわり、酸味が強かった（未熟成のブドウ汁であるヴェルジュー、ヴィネガー、白ワインというよりピケット［ブドウのしぼりかすを水で薄めて発酵させたもの］に近いもの、レモンなどが使われていた…）

使用上の注意

今日において中世料理を出す際に、威厳のある「ル・グラン・ルーヴル」内のレストランのシェフ——いや失礼、総料理長——イヴ・ピナールは、もちろん客人に有名なタイイtaillisあるいはタイエtailléを出すのを忘れない。これは薄く「スライス」した菓子で、ドライフルーツが使われている。一種のプディングといってもよい。イヴ親方は料理を入念に作り上げるために、現代の弟子に必要な詳しい説明を、現代の方法と言葉で補っている。

『ル・ヴィアンディエ』にも『メナジエ』にもよくみられるルセットには、分量の指示がない。一九世紀までは見習って覚えるという経験主義から、「少し《アン・プ》」または「少々《プチ》」、「多量の《フワゾン》」といったあいまいな指示にとどめられていた。女中を一人だけかかえる実直な女店主ではなく、家長が料理長を雇ってルセットを伝えるような上流ブルジョワ（貴重な料理書は長らく家長の書庫に入れられることになる）の上品な料理を作るには、料理についてある程度の経験的知識が必要だった。

本日のおすすめ料理

四旬節《カレーム》のときに出されるタイイ

材料

アーモンド　一二〇グラム（皮をむいて粉にしたもの、あるいは細かく砕いたもの）

砂糖　一六〇グラム

リンゴ　一三〇グラム

イチジク　六〇グラム

サフラン　一つまみ（めしべ）

ナツメヤシ　六〇グラム

パンの身　一〇片

アーモンド粉を一リットルの水に入れてふくらませる。このアーモンドミルクをシノワか濾し布に通してから煮立てる。リンゴの皮をむいて小さなサイの目に切り、ナツメヤシとイチジクも同様にする。パンを小さなサイの目に切る。全部をアーモンドミルクといっしょに片手鍋に入れる。砂糖と粉にしたサフラン、アーモンドを濾した残りかすの半分をくわえる。たえずかき混ぜながら、ごくとろ火で二五分間煮る。浅い皿に注ぎ、半日冷所に置く（タイイにはフランのような粘りけがあったにちがいない）

鶏肉のブルエ

伝統的なもうひとつの中世のルセットは、ブルエ（ゴート語のBrodつまりブイヨンに由来）である。おそらく、この調理に失敗したものや、粗末なできのものが、美味な料理の不当な逆宣伝になってしまったのだろう）。この料理は貧弱なポタージュと思われているが、そうではなく、むしろブランケット［子羊（子牛、鶏）のクリーム煮］の遠い祖先だと思われる。この素晴らしいブルエには、アーモンドの甘味だけでなく、裕福なブルジョワだけしか手に入れることのできないスパイスが効いていることがわかる。

材料
若鶏　農家産の若鶏一羽
ブイヨン　二リットル
白ワイン　〇・五リットル
ヴェルジュー　〇・三リットル（あるいは上質のヴィネガー）
ショウガ　五〇グラム（細かくきざんだもの）
アーモンド　一五〇グラム（粉末）
パンの身　一五〇グラム（スープに浸したもの）
コショウ　六グラム（長コショウ、ないときはアンティル諸島のロッグ・ウッド）
サフラン　二グラム（めしべ）
クローヴ　四本
シナモン　五グラム（粉末）

パセリ　一五グラム（みじん切り）
アサツキ　一五グラム（みじん切り）
塩　適宜
ラード　八〇グラム
卵黄　四個分

白ワインとヴェルジューをくわえたブイヨンを煮立たせて、若鶏を丸ごとゆでる。ゆで上がったら水分をきってブイヨンをとり分けておき、若鶏を一〇片くらいに切る。切り分けたものをフライパンに入れ、ラードでこんがり焼く。それを保温しておく。煮汁〇・八リットルを量って、アーモンドとパンとスパイスをくわえる。たえずかき混ぜて押しつぶしながら一五分間とろ火で煮る。ソースを火からおろし、かき混ぜた卵黄ですばやくとろみをつける。肉全体にソースをかける。みじん切りにした香草をふりかけて供する。

フロマンテ（粒小麦粥）

中世ではほとんど日常的なものだったこの料理のルセットは、いくつかの文献にみられるが、そのなかにはタイユヴァンの料理書もある。『メナジエ』に引用された版はもっとも完璧なものである。とはいえ卵の割合を見たら二一世紀のブルジョワは想像だけにとどめておくに違いない。ジビエ料理のフロマンテはほとんど日常的に食されていた。今ではさまざまなメーカーが、不要物をとりのぞいた（殻をとった）小麦を勧めていて、味もすばらしい。このルセットでは最大でも卵は六個である。

「最初に、大麦の表皮をむくのと同じように粒小麦の殻をとっておく。そして一〇エキュエル分には、殻をとった粒小麦一リーヴル（五〇〇グラム）と覚えておくこと。香辛料店ではいつでもひき割り小麦をリーヴル単位で手に入れることができる。殻をとりのぞいて夜に水で煮る。蓋をして一晩中火の近くに置いておき、ぬるい湯につけた状態にしておく。それから取り出してきれいに洗う。次に牛乳を鍋でわかすが、凝固してしまうのでかきまわさないこと。沸騰したらすぐに清潔な壺に入れる。冷めたら牛乳が凝固しないように上部のクリームをとりのぞく。粒小麦を少しくわえてまた牛乳をわかすが、粒小麦はほんの少しだけにする。それから卵黄を流し入れる。牛乳〇・四リットルにつき卵一〇〇個分である。沸騰した牛乳と卵をかき混ぜる。壺の中身を卵に入れる。そしてまた壺にもどす。凝固しそうになったら壺をバケツ一杯の水に入れる。魚の日には牛乳だが、肉の日にはブイヨンで煮る。卵があまり黄色くなかったらサフランを入れる。同じくショウガを半クロシュ[43]入れる。

新鮮なエンドウ豆のクルトネ

すりつぶしたエンドウ豆のクルトネは、中世の見本ともいうべき料理だったようだ。しかも美味である！『メナジエ』のルセットよりずっとシンプルなタイユヴァンの有名なルセットは次のようなものである。『メナジエ』には料理についての助言が多く、たとえば農家のおかみさんが牛乳をいつも水で薄めるのだが、それでも凝固してしまうので、激怒している。割合は会食者の数によ

(43)　1つまみ。

る。だが現在は必要な卵の数を別なやり方で計算する。ここでも六個でじゅうぶんである。若鶏を二度煮しているところに注目してほしい。たしかに改良がくわえられている。

「ピュレまで(44)エンドウ豆を加熱調理し、ピュレにして豚脂でフリジエする(45)。牛乳をひと煮立ちさせてパンを中に浸す。ショウガとサフランを入れる。煮立ったら、水で煮た鶏を四つに切り分けていっしょに煮る。火からおろして《トレ・アリエール》(46)多量の卵黄を流しこむ」

羊のエリコ

「羊肉の煮こみ《アリコ》」は現代では代表的なプチブル料理とみなされている。一般的に羊肉と白インゲン豆の煮こみのことだと思われているが、インゲン豆が中央アフリカから入ってきたのはじつは一六世紀末ごろにだということを忘れてはいけない。ところで『メナジエ』のブルジョワやタイユヴァンは、「羊のエリコ」Héricotのルセットを、ときには「Héricoq」とつづって伝えている。「上品な」料理だが経済的であり、塩漬けの羊肉が使われたので多くの人に喜ばれたに違いない。

この料理にはインゲン豆は入っていないが、それも当然である。ではどこからこんな名称がついたのだろう? 「haligot」や「haligote」は「一かたまり」「断片」を意味しているので、それに由来するのかもしれない。そこにカブのような「根菜《ラシーヌ》」があとからつけくわえられたのである。

「羊肉をぶつ切りにしてさっと湯がき《ブルブリール・ユヌ・オンド》(47)、薄切りにしたタマネギといっしょに豚脂で炒める(48)。牛のブイヨン、メース、パセリ、ヒソップ、セージといっしょに煮立てる」

(44) ピュレ状につぶれるまで。
(45) 「ラードで揚げる」
(46) 「火からはずす」
(47) 「ひと煮立ちするあいだ湯がく」
(48) 「ラードで揚げる(炒めて色づけする)」

『ル・ヴィアンディエ』（最初の印刷本、一四九〇年）

ジュレ・ア・ラ・モード

中世のしゃれた料理だったジュレは、そのあと長らく忘れられていた。タイユヴァンはこれを作るのに、白ワインと子牛の足の「ブイヨン」を使うよう勧めている。しかしそれに羊のもも肉、豚、半分に切った雛鶏、「くず肉《ラペロ》」、大量の香辛料（ショウガ、グレーヌ・ド・パラディ、サフラン、ヴィネガー、ヴェルジューをくわえてもよいとしている。ジュレなので当然のことだが、「たっぷりの」卵の白身aubinを使って澄ます。それから野菜汁で色づけをする。きれいにならべた肉にジュレをかぶせて地下室で冷やす。これは特別なときのためのプロの仕事である。一九世紀に復活する冷たいビュッフェ料理はもっと別のやり方で作られるのだろうか?

いくつかのポタージュ

「サフランで彩色されたカボチャのポタージュ」は、このうえなく甘美な野菜のクリームである。のちにコロンブスがアメリカ大陸を発見したあともたらされたウリ科の西洋カボチャ（ペポカボチャ）ではなくヒョウタン《グルド》ともよばれる長カボチャ（Lagenaria vulgaris）を使っているこのルセットは、イヴ・ピナール親方によって復活している。

カボチャを洗って切り分け、皮をむいて種をとる。皮はとっておき、細かい千切りにして湯がく。それとは別にさいの目に切ったカボチャの身を煮る。もし中世の正統なやり方を尊重したければ、このあと牛脂で炒める。あるいはイヴ親方が示したように、水をきったカボチャと、皮のみじん切りを一五〇グラムの細切り背脂できつね色に炒める。水を少々くわえて蓋をし、粗いピュレ状になるまでとろ火で加熱する。サフランの雌しべを散らして供する。「フランジエ」とはこのことをさしている。中世の親方たちより中世的なイヴ・ピナール親方は、おろしショウガをひとつまみつけくわえている。

「タマネギのありふれたポタージュ」料理は生きた芸術であり、世代ごとに新たなひらめきがくわえられるべきものである。そう、あのタマネギのスープのことだ。このスープができてからまだ千年しかたっていない。だから『メナジエ』のブルジョワにとっては「ありふれたポタージュ」なのである。魚の日や「四旬節」には肉のブイヨンではなく野菜のブイヨンが使われた。

「上記または前章で述べたようにタマネギを炒め、炒め油とタマネギをパン粉、ショウガ、クルー clous[49]、すりつぶした種といっしょにブイヨンに入れる。ヴィネガーとワイン、サフラン少々を入れる。深皿にスープ[50]を盛りつける」

このスープとは何か。「黄金色のスープ」を考えついたのはわれわれの遠い祖先である――スープとよばれていたのは数切れのパンである。プラティナによって当然ながらラテン語で書かれ、一四七五年に出版されたイタリアの書物には、官能的なルセットがみられる。

「小さなスープを焼いて、粉にした砂糖、白ワイン、卵の黄身、バラ水で作ったクーリ[51]に入

「子どもよ、器にスープを入れたら全部食べるか、地面にすてよ」

（作者不詳）

(49) クローヴ。
(50) パン切れ。
(51) 流れてくる液状のソース。

れる。しっかり味を浸みこませたら、炒めてふたたびバラ水に入れ、砂糖とサフランをまぶす」

今日ではバラ水は化粧品としての評価のほうが高い。プロヴァンス地方で古くから使われている橙花水《ネロリ》も、あっさり仕上げたいときに歓迎される。黄金色のスープというグルマンディーズを、イポクラス酒を飲みながら味わっていたのかもしれない。地方では数世代前まで作られていた。

「ロール状のシナモン一オンス(52)とショウガ少々、粗い粉にしたナツメグを用意する。それをいっしょにすりつぶし、粉にした砂糖一リーヴル(53)または蜂蜜、ボーヌワインたっぷり一パイント(54)と混ぜあわせる。午前中いっぱい浸してから漉す」

人生の断面と断章

フィレンツェのブルジョワとともに食卓につく…

「とびきり面白い話をしてやろう。ヴォルペとよばれるアルトヴィーティ家の一人が食卓でこう言った。ヴォルペが五月にインチーザから一マイルのところにあるパラッツォロという町にいたとき、アレッツォに向かうプラートの町の住人たちが突然彼を訪ねてきた。彼は礼儀正しく彼らを夜まで引き止め、夕食と宿泊を勧めた。

夕食の時間になって一同がテーブルにつくと、子山羊の小さな頭が出てきた。ヴォルペはタイヨ

(52)　16分の1リーヴル、30.594グラム。
(53)　489.5グラム。
(54)　0.93リットル。

ワールをほかの客と共有していた。彼の前に頭が置かれたので、彼はそれを切り分けた。片目をタイヨワールに置くと、プラートの男は待ちきれずに、それをとってすばやく飲みこんでしまった。ヴォルペは二番目の目をタイヨワールにのせた。すると相手はまた同じことをした。ヴォルペはそれを見るとナイフを置いて隣人の方を向いた。そして同じ動作で、彼の目をつかんでまぶたを裏返すと、プラートの男にこう言った。『さあ、おれの分としてこの目を食ってやる！』

プラートの男はそれを聞いて恥じいった。ぼんやりしていたのだと男は言い訳した。仲間たちが言うには、『たしかにそのとおりだ！　彼はあんたとタイヨワールを分かちあうのをとても喜んでいるんだ！』

そして男は言った。『ヴォルペさん、私は誓いを立てているのです。ある若い女の目に悩まされて以来です。その目によってひどい目にあったので、目を見たらそれを食べて男らしく復讐を果たすという誓いを立てているのです』

それを聞くとヴォルペは立ち上がってこの男から離れ、椅子に腰かけた。

『福音書にかけて誓う！　もしあんたの言うとおりでも、おれがあんたに提供したものを食べようとはしないはずだ！　もし今度おれといっしょに食べるときは、目のかわりに、自由通行証を要求するか、あんたに消え失せてもらうかだ！』

誰かとタイヨワールを分かちあうとき、少し待つという「節度」を保てなかったり、相手を尊重しなかったりするのは、たいへんな無作法である。このことで三日間の断食に値するくらい恥ずべきことをしている人はたくさんいる」

『フィレンツェの食卓、書くことと食べること』（一三七〇年頃）(55)

(55) フランコ・サッケッティ、『フィレンツェの食卓、書くことと食べること（Tables florentines : ecrire et manger)』、ストック社、「中世」双書、1984 年。

第2章　発見から革命へ――一六世紀から一八世紀まで

ブルジョワは数世紀かけて徐々に国家の政治・経済の領域に根を下ろしていく。

もともと貴族は戦闘に従事していた。最初のうちは貴族どうしの戦いだったが、歴史家たちが近代とよぶ時代に国家という概念が生じると、国王の旗印のもとに参集して外国と戦うようになった。だが、やがて宮廷生活の快楽（かけひき、策略、結託、祝宴、陰謀）が彼らをとりこにする。とりわけルイ一四世の時代にヴェルサイユ宮殿というとてつもない政略の場が作り出されてからは、世界を動かす役割を少しずつブルジョワジーにまかせるようになった。そして世界はまさに動いたのである。ブルジョワが経済をとりしきった、というよりむしろ経済そのものを生み出したといえる。そして新大陸への遠征を動機づけ、出資することによって世界を広げ、その途上で世界がたしかに丸いことを証明するのである。

当時の社会構造と概況

外見上は貴族が王国の運命を決めているかのようにふるまいながら、じつはブルジョワが背後で世界を自分たちに都合のいいように作り上げていた。彼らは徐々に精神を形づくり（ルネサンスの偉大な芸術家たちは、庇護者である金持ちや貴族の「注文を受けて」仕事をするブルジョワになっている）、ひかえめながらたえまなく権力の歯車にくいこんでいった。やがて（それも近いうちに）その力を白日の下に示す時がやってくる。

行政、すなわち王道

司法の掌握

カペー王朝を開いたフランス国王はみずからがつまるところ一人の人間にすぎず、しかもきわめて孤独な人間であることを意識していたので、重要な問題については「大貴族」である聖俗の封臣たちの会議で意見を聞くのを習慣としていた。この諮問機関はラテン語でクリア・レギスつまり王政庁とよばれ、政治や司法の特権も与えられていた。したがって事実上は封建領主の長たる国王の司法機関でもあった。

一三世紀になって国王の領地や権力が拡大すると、古いローマ法の原理が復活する。クリア・レギスは、領主やバイイ（昔のイングランドの「シェリフ」のように治安を担当する貴族の高級官吏）がくだした第一審の判決に対する控訴を受けることが多くなった。そこでクリア・レギスに裁判だけを担当する部門として高等法院が開設され、そこではしばしば議論というより「口論」が行なわれた。自分たちの威信を保つのにせいいっぱいだった国王直属の封臣たちは、問題解決に欠かせない専門知識をもつプロの法律家に頼らざるをえなくなった。

そもそも封建領主たちは法律などの専門知識には関心がなかった。だから初めのうちはブルジョワ出身で法律に詳しい「報告官」に訴訟事件の準備と説明をまかせ、高位聖職者や高級貴族が評定官兼裁判官として判決を言いわたすという形をとっていた。だが、一三世紀末まで待つまでもなく、本職の司法官を裁判官に昇格させたほうが楽だと考えるようになる。つまりブルジョワ出身で大学教育を受けた有能な法学者たちである。彼らは関係資料にくまなく目をとおした。高級貴族たちはまったく理解できない議論にわずらわされずにすむようになった。というのも彼らの大半はかろうじて署名ができる程度だったからである。一方聖職者たちは一三一九年にフィリップ五世によって本来の信仰の道にもどされている。

高位の封臣たちが自分たちにかかわる問題にかんして高等法院を「同輩衆の法廷」に変えてしまうケースもまれにはあったが、それでもこのころからブルジョワジーが高等法院の評定官を介して国家や個人の事件を引き受けるようになった。高等法院の評定官は端麗王フィリップ四世の時代には六〇人ほどだったが、一八世紀半ばには二七〇人にもなり、さらにそれをとりまく多くの人々がいた。

ルイ＝セバスチャン・メルシエは、ルイ一六世治下の一七八一年にアムステルダムで、パリ生活のみごとな「ルポルタージュ」である『十八世紀パリ生活誌——タブロー・ド・パリ』(1)を出版したが、その中でアンリ三世時代に法廷にまつわる仕事に従事していた人々の数は一万人以上と見積もられている。検察官、弁護士、公証人、代訴士、執達吏、書記官、傍聴官、官吏、文書係など、いずれも中世初期に司法補助吏でもあった商人たちの後裔で、世代をへるにつれてますます行政の

(1) ルイ＝セバスチャン・メルシエ、『18世紀パリ生活誌——タブロー・ド・パリ』、メルキュール・ド・フランス社、パリ、1994年（上下巻）。

機微に通じるようになっていったのである。

法服と商品

一二世紀に男性の服装が変化して、長衣の着用が神学生、学者、法律家、大学教員にかぎられるようになると、高等法院のメンバーやその下役たちは「法曹家」あるいは「法律屋」とみなされるようになった。ブルジョワジーのなかでもこの一派は、時がたつにつれて商業や金融のブルジョワジーとは（起源は同じであるにもかかわらず）距離を置くようになる。貴族叙任状を得ようとしていたので、平民出身であることは忘れたかったのである。

かくして一七世紀の「法服貴族は商品に対して軽蔑しかいだいていなかった」といえる。とはいえ、実入りは少ないものの特典の多い高等法院の職が金で買えるようになったとき、すぐに法律家として身を立てられたのは、商売をしていたおかげである。その職がやがて世襲となり、ついには爵位を与えられるようになる。

『エセー』の著者として後世に名を残しているすぐれた学識者ミシェル・ド・モンテーニュが貴族の称号を名のっているのは、輝かしい武勲のおかげでも、名のある祖先から受け継いだ貴族の血のおかげでもない。ブルジョワジーが時間をかけて政権の司法の領域に台頭していったおかげで、ペリゴーに城をもつ小貴族になったのである。スペインの改宗したユダヤ商人の後裔である彼自身がそもそもボルドー高等法院の評定官であり、長らくボルドー市長もつとめている。

徴税請負

裁判を担当するこうしたブルジョワにくわえて、とくにルイ一四世の時代以降、民間の税務行政を行なう注目すべき一団があった。彼らは徴税請負制のもとで徴税請負人組合を作り、間接税（塩税、飲料消費税、関税など）の徴収や請負を行なっていたのである。

アンシャン・レジームの「上層」ブルジョワのなかでもこのカテゴリーは、商売とはまったく無縁であるどころか敵対するものである。法律を学んではいるが司法官ではなく、パリや大小の地方都市の行政官によって構成されていたが、世代をへるにつれてその地位に箔がついていった。当初は国王や大貴族に仕える官吏として独創的で勤勉で几帳面だった彼らは、皆いずれは徴税請負組合員に選ばれて一族の頂点に立ちたいと願っていた。徴税請負組合員は、推薦された有能な息子や甥を現会員が指名する。ただし財産のある家でなければできないことだった。当時は国王の寵臣にわいろが贈られていたことを忘れてはいけない。その後、土地や役職を適宜購入したり、貴族と結婚したりして家柄を向上させていった。ルイ一四世の青年時代に財務卿をつとめたニコラ・フーケは、軽率さ（もしくは厚顔無恥）によって「出世」を急ぎすぎ、頂上に達するための水平飛行に我慢できなかったが、もしそうでなかったら新たに貴族の仲間入りをした一族の先祖となっていたかもしれない。

喜劇や風刺詩や風刺文学はこうした人々を題材にし、彼らはそれを喜んで受け入れた。知ってのとおり、「貸す」のが彼らの習性だからである。彼らはあいかわらず肉と金、つまり半分人間、半分金塊という姿で描かれている。大きな腹に幅広の肩、ブロケードの服はルイ金貨とカドリュプル(2)の生地でできているらしく、脱いだ状態でも立っている。ラングドック地方では、太鼓腹を締めつける懐中時計の太いチェーンから、こうしたムッスュ moussus（ムッシューたち）を長いあいだ「金

(2)　アンシャン・レジーム期の金貨。

の腹」とよんでいた。貧困が職人や農民の骨や心をむしばんでいたこの時代に、自分の未来の紋章となる分野にのみ専心する多くの金融資本家や徴税請負人の胃袋は、金を大量に消化できるほどじょうぶだったので、夕食や夜食も受けつけることができた。彼らのごくささやかな食事でも、ガルガンチュアをテーブルの下にころがすことができただろう。さらには、どちらかというとつましい田舎暮らしをしていたタルマンの作品にもそうした例がみられる。

ところで一七八九年に任務についていた多くの徴税請負人にとって不幸なことに、彼らのいわゆる「生存の可能性」がフランス革命の手にゆだねられることになる。トリュフをつめた肥育鶏やフォアグラのパテが彼らの動脈に悪影響を与えながらもなしえなかったことがなされたのである。徴税請負人たちは、たとえ尊敬に値するような人柄であっても恐怖政治の死刑台に送られた。「世界はなんと偉大な芸術家を失うことか［皇帝ネロの辞世の句］」

幸いにも一七九三年より以前に天寿を全うした者しか死刑囚護送馬車からのがれることはできなかった。そのうちの一人が、一七〇〇年からヴァロワ公国の林野局長をつとめていた家の出身者である。彼は一七九二年というちょうど良いときに他界した。とはいえ後悔しながら亡くなったかもしれない。なぜなら彼は前払いをするというミスを犯してしまったからだ。その代金とひきかえに、いずれは貴族の称号をもたらしてくれるはずの高貴な宮廷の任務につくことになっていた。結局ブルジョワのまま亡くなったが、安らかな死を迎えることはできた。貧窮し失望もしていたが、穏やかな人生だった。資本家のなかには例外もあって、ひじょうに勇気のある男もいた。その家族については、もっとあとでとりあげることにする。

イングランドのモデル

本章でとりあげている長い時代には、ヨーロッパ諸国の地理的枠組みや文化的アイデンティティーが明確な形をとるようになっている。このような観点から、イングランドの例をとりあげてみたい。たしかにこの時代より前にイギリス海峡の向こうとこちらで起こった社会の変化が、おおよそのところ根本的に異なるものではないのは当然である。国を統治しているのはおたがいにつながりのある一族であり、権力者の言語も宗教も同じだったからである。だが、この時期から両国は異なる道を歩みはじめ、たがいに遠ざかり、そしてはっきりと敵対するようになった。イングランドは遠く離れた国であり、すでに独立していたにもかかわらず、あくまでも大陸の延長であり、長いあいだ「ローマの属州ブリタニア」にすぎなかったが、やがて固有の特徴をもつ独自の文化を打ち立てた。それはフランス王国で花開いた文化とは正反対のものとしてみずから定義する、もしくは定義される。ほどなくして「不実な白い国」とよばれることになるイングランドは、料理まで異なるのである…

ブルジョワジーという概念についても同様で、イングランドではじつはブルジョワジーは存在せず、この階級を定義する特別な言葉もない。たしかに階級闘争は以前から知られているが、それは土地所有にもとづくものであり、トマス・モアが望むような美徳にもとづくものではない。貴族院議員つまり貴族は騎士身分の出身ということであり、上位の性質や特別な血筋を証明するものではない。マナー manor（荘園）やそれに隣接するかなりの広さの土地を受けとった者が、つねに王のために犠牲を要する軍務についていた。土地所有者は富裕の度あいによってピアーズ peers（貴族あるいは貴族院議員）、ジェントリー［紳士階級］のジェントルマン gentlement つまり「高貴な生まれの」人々（フランス語の gentilshommes［貴族］と混同してはいけない。爵位はもっていないからだ）に分かれる。

一五世紀から一八世紀までピアーズは一六〇人から一七〇人ほどしかいない。ピアーズの第一の特権は、世界一歴史の古い政治・司法・税務にかんする国王付きの諮問機関である貴族院、つまり上院に継承権のある議席をもっていたことである。最後にヨーマンyeomanも考慮に入れなければならない。当時のフランスでは「自由農民」ないしは「富農《ラブルール》」とよばれていた人々で、小作人ではなく裕福で自由な土地所有者であり、農民のなかでもごく上層部に位置する。繁盛している商人、ジェントルマン、エスクワイアesquires（フランス語の「écuyer［平貴族］」に由来する）は、地代で生活するか、あるいは尊敬に値する職業（つまり賃金生活者ではなく自由業）に従事し、ヨーマンとともにミドルクラスを形成していた。つまり上層中産階級《アッパー・ミドルクラス》から下層中産階級《ロウアー・ミドルクラス》にいたるまでの中産階級であり、おおまかに見てフランスの大小ブルジョワジーに相当する。

一五世紀の下院つまり庶民院には、「共同体」や州や町を代表する貴族以外の議員がいたが、上院の審議に参加する権利はなく、静聴していなければならなかった。貴族階級かミドルクラスに属する大半の土地所有者は、生活の糧である地方の所有地に住んでいた。その中で上院議会が開かれる冬と春にロンドンですごすのは、イングランドの名家のなかでもわずか百家族ほどだった。この上流社会の生活習慣が一七世紀に社交シーズンseasonとなる。田舎の大きな家、つまり「館manours」のマネージメントmanagement（フランスでは当時「家政mesnage」とよばれていた財産管理）は早い時期からイングランドの女性たちの役目だった。田舎のジェントルマンが農業にきわめて明るかったのと同様に、レディーたちは（イングランドの特徴的概念である）「ホームhome」にたずさわること、つまり農作業から、毎日の献立・備蓄・生産管理など食糧にかんすることまでを含めた日常の現実的な作業にたずさわることで自分の値打ちが下がるとは考えていなかった。

未知の大陸《テラエ・インコグニタエ》、旅と植民地、商業の勝利

フランスで商人として頭角を現すブジョワジーの大半は、国内やヨーロッパ各地から余剰農産物を買いつけ、折を見てそれを転売することによって、フランスの経済になくてはならない存在となっていった。

つまり商人たちは食料の余剰と不足を管理していたのである。土地を担保に金を貸すことも多かったので、早晩その土地を手に入れることになったが、農民に対して元の地主より厳しい態度をとることもあった。大金持ちになった者は、たとえば有名なブルジュのジャック・クールや、トゥールーズのアセザが中世末期にすでに行なっていたように、まさに都会の宮殿といえるような立派な大邸宅を建てた。

美しき一六世紀

戦争や飢餓や伝染病の流行はあったものの、フランス経済は数世紀かけてゆっくりと発展をとげ、やがて社会変革をもたらすことになる。とくに都会のブルジョワたちにおよぼした影響は大きかった。中世末期に生活環境が安定してきたのは事実であるが、近代に入る直前の小氷河期は何度も食糧危機をひき起こした。単刀直入にいえば商人たちはそれを利用したのである。

地政学的にはすでに近代的様相を呈していた西欧全土における商取引の加速度的発達や、海外遠征による貴金属の大量流入、通貨の発展、アルプスの向こう側の戦争、王朝の交替…そうしたもの

によってフランスに新たな時代を感じさせるイタリア風の洗練された装飾の種がまかれた。のちに「ルネサンス」という名でよばれるものである。

フランスのガリア的で勇ましい文明は、(大国のひき起こした戦争を背景にしたものとはいえ)数十年で優雅なイタリア風になり、ドイツから伝わった宗教改革によって全面的な問いなおしを余儀なくされ、厳しく再考をうながされた。それについてジャック・ル・ゴフはこう述べている。「その他の者たち(ブルジョワ)は、宗教改革にくわわって成功という精神性をもちこむことになる。ときにはそこに現世と天国、宗教と商売、神と商人の奇妙な関連性を見つけ出す」。精神のこのような二重の変化によって、見識も教養もあるブルジョワ階層が好む風土が生み出される。一方貴族は、すくなくとも貴族でありつづけた世紀をとおして、みずからに不利益をもたらすことになる保守主義をつらぬき通す。

三角貿易

一七世紀から一九世紀まで、たとえば紅茶、コーヒー、チョコレートや、このあととりあげる砂糖などといった「植民地」生産物の輸入と、逆方向の植民地へのフランス国産品の輸出は、ヨーロッパの多くのブルジョワにとって最高の取引だった。だが人々の繁栄の源となる収益の大きい闇取引の最後を飾るのは、植民地を拡大させたアフリカ人奴隷の取引である。とくにフランス西岸の大きな港は積極的かつ保守的で、マルセイユやジェノヴァも甘い汁を吸っていた。フランスのナント、ラ・ロシェル、サン=マロ、ル・アーヴル、そして何世紀にもわたるイングランドへのワイン取引ですでに潤っていたボルドー、パリの前衛都市ルーアンなどはいずれも西インド諸島が発見されると、当然すぐに取引を結んだのである。黒人奴隷の取引は(奴隷船は三世紀のあいだに何千回も往

「大船主やプチブルジョワはたとえ128分の1、480分の1、512分の1のとり分しか得られなくても誘惑を前にしてひるむことはない。まずは家族に声をかけ、それから同宗者であろうとなかろうと友人たちにあたる。だが船主たちは政略結婚によって黒人奴隷貿易にかかわるほとんど全員が親戚というネットワークを作り上げている」

J-M・ドゥヴォ(3)

(3) 1994年ナントの展覧会『Les Anneaux de la mémoire(記憶の輪)』のカタログ参照。

復した）ナントやラ・ロシェル発展の原動力となり、プランテーションの繁栄にもかかわっていた。

このような収益の多い取引の完成されたサイクルを「三角貿易」とよぶ。最初に「交換物《トレト》」や「小物類《パコティル》」（小さな包みで包装されていたことから）とよばれる製品をフランスで積みこむ。船は次にアフリカの商館におもむき、これらの商品をかなりの数の捕虜と交換する。三〇メートルほどの船に五〇〇～六〇〇人も積みこむ。おぞましい航海で生き残った黒人捕虜をアンティル諸島かアメリカに行って売る。そして西洋の美食家たちの味覚を刺激するエキゾティックな食料品を積みこみ、帰港して高値で売る。この三角貿易にはたいてい、乗客、郵便物、物資、食糧を本国とアメリカとで直接やりとりする「直線貿易《ドロワチュール》」とよばれる航海が二、三回つけくわえられた。

ラ・ロシェルの船主や仲買商人や銀行家の多くは、一七一六年まで、北欧・カナダ・カリブとの直線貿易で満足のいく収益を上げていた。回想録作者のタルマンもその一人で、まだデ・レオーとはよばれていなかったが、クロイソス［莫大な富で有名な古代リディア最後の王］の再来というあだ名はすでについていたようだ。その後、摂政政府がわいろとひきかえに黒人奴隷売買を「民営化」したので、彼らはまず船団を組むのに必要な二〇～三〇万リーヴルの資金集めに着手した。

奉仕の重大な意味と革新

この世紀の社会が、礼儀正しさと洗練されたふるまいを重んじていたとしても、奴隷貿易を行なうこうしたブルジョワたちが無作法で粗野な人々とみなされていたわけではない。奴隷制支持者の行為は当時の人々にとって驚くようなものではなく、ましてや憤慨するようなものでもなかった。——ミシェル・ド・モンテーニュは『エセー』の名高い「人食い人種について」という章で問題提起した数少ない一人である。

逆にこの進取の気性、自主性、収益性は、「上流社会」とよばれる用心深い人々の中にも徐々に浸透していった。事実、金持ちになると同時に慈善事業を行なっているのだと誰もが信じていた。奴隷たちは捕まると洗礼を受けられるので、キリスト教徒として死ねるからというのがその理由である。鎖につながれていてもキリスト教徒になれるではないか。…黒人奴隷の闇取引の犠牲となった何百万人もの人々の血と涙も、救済を得られたと信じていた仲買商人たちが金の入った袋の上で眠るのを妨げはしなかった。

一方、彼らは神だけではなく、彼らの代表である王と、とくにその「長女」たるフランス王国も称賛していた。奴隷船の積荷も愛国心からだという主張がある。アフリカ人がなんらかの理由で王国の平和を脅かしたからというわけではなかった。植民地を設けることを思いつき、その植民地が国家を富ませるのに不可欠なものとなったあとは、さらに植民地を有効利用するための労働力を確保しなければならなくなった。だが征服の際の不可抗力によるものか、征服者の不手際によるものかわからないが原住民はいなくなっていたではないか。だから奴隷取引は人口を回復させ、必要な労働力を確保するためのうってつけの解決策だったというのである。

「奉仕の街」をたたえるリストにはナントが特別扱いで記載されているが、ナントはこの時代をとおしてせいいっぱい人々の役に立とうとしたのである。ナントの仲買商人は一八世紀だけで約五〇万人のアフリカ人をアンティル諸島につれていった。その半面、砂糖やコーヒーなどはほとんど彼らの恩恵をこうむっている。

既知の世界を広げていったブルジョワの革新の気風は、しだいに既存の停滞した政権を脅かすようになった。教会は政教分離の提唱者として彼らを非難し、新しいものに魅かれるのは罪であるという中世から受け継いだ古い信念をけっしてまげようとはしなかった。人々はかならずしも確信があるわけでもないのに、ブルジョワの業務上の不正を訴えた。貴族たちは、ブルジョワたちが自分たちの快適な生活を奪ったのだと知って激怒するが、時すでに遅かった。ブルジョワたちはフランス革命の裏で、理想主義者たちが火中の栗をひろってくれるのを静かに待っていたのだ。時が来るのを待ちながら、さまざまな革新の恩恵を受けていたのである。

大発見

技術が進歩するとき

新しい科学——農学

この時代には物的生活の向上にもっとも役立つ科学、農学が誕生した。農学はまだ揺籃期にあったが、技術と農地の使い方の大変革へと第一歩を踏み出していた。偶然にもプロテスタントの国々であるイングランドやオランダの前例があったおかげであるとともに、やはりプロテスタントで、しかもたいていはブルジョワだったフランスの学者たちの研究や考察のおかげであった。

それまで実践されていた農法がまだしばらく続けられるのだが、食糧危機をたびたびひき起こしたひどいものだった。農学者たちは論理的かつ近代的な改良のための科学に喜びを見いだし、土地を適切に活用することによって、急増する人口を養えるだけのものが得られることを同時代人に知らせたいと思ったのだ。なかでもベルナール・パリシーは学者たちの中ではじめて、「もし土地がしかるべく耕されれば、今より倍の収穫をもたらすだろう」と主張した。人々は世界を探検しただけでなく、自分たちのまわりの環境にも目を向けたのである。

印刷術

大変革のもうひとつの大きな理由は、新しい思想や技術が印刷術の発明と急速な普及によって、かつてない速さでヨーロッパのいたるところに広まったことにある。そのおかげで一六世紀末には最初の植物学関連の著書や見識ある理論と実践の書が世に出ている。たとえば『土壌と畑についての概論(Le Traité des sols et des champs)』、『農業の現場と農場経営(Le Théâtre d'agriculture ou mesnage des champs)』、『農村の家(La Maison rustique)』など、前述のベルナール・パリシーやオリヴィエ・ド・セール、シャルル・エティエンヌ、あるいはリエボー、サンフォリヤン・シャンピエ、ピエール・ブロンといった著者によるものがあげられる。

残念ながらせっかくの農業への遺産も、このあと数世紀にわたり宝のもち腐れとなるのである。貴族は戦争への協力とみずからの生活水準を支えるためにますます出費がかさみ、一方で商業ブルジョワの新しい資金の一部は、没落した男爵や侯爵から、荒れていても爵位を与えてくれる土地を取得するためにもっぱら使われていた。買主の子弟である法律家や銀行家を貴族の一門に迎え入れてもらうためである。

料理の発展に果たした印刷術の役割

印刷術はあらゆる面でまさに革命の種であった。聖書の母国語版はプロテスタント教会普及の直接の原因となり、王制当局の何某を告発する誹謗文書はサロンの会話に話題を提供し、科学や文学は新たな様相を呈するようになった。

もっと平凡ではあるが、本書にとってはもっとも重要である料理の習慣も、グーテンベルクの発明によってすっかり変化した。アドバイスとルセットがのった料理本が大量に印刷されたのである。時代の最先端を行くこうした家庭の知識はますます多くの人々を対象にするようになった。ただしすくなくとも教養のある人々ということであり、あてはまる人はかなりかぎられてくる。つまりブルジョワということである。

近代における最初の料理本はまちがいなく『フランスの料理人（Le Cuisinier françois）』（現代語では「français」）である。一六三一年に訪問販売されたこの本は、ラ・ヴァレンヌことフランソワ・ピエールという正真正銘のプロによって書かれたものである。その販売方法からみても、この本はすでに中流階級の読者をターゲットにしたものだった。ラ・ヴァレンヌは、一六五三年の『フランスのパティシエ（Le Pâtissier françois）』と、一六六〇年の『フランスのジャム製造業者（Le Confiturier françois）』という二冊の補足的な本の中で、こったグルマン料理についてまとめている。

この時代に出版された書物の中から、さらに『田園の快楽』をあげておきたい。著者ニコラ・ド・ボンヌフォンは、若き日のルイ一四世の従僕という高貴な職務についていた才能ある人物であり、余暇を利用して才能ある人々向けにこれを書いたのである。

次の世紀になると、一七〇〇年にマシアロの『王家とブルジョワの料理人（Cuisinier royal et bourgeois）』、しばらくあとの一七四六年には、のちに広く知られるようになるムノンという人物の『ブルジョワの女料理人（La Cuisinière bourgeoise）』が出版された。タイトルと序文がよく表しているようにこの本は、ブルジョワの読者向けだった（ムノン自身の女料理人には読めなかったが）。販売のうたい文句だけをとってみても、ブルジョワ読者がいかに重視されていたかがわかる。「…本書の著者は(4)、最初に発表した論説では王族の料理や、それをまねる余裕のある富豪のための料理でのみ行なわれる慣行についての教えを伝えたが、今度はさまざまな状況で役立つように、中流資産家の方々にふさわしいものをと考え、本書をお届けする運びとなった。いわばただで働いてくれる女料理人を提供して、実際に雇われている料理人たちに調理技術を教えたり、あるいはみずから料理人の立場に立っていただくのに役立つだろう。調理法はブルジョワ家庭の懐具合や限定された食材に合わせている。もはや貴族のためではなく、ブルジョワのために書かれたものである。だが味つけの工夫によって庶民の料理に気品がくわわったといえる。

本書の教えから料理人たちは、さまざまな種類の料理を違うやり方で楽に調理して、ごくありふれた料理にありふれたものではない味つけを与える方法を見つけることだろう。経験が浅い料理人でも理解できるようにと心がけたので、本書の教えを理解して実践していただけるだろう。めんどうでこったさまざまな味つけや、巧みな見せかけは除いているので、ご主人の富裕さに見あう腕前があれば大丈夫である…」

一六世紀末から一七世紀半ばまで、イングランドでもフランスと同じように「家政」の実践書が発売された。だがフランスに比べてイングランドでは「農学」への関心ははるかに低かったことがうかがえる。なぜならもっぱら女主人（hus-wives）向けに書かれていたからで、すでに述べたように彼女たちは領地の管理に積極的にくわわっていた。

なかでも一六一五年に出版されたジェルヴェーズ・マーカムの『イングランドの主婦（The

(4) ムノンの著書は重要である。『料理新論（Le Nouveau Traité de cuisine）』（1742）、『料理長の技術（La Science du maître d'hotel cuisinier）』（1750）、『菓子職人長の技術（La Science du maître d'hotel confiseur）』（1750）、『宮廷料理（Les Soupers de la Cour）』（1755）など。

English Hus-wife)』をあげておくべきだろう。伝統料理の基本がまとめられていて、あちらではパイ（トゥルト）やプディング、「キックショーズ kickshaws」（フランス語の「何か《ケルクショーズ》」である）が重視されていた。キックショーズは実をいうと、その前の世紀のフランスで好まれ、その頃にはもう廃れていた種々雑多なラグーあるいはフリカッセである。また「タンジー tanseys」は無限の組みあわせがある多彩なオムレツであるが、「パンパーディ panperdy」も忘れてはいけない。固くなった薄切りパンをかき混ぜた卵に浸して揚げたもので、これもよく知られているフレンチトースト《パン・ペルデュ》である！

新しい食品

未知の大地が発見され、またたとえばフランスではアンリ四世によって運河が整備され、道路もおおむね改善されたおかげで国内外からの商品輸送量が拡大し、多くの新顔がキッチンに運ばれてきた。

七面鳥とトウモロコシ

ヨーロッパの勇敢な征服者たちは、インドと思いこんでいた海岸に着くと未知のキジ目の一種を発見した。金色の羽と大きく広がった尾をもつその鳥は、エルドラドの豪華絢爛さを告げているように思われた。コンキスタドールたちはそれを探し求めてさらに大陸を南下するのである。

かくしてメインディッシュのひとつがデビューする。文学では一五四二年にはじめてラブレーが『ガルガンチュア』の中で七面鳥について触れている。もっとも彼は「インドの雌鶏」とよんでいる。

新世界からもたらされた七面鳥はまだめずらしかったので、年末のお祝いのごちそうにとっておかれたが、それと同じころにトウモロコシも旧世界に入ってきた。ケベックでは今でも「インドの小麦《ブレ・ダンド》」（アメリカ大陸の西インド諸島である）とよんでいる。あるいはトルコの小麦《ブレ・ド・テュルキ》ともよばれるこのトウモロコシのおかげで、昔からいるガチョウよりも柔らかいこの大きな家禽をたやすく太らせることができたのである。

南部フランスやフランシュ＝コンテ地方では、家庭的なブイイ〔粥〕やクレープに、もっとも粗末な食品であるキビ milに代わってトウモロコシ maïsが使われるようになった。今でもこの地方ではこの料理を「ミヤス millas」とよんでいる。

インゲンマメ

インゲンマメ（学名phaseolus vulgaris）もアメリカ原産であるが、南フランス経由でもたらされた。カトリーヌ・ド・メディシスが南フランスに上陸した際に、大叔父である教皇からの嫁入り道具として大量のインゲンマメを運んできたとされる。それはじつはスペインのコンキスタドールたちが発見し、宣教師たちが教皇に直接届けたものだった。それ以来カスレの調理にはソラマメに代わってインゲンマメが使われるようになった。カスレはラングドックの代表的なブルジョワ家庭料理で、それ以来伝説の料理になっている。だが長いあいだ熟したものを乾燥させた豆しか食べられていなかった。

一六四〇年のウーダンの『用語集』には「インゲンマメharicot野菜の一種」と書かれていた。それから一一年後、『田園の快楽』の著者ニコラ・ド・ボンヌフォンは「インゲンマメfève de haricotすなわちフェヴロルfèverolles」と説明している。原産地での名前はメキシコの言葉でayacotiだったが、フランス語化して「アリコharicot」になった。煮こみ料理の「アリコ」（タイユヴァンの「エリコ」）とはまったく関係ない。煮こみ料理のアリコは「細かく切った」という意味である。

イングランドとフランスはつねに全力をつくして目に見えない競争をしてきたが、イングランドはインゲンマメをフレンチ・ビーンズと名づけて、伝説化したフェアプレー精神を証明している。このことからフランス人には外国産の豆をとりいれて料理する才能があったことがわかる。

モリエール作品に登場するアルパゴンはさんざん考えた末に異議を唱えるのが常だが、このマメ科植物についてはほめてくれるかもしれない。守銭奴のブルジョワである彼は一六六九年に、婚約式の食事を「とりはからう」よう執事に指示している。「ちょっと食べただけで腹がくちくなるようなものが好都合だな。羊肉料理《アリコ》の脂っこいやつ、添えものにマロンをどっさりつめたパテなんかよかろう」（『守銭奴』、鈴木力衛訳）。パテはロースト用の肉より質のおとる安上がりの肉で作られていた。

アルティショー（アーティチョーク）

王妃カトリーヌ・ド・メディシスを虜にしたアルティショーが食卓に上るまで長い時間はかからなかった。『フランスの料理人』の「庭でとれて必要なときに役立てることができるもの」についての章には、「アルティショーの葉脈《カルド》」という言葉も出てくる。カルドンの葉と「アルティショー」の葉は似ているので混同しやすいのである。

キクイモ

ケベックの町を建設したシャンプランが、カナダの原住民は「アルティショーの味をした根」を栽培していると報告したその四八年後、一七世紀も残すところあと三分の一となった頃に、『フランスの料理人』は「キクイモ taupinambourgs」のルセットをのせていた。「topinambaux」という表記もあるが、その名前は『ラルース百科事典』にも記されているように、ブラジルの一部族の名前だったといわれている。つまりフランス人は美食学は好きだが地理学はあまり好きではないということだ。

キクイモを調理するのか、キクイモでまにあわせるのか。一六一五年版の『フランスの料理人』はキクイモについて次のように勧めている。「炭火で煮る。煮えたら皮をむき、輪切りにする。十分新鮮なバター、玉葱、塩、コショウ、ヴィネガーでフリカセにする。フリカセにしたら、少々のナツメグを添えて出す」（『フランスの料理人』、森本英夫訳）

次の世紀の『ブルジョワ家庭の料理人』でもキクイモが高く評価されていることに変わりはないが、水で煮るようになっている。それをマスタード入りのホワイトソースで調理する。とても美味である。

ところがその世紀からキクイモはすたれていく。育ちの悪い人が「キクイモ」よばわりされたりもする。第二次大戦中の貧窮と物資統制も思い出させる。キクイモはいまだに苦みを口に残しつづけている。

ジャガイモ

その根はたしかに警戒心か、さもなければあからさまな嫌悪を生じさせるものだった。アルティショーの味がするケベックの塊茎［キクイモ］と同じ時代にペルーで発見されたジャガイモは、人々にほとんど評価されなかった。一六五八年からダンケルク周辺地域で価値を認められたのはやむなくのことで、クロムウェルの占領軍が荷馬の馬糧として運んできたものである。ジャガイモが家畜や隷農の食糧から愛国的な食物に変わるには、薬剤師パルマンティエの登場とフランス革命を待たねばならない。

メリゴ夫人というブルジョワ女性は、サンキュロットの女性を対象にしたはじめての料理書、『共和国の料理人』を出版して、ジャガイモに貴族叙任状ではなく、市民としての資格を与えた（理性の女神はわれらを守りたまえり）。「共和歴三年」に出されたこの料理書には、ジャガイモの素晴らしいルセットが満載されていた。

残念なことに、こうした称賛に値する努力にもかかわらず、ジャガイモは一九世紀の章でとりあげるいくつかの傑作料理は別として、粗野な食べ物とされていた。勤労者階級の理想的な非常食となるのは二〇世紀初頭のことである。イングランドのジェントルマンたちの見解によると、とくにアイルランドやフランドルの勤労者階級のあいだで広まったとされている。

グリンピース

一六世紀末のパリの街角では春になるとときおり「グリンピースはいらんかね」という呼び声が聞かれた。ふつうはつぶして食べるが、ラブレーの助言によると売られているのは乾燥した丸い豆であった。

ところで一六六〇年のある日、『規律ある家（La Maison réglée）』を一六四二年に出版した経済学者で美食家のオーディジェ氏が、国王ルイ一四世のもとにイタリアのグリンピース一かごを運んできた。宮邸料理人ボードゥアン氏が料理した豆料理は、王室や枢機卿、ヴェルサイユの宮廷人や財界人、高位聖職者や下位聖職者を熱狂させ、それ以後ブルジョワジーのあいだでも知らない人はいなくなった。本書の151ページのルセット集でその秘訣を披露する。

カリフラワー

『ブルジョワの女料理人』によると、カリフラワーが家庭料理のルセットとしての栄誉を賜るのはルイ一五世時代になってからである。とはいえフランドル地方やリエージュ地方ではルネサンス時代から好まれていて、「花キャベツchou floris」とよばれていた。イタリアの銀行家たちがこの地にもちこんだものである。

「カリフラワーは一種のキャベツで、その種子はイタリアからフランスにもたらされた。これを用いた野菜料理は美味で、アントルメや肉料理のアントレに添えられる」
『ブルジョワの女料理人』（1746年）

その他の食材

インゲンマメよりあらゆる点ですぐれていて値段も高い「はしり」のグリンピースは、ルイ一四世の時代に版を重ねた『フランスの料理人』のような訪問販売の料理書やふつうの料理書にはまだ出てこない。ブルジョワ家庭は長いあいだグリンピースを早めに収穫したり、早めに食べたりするのは浪費だと思っていた。貴族の料理人向けの料理書にもこのささやかな道楽については書かれていない。

アメリカからもたらされたカボチャ citrouileや西洋カボチャ potironは一六世紀半ば頃旧世界のヨーロッパに入ってきたが、ヨーロッパの在来種でローマ人や中世の人々になじみの深いクルジュと混同されるようになった。といっても大あたりをとったことは一度もなく、百年ほどあとの『ブルジョワの女料理人』は一般のウリ科植物と同じようにカボチャにも「ミルクといっしょにスープにするくらいしか料理での使い道がない」と不満を示している。フランス革命が近づく頃になると、カボチャの馬車はもうはやらなくなっていたのである。

「さやごと食べられる豆」つまり「サヤエンドウ」は一六世紀初めにフランス大使M・ド・ボーイによってオランダからもちこまれたが、人々に浸透するにはいたらなかった。オランダ人たちはすぐれた園芸家ぶりを示し、多くの外来種を根づかせ広めている。しかしフランスでは、それから一世紀たってもブルジョワの奥様向けや侯爵夫人の料理人向けのいかなる料理書もこの豆についてふれていないし、ルセットものっていない。『ブルジョワの女料理人』はこの問題について新機軸を打ち出した最初の料理書である。ただあまり好評ではなかった。ジュルダン夫人がこの豆をキャセロールで煮こむまで、まだかなりの時間が必要だったのである。

「さやごと食べることから食いしん坊の豆ともよばれる、さやの薄い豆もある。
じゅうぶん柔らかくなって緑色になったものを、前記の豆と同じようにさやといっしょに煮る」

『ブルジョワの女料理人』

とはいえこの豆は皿の上ではなく壁の上では人気を博した。ルネサンス期の終わりには、サヤエンドウ、アルティショーの頭状花序、クルジュ、西洋カボチャ、カルドンの株など伝統的なものや新しいものなどさまざまな家庭菜園の野菜が、果物や花や葉とともに、絹糸で刺しゅうされたみごとな壁かけを飾るモチーフとして使われた。一六一〇年から一六三〇年のあいだに制作されたこれらの壁かけは、今ではルネサンス博物館となったエクアン城内にあるマドレーヌ・ド・サヴォアの寝室と控えの間に展示されている。機織りに使われた下絵は、パリ植物園にかかわりのあるピエール・ヴァレが一六〇八年に出版した、『篤信王アンリ四世の庭(Jardin du Roi très chrétien Henri IV)』に描かれている菜園を思わせる。それは当時の園芸の最新流行を集めたものだった。

同じころにペルーで発見されたトマトは、二百年以上かけてイタリア料理やプロヴァンス料理と手を結ぶようになった。だが南フランスをはじめとする各地のガストロノミーがいずれもそうであるように、第三共和政時代までは、「エキゾティック」な食品であり、「育ちの良い」人々つまりロワール川の北側に住む人たちには不評だった。

最後につけくわえておくと、中央アメリカや南アメリカのトウガラシ類は、コンキスタドールたちやイベリア半島の人々を喜ばせたが、フランスの洗練された宮殿には受け入れられなかった。

砂糖、ココア、コーヒー、紅茶——新たな処世術

朝にチーズとパンとドライフルーツとミルク、または熾《おき》で温めていたポタージュ、それにワイン

に浸した中世の「スープ」、つまり当時は「虫くだしに効く」と考えられていたワインに浸した堅いパン、それが植民地との食品の輸出入によって世界の様相が変化する前のブルジョワの（量は中世とほとんど変わらない）最初の食事だった。ではまず朝食の食卓について見てみたい。

砂糖、ココア、コーヒー、紅茶は必需品となっている。こうした必要不可欠のグルマンディーズは大ブルジョワジーや勤労家ブルジョワジーの手をとおして、船をもつ仲買業者から街角の乾物屋《エピシエ》のもとに届くのだが、この乾物屋はただものではなかった。なぜなら乾物屋の仕事はアンリ二世（在位一五四七—一五五九）の時代以降「同業組合《コルポラシオン》」とよばれる職業の序列の中で第二位の地位を占めているのである。乾物屋は最初のうちは薬屋《アポティケール》もかねていて（というのも現代にいたるまで、芳香を放つめずらしい外国の産物はとくにその値段の高さから薬とみなされていたからである）、二つの専門に分かれるまではこの夢のような食品を売ることのできる唯一の資格を有していた。

その後、一七世紀最初の四半期にココアやコーヒーや紅茶が広まると、屋台も増え、後にはこうした飲み物を客に出す店も多くなった。営業するためのライセンスは高くつくことが多かったが、出資者（つまりブルジョワ）は投資と考えていた。そしてそれはいつも正しい判断だった。

砂糖もしくは「甘い汁を吸う」方法

西洋料理の中で砂糖はかなり早い時期に蜂蜜や一部の香辛料にとってかわった。デザートの技法を大きく変えてしまったものであるから、これについてはあとでまた説明する必要があるだろう。最初はぜいたく品だったが徐々に値段が下がり、カナリア諸島に次いでアンティル諸島やアメリカといった海外のプランテーションから毎日運ばれてきて、港の施設で精製された。

ココア

ココアは王妃アンヌ・ドートリッシュを筆頭とするスペイン人たちによってフランスにもちこまれた。そのため最初はあまり男性的な飲み物とはみなされず、どちらかといえば貴婦人が飲むものとされていた。長いあいだシナモンや竜涎香で味を引き立てられていたこのアステカのグルマンディーズをめぐって、神学的な激しい論争が起こった。一杯のおいしい飲み物は聖体拝領前の断食を破ることになるのかどうかという論争である。

抜け目のないジュルダン夫人ははじめココアを特別な機会に飲むこのうえなく甘い物としか考えていなかったが、課される税金が高かったので、この朝の強壮飲料を侯爵夫人たちに安値で売ることにした。毎回高いお金を払うくらいなら、それを売ってもうけようとしたのはまちがいない。「税関が商売の妨げになり、ひどく悩ませられるのは事実だ…」と一八世紀のすぐれた証人の一人ルイ=セバスチャン・メルシエは指摘している。

コーヒー

オスマン帝国大使スレイマン・アガによって、ルイ一四世治下の上流社会でコーヒーが売り出された頃、トルコ風に淹れられた透き通るような真っ黒い煎じ薬は、一リーヴル弱（五〇〇グラム弱）の豆が一万フランするほど高価だったので、コーヒーを飲むのは身代をもちくずすことにつながった。だがほどなく闇取引されたコーヒーが労働者階級（108ページを参照）のお気に入りとなる。これについてはもとをただせばブルジョワに行きあたる。マルセイユの輸入業者が独占的にコンスタンティノープルからコーヒーを輸入していたのであるから、すくなくともフランスのブルジョワがかかわっているのはまちがいない。その話はここでとりあげるだけの価値があるだろう。

一七世紀初めのマルセイユの街はすでに「東洋への玄関口」になっていて、地元の卸売業者たちは外国の同業者がたとえ異教徒であろうと（商売優先で）手を組んでいた。マッサリア［ギリシア植民地時代のマルセイユの呼び名］の後継者にふさわしいこうしたブルジョワたちは、当時オスマン帝国政府の厳しい監督下にあった地中海周辺のおもな港に支店や取引先をもっていた。

手短にいうと、一世代か二世代前にマルセイユの旧港《ヴュポール》付近に住みついたトルコとアルジェリアの血をひく一族の長が、トルコ帝国の輸出入仲買人兼領事官をつとめていた。スパイだったという者もある。一六四三年に旅行者のラ・ロックがこの仲買人（「煮る者」を意味するサマトという姓だった(5)）の家で一杯のモカコーヒーをごちそうになった。彼はその「カフアcahoua」あるいは「カフェcaffé」がいたく気に入り、もうひとりの旅行者で科学アカデミー創設者メルキセデク・ド・テヴノの親戚にあたるジャン・ド・テヴノに伝えた。ジャン・ド・テヴノはレヴァント地方からの帰りにそれをパリにもっていった。

とはいえコーヒーの人気は、トルコ帝国大使がヴェルサイユ宮殿で販売促進をするまでかぎられた少数の人々だけのものだった。販売促進に成功したあと、「カフェの実」を手に入れるには、スルタンによって免税通過を許可された唯一の港マルセイユの代理人とのコネが必要だった、とル・グラン・ドシーは伝えている(6)。

それから二〇年後のパリで、クレタ島のカンディア（現イラクリオン）出身であることからル・カンディオとよばれた猫背の小男が、家々にコーヒーを配達しようと思いついた。管理人や使用人たちからちょっとした宴会があると聞きつけると、コーヒーポットをもったこの男は、ブルジョワたちの鼻先に抗しがたい香りを運んでいき、一杯二スーで試飲を勧めた。家の主人は客たちにコーヒーを出さないわけにはいかない。この小休止はたいてい食後に行なわれたので、おそらくそれが

(5)　トルコやギリシア出身の有力なマルセイユのブルジョワの多くがそうだったように、サマトの一族は世代をへるにつれて、洗礼と南仏訛りによってれっきとしたマルセイユ人となっていく。

(6)　『フランス人の私生活の歴史（Hirtoire de la vie privée François)』、ローラン・ボプレ社、パリ、1815年。

いまも続いている習慣のはじまりだろう。

ルイ＝セバスチャン・メルシエは『十八世紀パリ生活誌』(7)の「一日の時々刻々」の章で、パリの人々との明け方のコーヒーへと誘う… ゾラの先駆者であるメルシエは、まだ夜の闇につつまれた首都で、勤労者たちの生活がどのようにはじまるかを伝えている。

「まもなく労働者たちは、おんぼろベッドから抜け出して、商売道具をもって仕事場に出かける。カフェ・オ・レーが、これらのたくましい人々の人気を集めている（信じがたいことではないか？）街角のほのかな街灯の微光のもとで、背中にブリキの給水器を背負った女たちが、コーヒーを土のつぼに入れて、二スーで飲ませてくれる。砂糖っけはあまりないけれども、要するに労働者はそのカフェ・オ・レーをうまいと思っているのだ。飲物屋の組合が規約を楯にとって、この正当な商売が禁止になるように、あらゆる手を使ったなどと、想像できる人がいるだろうか？ 彼らの主張するところでは、同じものを、自分たちの鏡を張りめぐらした店では五スーで売っているというのであった。だがこれらの労働者には、朝飯を食べながら、自分の姿を鏡に写してみる必要はないのである。

それにカフェ・オ・レーの飲用は盛んになっており、民衆のあいだにすっかり普及した結果、自宅を仕事場にしているすべての労働者の朝食として定着しているほどだ。ほかのどんな食品よりも、経済的で頼りになり、しかもおいしいものだと彼らは思ったのである。したがってじつに大量に飲む。彼らのいうところでは、それでたいてい夕方までもつのだそうである…」（『十八世紀パリ生活誌——タブロー・ド・パリ』、原宏編訳）

一八世紀末には値段も安くなっていたが、おいしいものを知っているブルジョワたちは、いったソラマメ、ドングリ、大麦などの粉を煎じたもので薄めたこの朝のコーヒーがあまり好きではなか

レットで供する」のは、もちろんアイスクリームである。

(7) 前掲書。
(8) 厨房に入る以前の湯煎鍋は 16 世紀まで、モーセの妹ミリアム Marie が発明したとされる錬金術の道具だった。

った。ブルジョワ家庭で朝食に純粋なコーヒーを飲むときは、ミルクを入れても入れなくても、「コーヒーパン」とよばれるやわらかい小さなパンを浸すのが好きだった。『ブルジョワの女料理人』は朝か前の晩に残ったパンを、ライム入りのカスタードクリームに入れてメレンゲをかぶせ、精製糖をまぶしてかまどで焼きなおすよう勧めている…　じつに美味である！

紅茶

紅茶はアンリ四世逝去のころ（一六一〇年）にフランスの船着き場に上陸したが、フランスで大あたりをとることはなかった。とはいえコルシカの医師シモン・パオリが試しに飲んでみたところこの煎じ薬に陶然となり、そのことを発表している。奇妙なことにイタリア、スペイン、フランスなどラテン系の国々では、コーヒーが老若男女に受け入れられたのに対し、紅茶は上流階級の特権とみなされていた。それどころか階級を見分ける標識のように思われていたのである。

政治がフランスを二分するのと同様に、庶民感情からすると紅茶は依然として「非労働者」（非肉体労働者という意味）、インテリ、有閑階級つまり「社交界の人々」、とくに上流婦人の専有物である。銀食器、レースの卓上用敷物、フルーツケーキ、小指を浮かせたしぐさ、そして右側にティーカップ。左側にはジュース。今なら階級の標識というところだ。

海峡の向こうの慈悲深き国王陛下の臣民の国では、紅茶は登場してすぐに熱中の対象となった。一方フランスではルイ一六世時代からルイ一八世時代にかけて、打ちつづく紛争にもかかわらずイングランドかぶれが猛威をふるったが、一九世紀後半までこの黄金色の液体がプチブ

紅茶クリーム

「キャセロールに半スティエ［約3.8リットル］のクリーム、良質のミルク1ショピーヌ［約0.476リットル］、砂糖少々を入れる。これを3分の1の量になるまで煮つめる。紅茶クリームなので沸かした紅茶5杯分を入れる。しばらく煮て、こし器にかける。こし器にかけたクリームに卵黄5個と1つまみの小麦粉を溶かし、コーヒーと同じように湯煎鍋 bain-marie(8)で温める…」

『ブルジョワの女料理人』

正当な理由があってのことだが、今日では紅茶を煮ないで煎じる。同じ時代に「ブルジョワ風に凍らせた」紅茶クリームも作られたかもしれない。なぜならムノンの本のおかげで砕いた氷と硝石を使ったアイスクリーム製造器もよく知られていたはずからである。「凍ったらゴブ

ルジョワの家の客間に登場することはなかった。ゾラの『テレーズ・ラカン』で当時の紅茶について探ってみよう。午後の紅茶は一部の人にとって緊急治療薬だが、朝の紅茶、つまりイングランドの「アーリー・モーニング・ティー」はというと、フランスでも二〇世紀初めからちょっと上品で女性らしい、あるいはインテリらしいものとされている。

とはいえお茶はルイ一五世時代にすでに『ブルジョワの女料理人』のページを飾っていた。ただし調理法や使用法ではなく、クリームを作る際の活用法としてであった。現代の読者はそれが、最近評判のシェフが署名入りで雑誌にのせているはやりのルセットだと思うかもしれないが、そのアイディアは二百年も前のものである。ムノンは同じ方法でエストラゴンやセロリやパセリなどのクリームを作っている。

ルネサンス以降に現れたこうした新しい生き方や「新しい生活の素材」すべてが、文学や芸術はもちろんのこと、都市計画、料理法、家庭生活にいたる日常生活のすべてに新しい形を与えた。もっとも現在、メディチ家の亡霊を排除しようとしているジャン＝フランソワ・レヴェルのような一部の作家は、とくに中世料理の衰退にイタリアが影響を与えたことに異議を唱えている。それでも将来アンリ二世となるオルレアン公が、ブルジョワ（メディチ家のプリンスとなったフィレンツェの銀行家たち）出身のカトリーヌと結婚して以来、もちろん食卓の楽しみも含めた生きる喜びは、トスカーナやイタリア貴族の洗練された生活習慣として、フランス貴族や裕福なブルジョワ、そして最後に法服貴族や商人のあいだに広まったのである。

ブルジョワジーの確立

新たな財産や技術が確立し、本来の意味でのブルジョワジーが定着するにつれて、都市もまた新たな顔をもつようになった。ブルジョワの血統や家系が生まれ、王の系統図と同じくらい入念に、誇りをもって系統図が作られる。商人の町が発達し、ブルジョワの家は規模が大きくなった。正面《ファサード》は尊大なものになり、そこに住む者が築いた財産がどれだけ現実的で堅固かを示すために石材が使われるようになる。ますます盛んになる商取引によって快適になった設備やライフスタイルは家の戸口や店先にとどまることなく、キッチンまでをも含めた住居全体を変貌させた。

ブルジョワの肖像と彼らの家

ナントの船主の家

当時の一般的な寄付者の肖像はナント施療院コレクションで今もみることができる。ギヨーム・グルはナントの大船主つまり「ブローカー」の一人だった。「黒人」取引に魅かれてこの地にやってきた下層ブルジョワ出身の父親は、四歳だった彼をアムステルダムに行かせてオランダ語、ドイツ語、英語、スペイン語を習わせた。一一歳の頃に一族が経営する特約店の見習いになった彼は、ナントにもどるやたちまち大成功をおさめた。そして亡くなる時には二〇〇万リーヴル以上の財産を残している。それでも奴隷商人の中では第七位だった…

おそらく彼ほどには運に恵まれなかった同業者たちは、司法官や官吏と同程度の「ステータス」をもつ高級賃貸マンションに部屋を借りて住んでいることが多かったが、ナントのギヨーム・グル

ブルジョワの都市
「都市はいつわりのない繁栄ぶりを示している。新しい家々（…）劇場のある界隈は壮麗で、どの通りも直角に交わり、白い石で築かれている」。イングランド人旅行者アーサー・ヤング(9)はフランス革命の数年前にナントについてこう書いている。

(9)『1787-1789年のフランスへの旅行(Travels in France during the Years 1787-1789)』、ジョージ・ベル社、1889年。

は成功してフェドー島に豪邸をかまえた最初の一人となった。だかつねに現実的な彼は、小オランダ広場の一角に豪華な邸宅と同業の奴隷商人のための地味な賃貸アパートをかねそなえた建物を建て、いまも人々を感嘆させている。

中二階より上の三つの階は中庭をとり囲んでいるが、かつては店と厩舎と一階の倉庫が中庭に面して建っていた。中二階には一〇の事務室があり、彼の死後は高級アパートとなった。「品格の高い」二階は、グル夫妻（子どもはいなかった）が一〇室を占め、中庭の右側には広い厨房と、当時としてはめずらしいリネン類の洗濯室、反対側にはトイレとダストシュートまであった。ひとつらなりにならんだ応接室の中に「食事の間」と「居間」が隣りあっている。

プライベート用の美しい階段は、地上の玄関アーチから家主の住まいに直結していた。上階の間借り人たちは角の道路から入る別の入口と階段を使った。三階には王の「秘書官」と仲買業者、四階にはもっと下級の仲買業者が六部屋だけ使用し、グル家の従業員である独身者が一部屋に住んでいた。残りの階はグル家の八人の召使いや、間借り人たちの召使いたちが使い、ときにはそこに奴隷もくわわった。召使いの部屋以外はいたるところに鉄製品や化粧漆喰《スタッコ》、金箔張りやヴェルサイユの寄木張り、サブレの大理石を使った暖炉、鏡、羽目板、窓間壁などが使われている。

グルの館の図面は全財産目録に残されているが、厨房の設備や備品は今となってはわからない。いずれにしても住居と同様に最先端を行くみごとなものだったに違いない。革命期に差し押さえられた財産目録を調べてみると、ヨーロッパの果樹かあるいは当時のブルジョワに好まれた外国産マホガニーの、赤みがかった木で作られた「ナント港の家具」という記載が多くみられる。「アンフィラード」とよばれる低い二段重ねのサイドボード、整理たんす、テーブルなど、簡素で優雅なラインが特徴の家具である。

ラ・ロシェルにあるプロテスタント仲買商人の家

もうひとつ奴隷商人の街をあげると、ルイ一三世からルイ一六世までの時代におけるラ・ロシェルではタルマン家のような大金持ちのブルジョワはやはり多数派ではなく、飛びぬけた存在だった。この街の商人たちはとくに投資先を多様化するためだけに奴隷商人になった善良なプロテスタント仲買商人である。コツコツとかせいで貯めた相当な財産がありながら働き者で質素だったが、リシュリューによる都市の攻囲といういまわしいできごとが起こったときには危機におちいった。一七世紀をとおして、さらには一八世紀の大半にわたり、王の監視者やスパイがプロテスタントを監視しつづけた。

典型的なラ・ロシェルの商人は中流だが裕福なブルジョワで、世界中の産物が毎日大量に運びこまれる港に面した倉庫をもっていた。旧世界にとってアメリカは無視できない存在となっていた。その結果、港で実現した二大世界統合の精華として、名高い「船主のムクラド」でカレーの味を引き立たせる古い美食術の伝統が生まれたのである。

白いファサードの中央にある正門を抜けると、商品で満ちあふれる広い店にいたる。まずはシャラントのワイン、オランダやイングランド向けのブランデー、塩、ケベックの毛皮などがある。ホールや事務所の裏の、鉢植えの花やヤシに縁どられたアンダルシアのパティオのような中庭を通って少し歩くと、天井が低くタピスリーで暗くなった玄関があり、そこから石灰を塗った重い石壁でできた家族の住居に入る。この家は、ラ・ロシェルの特徴をよく示す、船のおもりに使われたという玉砂利を敷きつめた反対側の小さな通りにも面している。つまり二つの出入り口があるわけで、いわゆる「市民」用のほうからは、場合によっては不満をもつ客や債権者から逃げることができた。それが監視者による家宅捜索でなければである。建物は二階建てか三階建てだった。

設備の整った広い台所は、どちらかというと共用の部屋だった。大きな暖炉のまわりに肘掛椅子や長椅子がうまく配置された、明るく清潔で心地よく、そして暖かい部屋である。中央には大家族用の長いテーブルがあり、そばには子ども用の背の高い椅子が置かれていることが多かった。人口のグラフは上昇曲線を描きはじめていた。奥まったところに召使い用の枠囲い式ベッドが置かれていた。あるいは泥棒にそなえて店のわら布団で寝ていたかもしれない。家のあるじたちには簡素だが上質の調度品をそなえた、火の気のない各自の寝室があった。台所道具の銅製品や燭台がぴかぴかに磨かれて輝き、重厚な調度品はろうの香りを放っている。中世の飾り戸棚にとってかわった食器棚には、たとえば黄色と青の船の絵柄がついたラ・ロシェルの多色ファイアンスの大皿や皿が飾られていた。暖炉の石材の下などにうまく隠して何組かのナイフとフォークとスプーンのセットをもっていたが、亡くなった後の財産目録にはめったに記載されていない。台所には、ていねいにならべてラベルをつけた保存食でいっぱいの貯蔵庫がそなえられていて、ときには養殖池まであった。ブルジョワ家庭の一般的なしきたりにならって、長男が給仕をする。食事の前と後には父親の言葉に続いて、家族が声をそろえて神に感謝した。

フランスの原点にある行政官の家

一八八四年、ヴァロワ地方の善良な農民（これについては86ページで述べた）のひ孫が他界する。かなり豪華でしゃれているが庶民的であることに変わりはないベッドで安らかに息を引きとった。それは時間も空間もかなりへだたった私の親戚の一人アドリアン・ドラーントである。先祖たちと同じ洗礼名をつけられた彼もまた金融業者だった。「氏素性は争えない」からである。彼は「ソシエテ・ジェネラル」を創設したが、一八八四年一二月二二日付けの『ル・ゴロワ』紙にのった故人略歴によると、「彼は人柄や物腰の優雅さで注目を集めた、このうえなく魅力的な社交家だった」

ところでその数年前に、この魅力ある銀行家が亡き祖母の財産目録を確認したときに、クレピー＝アン＝ヴァロワにある父祖伝来の家の閉鎖された部屋で、たくさんの古い書類の山を見つけた。それは一七世紀の終わりごろからの一族の記録文書だった。その書類を分類してこのアドリアン・ドラーント四世は、『一八世紀の金融家一族（Une Famille de finance au XVIIIe siècle）』をまとめたが、この著書には彼の親類や友人に向けたわずかな例しかとりあげられていない。だが未発表の資料や文書はこの重要な世紀の研究に大きな意義をもつものである。

なかでもこの記録文書は「アドリアン・ドラーント家の資産と収入、および一七一七年にはじまり神の思し召しにより終わるまでの妻マリー・ゴセット嬢(10)との共同生活の日記」を一般に知らしめている。徴税請負人の最後の二世代の父親であり祖父であり、マリー・ゴセットの夫でもあるアドリアン・ドラーント二世の死によって、残念ながら一七三七年にこの日記は終わっている。彼の父である初代アドリアンは代訴人だったが、のちにシャルトルとヌムールにあるオルレアン公フィリップ・ド・フランスの国王親族封の農場支配人になった。「慈善をほどこす」外科医の息子であり、したがって貧乏だったが、ソワソンの司教座聖堂参事会員である長兄の財政援助のおかげで法律を修め、きわめて名誉ある出世をとげた。

アドリアン・ドラーント二世は一七一〇年六月四日に「監獄に面したクレピーの家と中庭と庭園を三四五リーヴルで買った。（…）この家の修繕と増築と美化に八〇〇リーヴル以上をかけた」と彼は日記に書いている。

ルイ一四世の治世末期に建てられたこのフランスの原点ともいえるブルジョワの住宅はまだ、のちに伝統的な「ブルジョワの家」として示されるような、町や村の有力者の真四角な家ではない。

(10)　古い書き方の気どった文体である。ルイ14世の即位まで、ブルジョワ女性は結婚しても「嬢 demoiselle」のままだった（マドモワゼル・モリエールのように）。一方身分の高い人、つまり貴族は生まれた時から「奥方 dame」だった。のちには「マダム・ジュルダン」等とよぶようになる。

母屋とざっと手なおししたかつての農地だけだからである。アドリアン・ドラーント四世は見つかった財産目録のおかげでそれをみごとに再現させている。

「住宅は一階と二階と屋根裏部屋で構成されていた。一階には台所、下の広間とよばれる広い部屋、中庭の奥の庭園に面した事務所がある。

二階は、下の広間の上部に位置する上の寝室とよばれる大きな部屋と、事務所の上部に位置する来客用寝室がつきあたりにある廊下と、台所の上部に位置する召使いの三つの寝室からなっている。

屋根裏部屋は二部屋に分かれていた。本来の意味の屋根裏部屋と、小麦用の部屋である。中庭には納屋と製パン室、厩舎、鶏小屋、鳩舎がある。小さな庭園に通じる出入り口があって、数段の階段を降りるようになっていた。

要するにこの住宅には下の広間と上の寝室の二つの部屋しかなかった。今日では客間と食堂と寝室とトイレが分かれていないような狭いアパートはない。昔はほどほどのところで満足していた。同じ部屋でなんでもしていたのである。下の広間は日常生活に使われ、上の寝室はお祝いの日や高位の客の接待のときに使われた。

（下の広間や上の寝室の）暖炉の中にはひとそろいの鉄製の道具があったが、それは建築に使われたり、とりわけ気候が厳しく薪が安く手に入るクレピーでご先祖たちを温めていたホメロスの火を維持するのに使われた。

（…）下の広間の家具は（寝室、洗面所、客間、食堂など）さまざまな用途に対応していた。ツインベッドについている外側の付属品やカーテン、天蓋、台床部をおおう織物の帯、装飾用のベッドカバーはいたって簡素なものだ。彩色されたシーツは白いブレードで縁どりされていたが、内側は快適さの点でまったく非の打ちどころがなかった。麻屑にシーツを敷いたわら布団、上質な羊毛のマットレス、羽毛の寝具（掛け布団）、同じく羽毛の長枕と枕、金めっきした銅製の取っ手がついた紫檀張りの美しいたんす、大理石でおおわれたその上部には洗面器と二つのファイアンスの壺、金めっきの額縁と上部装飾がほどこされた鏡。以上が寝室と洗面所である。

ゲームをしたり、台所で食事しないときは食卓にもなる引出しが三つあるカドリル用テーブル、馬毛をつめて金めっきの鋲を打った六脚のモケットの椅子、壁の厚みにはめこまれたたくさんの食器セットと、とくにルーアンのファイアンス皿三ダース半をおさめた二つの整理戸棚。以上が食堂として使われるときの家具である。

（…）その部屋の隣にあるほとんど小さな部屋といっていい大きな整理戸棚の中には、日常用の下着の一部と、鍵のかかるオークの金庫にしまわれた銀食器など、ぜいたく品が入っている。

（…）小麦用の部屋には穀物を運んだり量ったりするのに必要なあらゆる道具がそなえられ、中央には三つの山がある。カラスムギの山が一つ、小麦の山が二つで、一つは前回の収穫、もう一つが現在の収穫である。小麦用の部屋は便利で、一部を現金化して収益や報酬を受けとる人々にとっては重要なものであった」

行間から社会、とくに家庭の発展と、風俗の全面的な変化が読みとれる。ドラーント自身は、ブルジョワの「平均」的生活を代表しているように思われる。それはつまりこの世紀の平均といえる。

これまで説明してきたのは特殊な階層に属するブルジョワたちの住居であることを忘れてはいけない。つまり活動的な港町にある金持ちの奴隷商人の住居や、裕福な街の金融業者の住居であった。実際には資産の水準や地方によってさまざまな違いがある。こうした大小ブルジョワは、幸運や不運をへてかなりの財産を築いただけでなく、建物と文書という明白な痕跡も残した。不思議と親しみが感じられるこの遠い世紀が今日もなお活気をおびているのは、こうした最近の詳細な調査のおかげである。

食堂の発明

大貴族の屋敷でさえ、各部屋には長らく明確な使用目的がなかったので、臨機応変に使われていた。会食者と召使いの人数にもっとも適した部屋に食卓を整える習慣は依然として続いている。身分の高い貴族や大金持ちの家でさえそうだった。

しかしながら、太陽王に一かごのグリンピースを贈ったオーディジェ氏は、一六九二年にすでにフランス人向けの家庭経済の書『規律ある家』の中で、専門化した部屋について語っている。なかでも女料理人の義務についてはこのように述べている。

「(…) つねに食器を厨房と同じようにきれいで清潔な状態に保っておかなければならないし、薪や炭をむだづかいしてはいけない。管理しているほかのものについても同様である。(…) 階段や「食堂」を掃除して清潔にしておき、なによりも家の利益になるよう努めなければならない(11)」

したがっていくつかの公証人財産目録が示していると思われるように、「食堂」または「食事をする客間」の慣習は、言い伝えがどうであれ、一七世紀末にははじまっていたのである。では誰の家でなのか。知りたいものである。オーディジェが暗に示しているように、社交界でよく知られた人たちの家ではなく、ブルジョワの家でだろう。それもかならずしもこのうえなく贅を好む家というわけではない。一七八七年三月一日付の『フランス一般新聞(Journal général de France)』を例にとると、マザリヌ通りにある小さなアパルトマンの賃貸料には、客間、寝室、厨房と配膳室、

詳細かつ…韻文で書かれた報告
「あちこちに架台に乗せた長いテーブル、／テーブルクロスは菓子でおおいつくされ／甘美さに心打たれる幾人かの声が／ワインを示して言う、陛下、口をすすがれよ」
フランソワ・ド・ボーヴィリエによる『ルイ14世のナントへの旅(Voyage de Loius XIV à Nantes)』の報告である。

(11) この教えは、イングランドの「ミドルクラス」を動揺させたアイルランド人司祭ジョナサン・スウィフトの頭のいかれた『奴婢訓』(本章の末尾)と比較すべきである。

それと「食堂」に使う控えの間が含まれている。

フランス大革命が近づいていたころ、このような食堂をもつのはプチブルジョワの夢だった。侯爵夫人の家などにはほとんど出入りできなかった彼らは、部屋を専門化して使うのは体面を保つのに必要なことだと考えていた。しかしながら、厨房が（一九世紀のブルジョワの邸宅にみられるように）街のアパルトマンの奥にある悪臭を放つネズミの穴のようになってしまうことはなく、快適な部屋であることに変わりはなかったので、ドラーントの先祖のような地方の名家はすすんで食堂を元の状態にもどしている。それが快適だったのである。狭義の食堂は他人の視線にさらされることになるので、アパルトマンのほかの部屋よりは装飾がほどこされていたに違いない。ラ・ロシェルの奴隷商人の家にあったような、食器などの持物をよりよく見せるのにふさわしいテーブルや家具はないので、それをうまく配置するということはできなかったにしてもである。

豪華な家具

中世の飾り戸棚《ドレソワール》は姿を消し、ビュッフェ［扉つきの食器戸棚と置台を組みあわせたもの］やヴェスリエ［田舎風の素朴な食器棚］にとってかわったが、依然として誇示的な陳列棚の「一列配置《アンフィラード》」もあった。ルイ一五世時代になるとさまざまな形と大きさのコンソールテーブル「セルヴァント」が現れる。『美術調度品事典（Dictionnaire des arts et de l'ameublement）』には「予備の皿や使用ずみの皿を置いていた」とある。「大きな食卓のわきに置かれた小さなテーブルで、二枚か三枚か四枚のトレーを重ねた上に、皿やカトラリーがのせてあり、会食者が使用人の手を借りずに自分で使えるようになっていた」とも指摘している。

善良なブルジョワのあいだで簡素さが求められていたときでも、コンソールテーブルにはワインやグラスを冷やすための氷入れと、陶磁器やファイアンスの水差しが置かれていた。ナプキンや、金属製や陶製コップに代わるグラスも置かれ、求めに応じて補充された。実際のところテーブルはさほど大きくなかったので、招待された客はかなり窮屈である。燭台も置かれ、上流家庭では塩、胡椒、香辛料、砂糖、ドラジェなどをのせる鏡や金銀細工でできた「ドルマン」とよばれる盆も置かなければならなかったのでなおさらだった。

そのため一八世紀末に食事をする部屋が割りあてられ、つねに一時しのぎの観があった架台がとりはらわれたとき、「引出しテーブル」とよばれる補助板つきテーブルが使われるようになった。かつてルネサンスのすぐれた家具職人によって考案されたテーブルのように、入念な細工がほどこされ、しかも頑丈な一本の脚が中央についたものもある。

かのマザラン卿は食事専用の部屋をあえて自慢したことはないが、テーブルの上座と下座の問題を解決するために円形や楕円形のテーブル(12)を発明している。誰もがあわててそれをまねたことはいうまでもない。

一八世紀になるとすぐ、壁際にならべられていた古臭い長椅子はすたれ、コルドバやオランダの革、またはつづれ織りやモケットの椅子や肘掛椅子に代わった。軽食には、じょうぶな布地でできた折りたたみ式で移動可能な「ペロケ」も愛用された。これに向かいあって座ったのである。

植民地産の木材や硬い石材や大理石のマルケトリ［寄木細工の一種］が現れる一八世紀の終わりまで、食卓に食器が置かれていないときは、刺繍をしたテーブルかけやオリエントの敷物

(12) モリエール死後の財産目録にはのっていない。

がぴんぱんに用いられた。床には、オリエントの敷物が手に入らなければ、わらを編んだむしろを敷いた。

壁は、タピスリーがなければ、これもまた編んだわらや板張りのパネルでおおう。その後、ヘンリー八世時代からイングランドで使われていた壁紙がフランス大革命期にフランスの市民権を得るまでは、色のついた粉や石灰で塗られていた。最初は手で塗っていたが、のちには型染めされるようになった。

しかし食事専用の部屋に一そろいの家具がぴったりとおさまるまでには、革命と帝政と、ブルジョワの心の片隅に傷跡を残す三度の王政を経験しなければならない。だがこうした使用法は亡命先からもどった者たちにはそれほど貴族的なものとはみなされることはないのである。とはいえ一そろいの専用家具が現れると一九世紀の生活術を特徴づけるものとなり、名誉ある社会的地位に近づく手段としてのちの世代にも受け継がれていく。

装飾として考えられた家具が衰退するなかで、わざわざ作られた専用の部屋で食事をすることは、いわゆる伝統の重圧から「解放され」た、年齢によらず若々しく知的な人々にとっては、いまも興味をひかない方式である。「生活する」部屋のすみにブリッジテーブルを出したり、「一体型」キッチンの冷蔵庫と電子レンジのあいだに押しこまれるほうが好きなのである。そしてまたふりだしにもどっていく。それについては後の章でまたとりあげる。

食卓用布類の技術

テーブルクロスやナプキンなどの布類はルネサンス期に重大な転換期を迎える。この頃から会食者は宮廷でもブルジョワ階級でも、ナプキンをもつようになった。一五世紀のように肩にかけることはなくなり、とくに「フレーズ」とよばれるひだ襟が現れてからは首に結ぶようになる。その頃きわめて重視されていた礼儀作法では、肩まで達するひだの上からナプキンを結ぶという、一人ではかなりむずかしい作業をおたがいに手伝わなければならなかった。

じつは会食者たちは一枚どころか何枚も使うのにナプキンをもっていなかったのである。極端な時代には身分の低い階層でさえ、食事中にナプキンを何度もとりかえるのがはやりだった。柄の長いフォークとスプーンが使われるようになっても、ソースがテーブルクロスの上にまきちらされたのは事実である。

もちろん流行はほかのものと同じで変化したが、身のまわり品の中にナプキンが一二ダースほども数えられるという習慣は長らく続いた。前世紀の最初の三分の一がすぎるまで、家庭の洗濯は季節の変わり目の一大行事だったのである。

上層ブルジョワのあいだでは大事な行事があるときに、ナプキンをアルティショー、ノウサギ、ハクチョウなど複雑な花や動物の形に折る習慣もあった。その方法は二七通りもあったが、名家の主人たちはこの偉業をなしとげることができた。さもなければ本屋に行って、折る方法を見つけた。ルイ一四世時代の初期にもまだこの習慣が守られていて、首都で器用な召使いをもたない者たちは、サン＝マルタン門ヴォティエの有名な女アイロン職人に前もって申しこんでいた。フレッシュチーズにするのと同じように、食卓用布類にもバラ、ジャコウ、メリロート、ローズマリーなどの香り水で香りをつけなければならなかった。

ここに『フランスのジャム職人』から引用した二通りの食卓用布類の折り方がある。最初はナプキンにどうやってしわをつけるかを示している。「しっかりアイロンをかけて平らにしたナプキン

ナプキン使用の抑制
これは『エセー』の章題ではないが、気どりのないブルジョワに属するモンテーニュはこれについて、どちらかといえば節約を説いていた。彼はこう言うだろう。
「王にならってはじまった、食事のサーヴィスごとに皿と同じくナプキンもかえるふるまいに従うのは嘆かわしいことだ」

を折るときには、いちばん細い指の先で、真ん中または端からおしまいまでしわをつけなければならない。折り目をひとつひとつしっかり押してまとめなければならない。このやり方なら、ナプキンをさまざまな形でパンに立てかけて、何種類ものテーブルウェアを作ることができる」

二番目には「首輪をつけた犬」というタイトルがついている。「ナプキンの縁飾りを折り返して親指幅のバンドを作り、ひだを寄せる。バンドに貝と同じようなひだを作り高くもちあげて首輪を作る。太くて長いパンを腹の下に置き、女王風のパンを頭に置く。頭を少しもちあげ、ナプキンの四隅から四本の足をひっぱる」

小さなパンをナプキンの上に置く使い方に注目してほしい。小さくて丸みをおびた長い「女王風」のパン、つまりブリオッシュ生地のミルクパンである。

ヴァロワ＝メディシス王朝の盛大な食事に用いるテーブルクロスには、首のまわりのひだ襟と同じくらいひだがついていなければならなかった。器用にひだをつけることのできたアンリ三世は、布を「小さな風がそっと波を立てた川さながらになるよう折りたたむ」よう求めたと、『両性具有の島（L'Isle des Hermaphrodites）』［トマス・アルテュスという人物の作とされる］で宮廷を物笑いの種にした著者は書いている。

だが善良な人々にとって幸いなことに、テーブルクロスの効果を求める流行もすたれていき、ルイ一四世の時代には中世の碁盤の目縞や、角をつけた大きな折り目にもどった。

また装飾用のテーブルクロスを、一枚か二枚のもっとシンプルなものや使い古したものなどに重ねあわせて端を結び、それを「タブリエ」とよんでいた。のちにこのタブリエは食卓の端すれすれの大きさに作られるようになる。たくさんの溝彫りのあるルイ一五世風テーブルの台板のサイズに裁たれ、覆いにぴったりとはめこまれたテーブルクロスもあった。

折り目から長生きまで
ルイ15世治下の1757年、財務官ラ・バジニエールのように裕福でしきたりにうるさいブルジョワは、贅をつくした祝宴のあいだに「さまざまなやり方で、みごとに折りたたまれた布類」を見せた。『国王のミューズ（La Muse Royale）』の年代記作者はさまざまな詩句を駆使して驚きを表現した。

一七世紀末になると、『完璧な仲買商人（Parfait Négociant）』の著者ジャック・サヴァリーが小間物商向け用に書いているように、家庭の整理戸棚《アルモワール》に、「大きなテーブルクロス一枚、タブリエ一枚、ナプキン一ダースほど、すべてそろいで…」集めたテーブルウェアセットがみられるようになった。食卓用布類や家庭用布類を作る唯一の洗練された繊維はつねに亜麻であった。ルイ一六世の治世まで、外国産の綿はほとんど知られていない。そして麻は素朴で粗末なものとされていた。ランスやカーンの職工たちはルネサンス期のはじめから、図案を描いた織物の傑作を提供していた。東洋から入ってきて、ヴェネツィアやフランドルで流行したダマスク柄の布である。ルイ一五世時代にはまだとても高価なものだったので、ブルジョワ女性は長いあいだこの布をいざというときのためにとっておく宝物にしていた。このダマスク柄の布をまねるため、家の若い娘や修道女は暇さえあれば、最高級の布の端から端まで白いところから白いところへと針を動かして刺繍していた。その結果、普及しすぎて丁重にしまいこまれていたダマスク柄の布は、「みごとな装飾がほどこされた家庭用布類」（刺繍に刺繍を重ねた布類）とレースに負けて格下げになってしまった。とはいえジュルダン夫人はレースには耐久性がほとんどないと批判している。

地方で平穏に暮らすブルジョワであるのに、パリのブルジョワ以上に「不足することを心配」する姿がいたるところでみられた。吝嗇家というわけではない。食物とリネン、この二つは心理的に対になった必需品なのである。それがこの階層のつねに変わることのない性格的特徴のひとつになっている。一家の母の疲れを知らない糸車のことや、前述の林野局長の八七枚ものシャツという伝統的かつ過剰な支度一式のことは引き合いに出さないでおく。それはまた別の話だ。

しかしアドリアン・ドラーント四世の著作には、彼の先祖の入念さと周到さをよく示している部分がある。日用のリネン類に含まれるものは、シーツ二〇組、枕カバー二四枚、テーブルクロス三八枚、ナプキン約一六ダース。（…）日用のリネン類はじゅうぶんとってあるので、予備のリネン類は先々のことについて家の女主人を安心させるためのものである。シーツ二七組、テーブルクロス一九枚、ダマスク柄の布のテーブルウェアセット一組、ナプキン二三ダースにくわえて、損耗によって整理戸棚に生じる欠落を埋めるためにさらに一二五オーヌ(13)の布が含まれていた…」

ファイアンス陶器と磁器製品

貴金属の食器はもちろん大貴族の専有物だったが、ルネサンス期になるとイタリアのファエンツァから苦労してとりいれた、フランスのファイアンス陶器が飛躍的に広まった。一五一六年は「フランソワ一世がイタリアに勝利した」マリニャンの戦いから一周年という記念すべき年であるばかりでなく、レオナルド・ダ・ヴィンチと同じくフランソワ一世によってつれてこられた陶器職人の親方セル・チプリアーニがリヨンに住みついた年でもある。

磁器や炻器《せっき》に代わって用いられるようになったファイアンス陶器は、もともとはエナメルがけしたファエンツァの陶器で、陶器を発明した中国から影響を受けたペルシアから伝えられたものであるが、世に出た当初から金銀細工製品に匹敵するくらい高価だった。最初は工房で作られていたが、やがて貴族が自分の製作所で作らせるようになった。だがブルジョワジーの食卓にまで広まるのは一七世紀になってからのことである。

それまでは木製のトランショワールや錫の皿や陶製品のまわりに、飾りつけ用の大皿や椀や小鉢、「シュヴレット」とよばれる水差しが置かれていた。アンリ四世は王位につくとすぐに、フランス初のファイアンス陶器製造者マセオ・アバケーヌをルーアンに住まわせ、ファイアンス陶器製造をクリスタルガラス器の製造と同じように大衆化して増産させた。しかしアバケーヌはまず薬剤

(13)　125 × 1.188 メートル＝ 148.50 メートル！

師が使う何千個もの容器を作ることからはじめたのである。その後リヨン、ヌヴェール、モンペリエ、マルセイユをはじめとして多くの工房が作られた。工房を開くには三〇年間交付される資格証が必要だった。

つねに資金不足にあえいでいたフランス最後の四人の国王は、貴重な食器の鋳なおしを命じることによって金銀細工師には致命的な打撃を与えたが、期せずして陶磁器産業に貢献することになる。ファイアンス陶器はますます美しく洗練されて繊細なものになっていった。やがて磁器が登場するが、もちろん磁器は最初のうちは高価で粋で貴族的なものだった。

繊細で値の張るこうした食器を倹約家の家で長もちさせるためのいわば保険のようなもの、あるいは修復外科といえるものが存在した。一八世紀の初め、ノルマンディ地方モンジョワ出身のドリルという人物は、割れた食器を真鍮の針金でつなぎあわせる、あるいは白鉛と卵白から作った糊でくっつけることを思いついた。こうしてファイアンス陶器と磁器の修理屋が現れたと、ル・グラン・ドシーは伝えている[14]。だが現代の人々にとっては残念なことに、完璧な状態にもどったこうした過去の食器は、古美術商やコレクターからは見向きもされない。

「ヴェッセル・プラート」

皿、大皿、スープ鉢、深皿などはもともと金属の表面を槌でたたいて作っていたので、「プラトリ［平たい器］」あるいは「ヴェッセル・プラート［平らな貴金属食器］」とよばれていた。一方「ヴェッセル・モンテ［細工食器］」は、燭台や塩入れ、あるいは水差しのように、ろう付けなどによ

⒁ 前掲書。

って固定されているものをさした。

裕福なブルジョワたちは紋章をひけらかすこともできたが、純金のカトラリーや食器は平民には禁じられていたので、罰金をまぬがれるために銀食器に金箔を張ったり彫りこんだりした。

一八世紀半ばには、「ドゥブレ」、「フレ」、「ポンポンヌ」（この技法を最初に用いた金銀細工師は、政治家ポンポンヌ旧邸の付属建物にアトリエをかまえていた）などとよばれる、金属（銅）を銀めっきするイングランドの技法の恩恵を受けて、貧しいブルジョワたちも銀製品をもっているような気になることができた。ドラーントの祖父の財産目録をみると、この人物が世紀初頭に、銀箔の柄がついたありふれた金属製のナイフをもっていたことがわかる。

そろいのテーブルクロスとナプキンといったテーブルウェアが多くの家庭でみられるようになるのと同時に、同じモデルでそろえたスプーンとフォークのセットも愛好された。ただしかならずしもダース単位というわけではなかった。ナイフもあとからセットにくわえられた。今より大ぶりなテーブルウェアはかなり重く感じられるだろう。

金銀細工師たちは、コーヒースプーン、ティースプーン、アイスクリームスプーン、レードル、調理用へら、ティーポット、ココアポット、金属カップ、ソース鍋など、あらゆる種類の小物も作り出した。カキ用フォークは、一七世紀末に考え出されたものである。それほどこの貝は愛好されたのである。

だが貧しい者、田舎に住む者、ブルジョワ階級にのし上がったばかりの者は、まだしばらくのあいだ、もろい錫のナイフやフォークやスプーンを使っていた。巡回する修理屋が、歯が抜けたり柄

ルイ＝セバスチャン・メルシエは1787年に、「ブルジョワの野望は平たい食器をもつことだ」と書いている。手はじめは油の小瓶とスープ鉢である。平たい食器をもつのはブルジョワ階級から抜け出すということである。大貴族たちを手本にしてこれに紋章を入れる喜びのためには出費をおしまない⒂。

⒂　当時はナイフは別として、スプーンとフォークは現在とは反対に、柄をテーブルの中心に向け、紋章または彫ったイニシャルを会食者に見せていた。

が抜けたりしたものを鋳型に入れて溶かし、作りなおしていた。

イタリアを起源とするフォークはアンリ三世時代にはじめてフランスに入り、二本だった歯はその後三本に、そして四本になった。しかしフォークの使用が一般化するのは一八世紀末からである。宮邸でさえもそうだった。

台所の出現

一八世紀半ばからは、賃貸であれ自己所有であれ、邸宅やアパルトマンに調理専用の部屋をもたないブルジョワはいなくなった。しかし都市のブルジョワ家庭では、台所が徐々にアパルトマンの奥や、井戸のような異臭を放つ、中庭からしか光が入らず空気もほとんど通らない隠れた片すみに追いやられていく。

ヴォルテールがいうように仮象が良心を破壊してしまった次世紀には、こうした排斥もよくあることだった。全般的な生活の向上にもかかわらず、プチブルジョワの家でさえ、もっとも基本である衛生管理を犠牲にして、応接室あるいは数部屋からなる応接間が野心に加担したのだった。とはいえ地方のブルジョワの家では、台所がまだしばらく生活する部屋でありつづけた。「これが下の部屋とつながっている台所である。まったく素朴な台所である。それぞれの場所にはたくさんの美しい黄銅や赤銅の用具一式、巨大なロースト用回転器、大きな取っ手つきの壺、オーク材のこね桶、塩税の制度がある時代の予防策である同じくオーク材でできた鍵のかかる塩入れ(16)があった。そのあとは当時のなんともめずらしい風俗の詳細であるが、黄銅製の炭火あんか、注射器(17)とその容器

(16) 塩用の箱。
(17) 浣腸器。

と洗面器、大きな椀、これらはすべて錫製である。棚の上には家族の夜間用おまるがあって、夜になって寝室からお呼びがかかるのを待っている。

家族のパンを焼く製パン室にはかまどと付属の道具がある。鶏小屋には一二羽の雌鶏と一羽の雄鶏がいる。鳩小屋には鳩が七つがい…

（…）地下室にはかなりの備蓄がある。プレシーワイン四、五ミュイ［一ミュイは二六八リットル］、ヴァレーワイン一、二本、特別なときのための「砂地ワイン」一、二ダース。量という点からみると相当なものだ。質についてはプレシーやヴァレーのワインについて今日では不明である」

クレピー＝アン＝ヴァロワの小さな町の林野局長であった彼の祖父の台所だけでなく、家や暮らしぶりを、アドリアン・ドラーント四世が「質素」な台所と形容したのももっともなことだ。百年後のソミュールのグランデ家がそうだったように、ほとんど農家である。おまるはともかくとしてブリュッセルの美術館にある有名な絵画を見ているような気になってくる。オランダ派の画家ヤン・モスタールトのあの『ブルジョワの台所』や『ふるいの奇跡』である。物々交換や現物払いですむので経済的でもある暮らしぶりには、パンから家禽にいたるまで、農民のような自給自足がうかがえる。

台所用具一式とその他の道具

当時のブルジョワ家庭には、ルイ一二世の王令でかつて禁止されていた純銀の「台所用具《キャスロルリ》」はなかった。少数のぜいたくな富豪や、メユレ元帥のような少し頭がおかしい貴族（公証人はこの家で五八〇〇リーヴルという高価な深鍋について書きとめている）は別にして、質素で堅実な考えをもっていたのである。

物理学者のレオミュールは一八世紀前半にブリキを発明した。これによって多くの調理器具が作られたが、ブルジョワ料理を弱火でじっくり煮るためには銅や陶器の代わりになるものはなかった。

一六世紀の財産目録以後、台所用具は形も数もいちじるしく増えていたが、重いうえに砂や尿でこまめに手入れしなければならない錫めっきした銅で作られていることが多かった。ジャム用ボールやタルト型、それに一六世紀に生み出された尾頭つきの魚を体裁よく仕上げられる魚用鍋《ポワソニエール》や魚用蒸し鍋《テュルボティエール》などは、代々伝えられた。

暖炉の火はしだいに食事の支度には使われなくなったが、一七六三年に出版されたディドロの『百科全書』（第一三巻）では、「ポタジェ」つまりこのかまどについて「ラグーを作るのに必要不可欠の家具」であるとされている。家具としてはマントルピースの下の石組みをファイアンス陶器のタイルでおおった構造になっている。とりはずしのできる火床で保護された開口部があり、その奥で火が燃えていた。二〇世紀初めの家々にはまだこのかまどがあった。しかし実をいうと最後にこの進歩の恩恵にあずかったのはプチブルジョワ家庭であるにちがいない。

初期の「ポタジェ」は、大貴族が食事をする部屋のそばにある配膳室のようなところに建造されていたが、それは家を暖めるのがむずかしかったために食事を温めなおさなければならなかったからである。とくにポタージュを温めなおしたのがその名の由来となっている。

「家宝」

「日常用いる銀食器は、スプーン14本、フォーク14本、ポタージュスプーン1本、ラグースプーン2本、コーヒースプーン8本だけである。だが金庫にはそれにくわえて、家宝となるかなりの点数が入っている。深皿3枚、うち1枚は蓋つき、燭台2組、手燭1本、ゴブレット4個、胡椒入れ2個、塩入れ4個、両手つきカップ1個、嗅ぎ煙草入れ2個、ろうそくの芯切りばさみ1本とその袋、二枝燭台1本、重さ4マール7オンスの水差し、そして最後に約100ジュトン⑱。

同じ部屋に毎日使うさまざまな道具もつめこまれている。銀箔を張った鼈甲の柄のナイフ、銀めっきの燭台、コーヒーミル、雨傘など」

アドリアン・ドラーント（前掲書）

⑱　金貨と銀貨。

さらなる革新を！

革命は一七八九年頃に起こった。バスティーユの革命ではなく、現代人にも直接かかわりのある革命である。ロレーヌ地方のナンシーにほど近いシャンピニュルのラヴォカという人物の大発明、ぜんまい式ロースト用回転器には、おおいに感謝しなければならない。

じつはこの器用な男は炭火器具も発明して「携帯用レンジ」と名づけたが、これは今日でも知られている。『コップの下の名鑑』というおかしな名前の新聞には、それについての情報がのっている。「四スーの炭があればこの調理器具で快適に調理ができる。高さと幅は約二〇プース［約五四センチメートル］で、一二人分のスープ、フリカッセ、ラグー、ロースト、パティスリー、コンポートなどができる。火は深鍋の下だけでしか使わない」

その頃まで、街の水飲み場や井戸からくんだ水は手桶や桶に保存されていた。一八世紀初めのブルジョワの台所は、銅や錫、あるいは磁器でできたきらきら光る家庭用給水器、つまり蛇口のついた飲料水のタンクをひけらかしていた。素晴らしい発明である。しかし気候が良くなると腸チフスが蔓延するので、一七四六年以降に砂や木炭の層を底に敷いた「ろ過給水器」が発明されるまで、飲み水の安全はほとんど保証されていなかった。多孔質砂岩の円筒形フィルターも水をろ過するのに使われた。水道水が飲用に適さなかったマルセイユやリヨンのような都市では、二〇世紀後半まで給水器の使用が続けられた。

飲み物といえば、同じ時代にコルク栓が発明され、瓶の口に接着剤で固定されていた麻くずにとってかわった。そのころ、幸運な偶然によって栓抜きが登場し、大成功をおさめている。

料理という国家的技術

二〇世紀初め、ブルジョワ家庭料理の女教祖といえる有名なサン＝タンジュ夫人が、感動をこめて上流家庭の伝統料理にかんする著書をあらわした。「（…）白い帽子をかぶった（字の読めない）女料理人たちが、家庭の料理に時間と心づかいをもたらしてくれていた遠い昔の思い出…」「時間と心づかい」というところに、ムノン以来のブルジョワ家庭料理の基礎がすべて要約されている。そしておそらく、どんなささやかな料理を作るときにもはらわれるきわめてブルジョワ的なこの心づかいのおかげで、この料理が一八世紀にイタリア料理をしのぐ国家的価値をもつようになったのだろう。

たとえばアラゴンの枢機卿の旅仲間で、「食のエキスパート」であるイタリア人アンジェロ・デ・ベアティスは、おそらく食道楽のフランスツアーについて語るにはそれほど豪勢ではない食卓についたのだろう。「スープもパテもあらゆる種類の菓子も、これほどおいしいところはほかにない。ふだんは牛肉や子牛肉を食べるが、いちばんおいしいのは羊肉である。フランス各地で調理される小タマネギをそえた羊のローストした肩肉を食べるためなら、どんなに洗練された料理もあきらめられるほどだ…」

双頭の技術

フランス料理は混沌から生まれたといえる。フランス料理には二通りある。ひとつは古典的で身分の高い「グランド」キュイジーヌであり、一八世紀に摂政やルイ一五世の「小夜食《プチ・スペ》」によって正式にはじまったものである。したがって特別な饗宴というほどではないが、貴族や富豪だけのものである。

もうひとつは、今日ではグランドキュイジーヌと同じくらい古典的なものとなったが、中流階級の家庭料理である。この「キュイジーヌ・ブルジョワーズ」について、ラルース百科事典は「質が良いが見た目はシンプルな料理を提供する料理法」と定義している。

一七世紀にはまだなりあがり者にすぎなかった（強大というよりは）巨大なブルジョワ階級は、地方にいる者でさえ上流の人々から、ルーヴルやヴェルサイユほどのぜいたくはできないだろうと思われることを望んでいなかった。

勝利を手にしたのはおそらく、ラ・ロシェルの金融資本家であり、銀行家のタルマンである。タルマン家の商用のための供宴はトリマルキオの饗宴［ペトロニウスの小説『サテュリコン』に出てくる豪奢で退廃的な宴会］に匹敵するものだった。「（…）純金で足を飾ったヤマウズラ、ルビーをもりこんだキジ、ダイヤモンドとエメラルドの王冠をかぶせた、あるいは縁飾りをした子ウサギ、（…）金の中でかすかに震える色とりどりのジュレ、砂糖に漬けて麝香の香りをつけたサラダ…」。歴史家エミール・マーニュは、前述の銀行家の息子である回想録作者ジェデオン・タルマン・デ・レオーの伝記の中でこう伝えている。オリエント産のおびただしい量の香辛料や、あふれんばかりの貴重なワインも目に浮かぶ。

もちろんこれは、リシュリューのラ・ロシェル攻囲によってひき起こされた飢饉以前のことである。さまざまな動機によって決定された攻囲であったが、このときは卵一個が八リーヴル、犬の頭は一〇スーを下らなかった。しかもルイ一四世は、ヴァテル［国王の列席した食卓に鮮魚がまにあわなかったのを苦にして自殺したといわれる司厨長」の元主人でなりあがり者のブルジョワ財政家フーケに、パンしか与えまいとしていたのである。

現代料理へ

ブルジョワ的価値観の肯定

一言でいえば料理もまた、節約、組織、仕事、誠実、知識、才覚、簡素、慎みなど、ブルジョワが時代をへて存続する原動力となった美徳から作られているということだろう。ブルジョワが都市を作ったのだから、その料理も都会的ではあるが、やはり伝統的なものであることに変わりはない。この伝統は、環境に左右されながら市場に供給されてくる地方資源に由来すると同時に、家庭的な風俗や文化から生みだされるものである。

地方のブルジョワと首都のブルジョワの多くは、長きにわたり地方とつながりをもち、多少なりとも広大な地方の領地を所有していた。天気の良い季節には、郷土料理とよべるものを実践していた。つまり郷土特有の食材と料理法を用いた料理である。

ブルジョワは先祖代々「前もって用意する習慣《ハビトゥス・プラエパランディ》」を受けついできたが、都市には簡便な手段があることもつけくわえなければならない。中世の時代と同じく古典主義の時代にも、惣菜屋、ロースト肉屋、菓子屋、「豚肉加工屋《シャルキュイティエ》」などで、アパルトマンに料理用の設備や人手がない人々に便利な調理ずみ食品や焼いた食品を手に入れることができたのである。

一七世紀の料理革命

この革命は、余分なスパイスを使うのをやめて、その土地固有の香辛料を使うことが推奨されるようになったルネサンス期から、すでに進行中だった。それはこのあととりあげるように、ロワール川の北側でバターがひんぱんに使われるようになったのと同時期のことである。中世には酸っぱいソースが好まれていたが、この頃には脂肪分の多いものになっていた。

そしてルイ一六世の治世末期まで、多少なりとも裕福で教養もあり、近代的な考えをもった中流階級が少しずつ社会に認められていった。それに対して、貴族は、そうとは気づかずに料理にもブルジョワジーからの教訓を得るようになっていた。富を誇示するのではなく（前述のラ・ロシェルの大ブルジョワはともかくとして）節約を旨としながら心づかいと洗練にはとくに贅をつくす、新たな片利共生の形に敏感に反応した。

貴族が権力の座からひきずり降ろされる以前のルイ一四世時代から、作家たちは売れっ子になろうとしてブルジョワに愛想をふりまき、社会的地位の向上を切望している彼らの力になろうとした。

スティーブン・メネルは『食卓の歴史』(19)の中で次のような的確な指摘をしている。「食物は、社会学的な専門語を使えば、一方では、社会化の先取りの媒体となり、他方では、社会的距離を表わす手段となった。ロバート・マートンが使いはじめた用語「社会化の先取り」とは、意識的、あるいは無意識的に、自分があこがれている社会グループのやり方、嗜好、マナーをとりいれることだ」（北代美代子訳）

(19)『Français et Anglais à table du Moyen Âge à nos jours』フラマリオン社、パリ、1987年。

たとえば『田園の快楽』の著者である貴族のニコラ・ド・ボンヌフォンは、次のような言葉で自著の第三章をはじめている。「これから紹介する第三章は各種の肉や魚にそなわっているはずの真の味をテーマとしている。（…）健康のポタージュはブルジョワのおいしいポタージュであること。厳選された上質の肉を使い、わずかなブイヨンになるまで煮つめる。健康という名前をつけられているだけあって、みじん切り野菜も、きのこも、香辛料も、その他の材料も使わない素朴なものである。キャベツのポタージュは完全にキャベツという気がする。ポロネギのポタージュはポロネギ、カブのポタージュはカブ、以下同様である。お腹をいっぱいにするよりむしろ味わうべきビスク、ひき肉料理、パナードなどといった複雑な料理の材料はとりあげないでおく。（…）ポタージュについて述べていることは、一般的なものについてもいえることであり、食用になるすべての物にあてはまる」

これからは体調を保つために健康的に食べなければならない。あの良識の模範であるブルジョワが活力を保っていたようにである。

バターを使った料理

ジャン＝ルイ・フランドランがしばしば指摘しているように、『フランスの料理人』や『ブルジョワの女料理人』が勧めるバターを使った料理は、西欧では比較的新しいものである。西欧では古代から一五世紀まで、豚やガチョウや鯨などの動物性脂肪や、オリーヴオイル、クルミオイルがおもに使われていた。鯨の油や脂肪はもちろん肉を断つ小斎日に適したものだった。

さらに中世の時代には揚げ菓子《ベニエ》、小魚やタマネギのフライ、肉の「ルヴニュ」が好まれたが、すでに指摘したようにソースそのものには脂肪分はまったく含まれていなかった。すりつぶして調理したものに、血、パン、アーモンド、レバー、固ゆで卵の黄身などをつぶしてとろみをつけて、香辛料のきいた酸っぱい料理にしていた。とはいえラングドックやプロヴァンスのオリーヴオイルはつねに高価なものであり、仲買人が果核のすすぎ水まで再利用したほとんど食用にならないものが出まわることもあった。イングランドやスカンディナヴィア諸国が、四旬節にオイルを使った料理を敬遠していたのはそれが高くて不正に輸出されたオイルだったからである。

数少ない自慢の資源であるオイルを、ほとんど最後の一滴まで輸出していたプロヴァンスの貴族やブルジョワや自由農民は逆にバターを知らないか、さもなければ信用していなかった。本物志向の人たちはいまだに信用していない。プロヴァンスのアルプス地方やアルデーシュ［フランス南東部］のクルミオイルは、ラードや脂身が禁じられていた小斎日の助けにはなったが、火をとおすのには向かなかった。ラングドックやトゥールーズではガチョウやカモの油を自由に使うことができた。

メキシコ原産のピーナッツオイルがアフリカ経由でヨーロッパに到着するのは一九世紀になってからのことである。

ロワール川の北側にかんしていうと、貴族の宮殿向けの『ル・ヴィアンディエ』やブルジョワ向けの『メナジエ』という一四世紀の記念碑的作品によれば、新鮮なバターや加塩バターについての記述は、『ル・ヴィアンディエ』の四パーセントに対して『メナジエ』は一三パーセントと、当時の階層によって違いはあるが相対的にはごくわずかであった。宗教改革前の、同時代のイングランドの著作で貴族的な『料理集（The Form of Cury）』では七・八パーセントである。

ひかえめなデビュー

つまりバターが西欧や北欧の酪農地帯からヨーロッパ全体に広まったといえるのは、一五世紀になってからである。どちらかといえば生のままか調味料として食べられたが、とくにオードヴルに用いられた。長いあいだ貴族階級よりも庶民階級とのかかわりが深かった。上品な人たちはバターを田舎っぽいとさえ思っていたからである。そしてジャン＝ルイ・フランドラン[20]は、一二世紀初めまでさかのぼるフランス最古の辞書、ニコの『宝典（Thrésor）』のページから「バター」の項目を証拠として引用している。「(…) フランスでは、金持ちより貧しい人々にふつうに用いられている」

ブルジョワのジュルダンの父親は早い世代ですでに貴族になろうと尽力していたので、「西洋貴族の肉食への嗜好」[21]によりふさわしいラードなどの動物性脂肪のためならバターを締め出したかもしれない。

ジャン＝ルイ・フランドランは、何世紀も前からチーズによって食通たちを喜ばせている酪農の地、ブリーの公文書保管所で驚くべき明細書を発見した。モーの大病院の勘定書を子細に調べた結果、慈善配給で貧しい人々にバターが週三回与えられていたことがわかったのである。四旬節の日でもオイルに替わることはなく、またラードはこの救援物資にはまったく記載されていなかった。

⑳『「フランスの料理人」の手引き』、モンタルヴァ社、パリ、1983年。
㉑ 同書に。

バターの広がり

宗教改革後、バターは、四旬節から解放されたイングランドやフランドル、ドイツ、北欧のプロテスタントがいつでも手に入れられるものとなる。それまでは高くつく免除証明書がなければ小斎日にバターを食べることが許されていなかった。ルターの懲罰的な文書を見ていただきたいものである。フランスのプロテスタントたちはナントの勅令による寛容が継続しているあいだは、バターの恩恵を受けていた。バターは徐々に裕福な家の食卓を征服していく。地方に家をもっている幸福なブルジョワは、首都にいても地方都市にいても、ほかの農産物と同様に、もちろん自分の乳製品加工所で作ったバターを味わっていた。

それまで無視されていた製品がついに「日の目を見た」とき、世評や風俗はあたかもそれまで長いあいだ不当に日陰に追いやっていたことを許してもらおうとするかのように、その製品に多くの美徳をもたせる傾向がある。そういうわけでバターは病気を予防するものになった。五月には、タイミングよく夏のコレラを予防するために、ひとかけのニンニクといっしょに生バターを食べなければならない。

パリの住人は農場を利用できないので、とくにパリ南郊のヴァンヴのバターを愛好していた。街の売り子がそう呼び売りしていたように、「タラに合う」バターを生で、あるいはふだん食事の最初に食べていたオードヴルや果物といっしょに食卓に出していた。何樽もの加塩バターが、アイスランドやもっと近くのブルターニュ、ノルマンディから届いていたが、東部の人々は自分たちが作ったものを溶かして食していた。

「バターが上質であることは、料理されるあらゆるものにとってきわめて大切であり、バターのにおいが感じられたら最高の料理もだいなしである。女料理人はバターをよく知り、上質の物を買うのに必要な代金を支払うよう努めることが必要である」と、ルイ一五世時代の『ブルジョワの女料理人』は勧めている。まるでサン＝タンジュ夫人の言葉を聞いているようだ。

「ブルジョワ風」料理

バターは、料理を作るときのありふれた材料のリストにのせられるだけでは満足することなく、なくてはならない主役としての座を獲得する。それ以来、バターを使うことが「ブルジョワ風《ア・ラ・ブルジョワーズ》」という名で料理史に残されている料理法の特徴となった。今日の例でも、「ア・ラ・ブルジョワーズ」という記載があれば、ある野菜をバターでフリカッセにして、やはりバターで手早く炒めた小タマネギや、当時のルセットの「根本」であるニンジンをそえることを示している。

まさしく本物の「ア・ラ・ブルジョワーズ」であるためには、ムノンが次にあげるルセットで説明しているように、ソースに卵と小麦粉でとろみをつけなければならない。「小麦粉をふり入れる」という言い方もされる。「細長い（カボチャを）切り分けて、バターでフリカッセする。しっかり色がついたら二度の料理のあいだに、タマネギかクローヴを刺したネギ、塩、コショウ、もしあれば粒入りヴェルジューでじっくり煮る。煮えたら供する」

この料理は「半ブルジョワ風」でしかないことにも注意しよう。ここには小タマネギや細切り背脂や小野菜などがみられないからである。

一七世紀半ばごろの『フランスの料理人』には、それ以後のキュイジーヌ・ブルジョワーズの特徴となった有名な「ブーケガルニ」がはじめて登場する。また前述の料理の別の章には、クローヴを刺したタマネギが出てくる。

チーズ盆

比類のない財産であるチーズを受け継いでいるふつうのフランス人は、チーズを常食としている。今日知られている地方の特産品のほとんどは、一六世紀に（一部はそれより以前に）登場しているが、それはまちがいなく農場や修道院で作られたチーズだった。まだ低温殺菌法や工場はなかったからである。カマンベールはまだ生み出されていなかったが、たとえば「ポン・レヴェック」やリヴァロ、マルワールなどがあった。

「パリによく入ってくるのはブリーチーズで、品質がすぐれている」と『ブルジョワの女料理人』は勧めている。さらに、こうつけくわえている。「ブルターニュやラングドック、オランダのチーズもあり、青カビの生えたものが最高である。グリュイエールチーズは大きな穴があり[22]、脂肪分が多いものを選ばなければならない。誰もがもっとも高く評価するパルメザンチーズやロックフォールチーズは、ゆえにもっとも値段が高い。小さなクリームチーズはクリームと砂糖をつけて食べる。どのチーズもデザートのときに食卓に出される。料理に使われるのはパルメザンとブリーだけである」

じつはこのあととりあげるように、ずっと前から高く評価されていたブリーチーズや「ア・ラ・クレーム」とよばれるフレッシュチーズは、菓子と同じように一八世紀になると、麝香、竜涎香、バラ、スミレなどの香りをつけた水をふりかけていた。

[22] 現在の愛好家はエメンタールチーズとは反対にほとんど「穴」のないグリュイエールを好む。

パリの街角では「(…) ペルサンpercin[23]の根のクリームチーズはいかが! (…) フレゼットfraizettes[24]といっしょに食べるクリームチーズはいかが!」と呼び売りしていた。カワカマスの卵といっしょに凝結させることもあった。アザミ《シャルドン》の花を使ったものもあり、四旬節が厳しく管理されているあいだは四旬節用の「シャルドネット」とよばれていた。ふつう子牛の胃から抽出された凝乳酵素によって凝固させるチーズは、一五五五年に教皇ユリウス三世の教書が出されるまで、バターや卵と同じように禁止されていたのである。

ラブレーは凝固させたミルクに砂糖を入れたフレッシュチーズや、イグサ《ジョン》のかごに入れて水をきる新鮮なジョンシェ、そしてとくに彼のお気に入りのデザートだったらしいホイップクリームを引き合いに出している。ホイップクリームもしくはクレームシャンティは、じつは食膳係ではなく給仕長だったヴァテルが一七世紀に、コンデ公のために考えついたとされている。この傑作が知られるようになってすでに久しい。

デザート

ルネサンス以後に書かれた中流フランス人女性向け、あるいはその後継者たち向けのわずかな料理書や家事の実践書は、大貴族の饗宴専用の砂糖の技術について一言も触れていない。フランスのブルジョワ女性は甘いものに弱くなかったのだろうか。そんなことはないはずである。デザートや糖菓の伝統は何世紀も前から守られてきた。ただ簡単な家庭の手作りケーキだけが、イングランドのホームメイドケーキのレベルには達しなかったのである。その証拠に、『フランスの料理人』の著者ラ・ヴァレンヌは、『フランスのパティスリー職人(Le Pâtissier français)』(一六五三)と『フ

(23) パセリ。
(24) 野イチゴ。

ランスのジャム職人（Le Confiturier français)』（一六六〇）という入念に作り上げられた美食のための補足書二冊を、まとめている。

『フランスの料理人』のルセットに砂糖がまったくといっていいほど出てこないのは、当時の大邸宅では砂糖が料理に属するものではなく、「オフィス」に属するものだったからである。オフィスは「オフィシエ」の監視下で、料理人とは異なる専門家たちが仕事をする別室だった。彼らは塩で味つけした「アントルメ」、各種のジュレ、パテやトゥルトなどを作っていた。『フランスの料理人』にも、ごくシンプルで、時をへても傑作といえるいくつかの例があげられている。

ルイ一四世時代から啓蒙の世紀にかけて、パリや地方のブルジョワはほとんどオフィスをもたず、オフィシエも雇っていなかった。一般的には以前のように料理係の女中や雑用係の手助けで満足していた。そしてフレンチトーストやジャム、砂糖か蜂蜜で味をつけてドライフルーツを飾った粥…といった簡単で家庭的な菓子をまだ自分たちのあいだだけで楽しんでいた。人手もなく、パン焼き窯のある設備も都市にはなかったので、特別なときには、中世と同じようにパン屋や菓子屋で、パテ、タルト、トゥルトなどの複雑な菓子を注文した。

とはいえ『フランスの料理人』の弟分の『フランスのパティスリー職人』は、一六五三年に出版されたときにすでにこう指摘している。「…好奇心の強い人たちは専用の小さなオーブンを家にもっているが、なかには携帯用のオーブンをもっている者もいる」。そもそもずっと昔から、暖炉の灰で調理する方法は知られていた。焼き型には蓋がついていて、上に炭火をのせていた。蒸し煮用深鍋と同じやり方である。

フランス北部地方のフラミッシュは、現在はポロネギやタマネギ、カボチャ、フレッシュチーズのタルトだが、もとは、ただのパン生地で作ったガレットだった。中世の主婦はそれをオーブンや灰から出すとすぐにたっぷりのバターを上に塗っていた。一七世紀になるともっと複雑になり、こねるときに脂肪分の多いチーズを一リーヴル半くわえるようになった。『健康の至宝（Thrésor de santé)』と『フランスのパティスリー職人』の無名の著者は、「卵八〜九個、一リーヴル半の無塩バター…」で意見が一致している。このデザートはその後、野菜も受け入れる。

家で作ったり店で買ったりしていたパティスリーはやがて洗練され、地域によってはバターや豚の脂身が使われるようになった。中世からもっともよく知られている菓子はおそらくタルムーズだろう。『メナジエ』のメニューにものっているが、仕出し屋のものなのでルセットはない。こうしてタルムーズは商店からブルジョワの台所にやってきた。身分の高い人物たちのオフィスもひとめぐりしてきたが、名前は変わらず、時がたつにつれてますますおいしいものになった。このチーズ菓子は第一次大戦後の浮かれ騒ぎの時代まではメニューにのっていたが、奇妙なことにそれ以後は姿を消してしまった。名誉回復の機会として章末にルセットをのせておく。

イングランド料理

あらゆる種類の発見に満ちたこの時代は、すでに述べたように、今日の日常生活にも影響をおよぼしている政治的、文化的なアイデンティティーが形成された時代である。フランス王国には伝統となるキュイジーヌ・ブルジョワーズが現れ、そのおかげでフランスはグルメたちのお気に入りの地でありつづけている、イギリス海峡の向こう側でも同じような現象が起こり、同じような影響をおよぼしている。イングランド料理は、ウィリアム・シェイクスピアの一部の作品の雰囲気に通じるイングランド人特有の精神から生まれた。つまり魔女の鍋から生まれたものか、それとも気がふれた悪女に変身する善良な主婦の台所から生まれたものか定かではないということである。そして、よくわからないが共感できる何かが後世のイングランド人たちに伝えられた。

原則

この国は産業に優位を与えることになるまで、長いあいだほとんど農業と牧畜だけに従事していた。そして驚くほどの生産量の卵をぺろりと平らげていた。中世にすでに飛び上るほどの数字を示していたフランスをさらにしのいでいたのである。しかもイングランド人はフランス以上に肉を食べる人々（ビーフ・イーター）であったし、これからもそうだろう。同様にクリームとバターも大好きである。たとえばイングランドでは、一六世紀末のレシピの四五パーセントにバターが使われ、二〇年後の一七世紀初めでも四八パーセントに使われていた。

それなのに理屈に合わないように思われるが、非の打ちどころのない『イングランドの主婦（English Hus-wife）』は、一六一五年の手引書のタイトルにかつぎ出され、異国趣味に走るよりも簡素と清潔と節約に腐心する姿を示すよう著者マーカムに懇願されている。「フランス料理」の項を読んでいただきたい。「（…）食物は健康に良いものを清潔に調理し、時間どおりに支度を整えられよ。（食物は）ていねいかつ迅速に調理されたい。気まぐれよりも本性を満足させるために、新たな食欲をよみがえらせるよりも空腹をなだめるために作られよ。市場で買った産物よりも自分の庭でとれたものを使われよ。そして（家の主婦は）ほかの国で見つかった変わったものやめずらしいものによってではなく、打ち解けた交際によって評価されたい…」

つまりフランスのことを非難しているのである。イングランド人にとってフランス料理を変わったものやめずらしいものにしているのは、とくに長コショウやグレーヌ・ド・パラディ(25)のようなぜいたくなスパイスの使用だった。イングランドの主婦はもっぱら経済的な丸コショウやメースやナツメグを使っていたのである。

結果は、「何か」

ミドルクラスの料理の美徳を、少し痛ましいなどとあわてて判断しないようにしよう。この階層の飾り気のなさから漠然と推測されるのは、ピューリタニズムである。まずは基本となる一般的な「フリカッセ」(フランス語である)つまり前述の「タンジー」や「キックショーズ」のレシピを読まなければならない。

「(…)どんなものでもいいから、いくつかの物をいっしょに混ぜた『何か』を用意するために、卵を手に入れて割り、白身の大部分をとりのぞく。それをかき混ぜたあと十分な量の新鮮なクリーム、レーズン、シナモン、クローヴ、ナツメグ、塩、ショウガ少々、ホウレンソウ、アンディーヴ、あらみじんにしたキンセンカの花をくわえ、全部をしっかりかき混ぜる。豚足を用意して薄切りにし、あらくみじん切りにする。それに卵を混ぜて手でよく混ぜる。次に無塩バターをフランパンに入れ、バターが溶けたら残り全部を入れて焼けるまで焦げつかないようにフライパンをゆり動かしながら焼き色をつける。焼けたら平皿にのせ、砂糖でおおって供する。豚足はフライパンに入れる前にしっかり煮ておくこと。肉、小鳥、甘い根菜、カキ、ムール貝、貝類、くず肉、家禽、レモン、オレンジその他の果物、さやのある野菜、その他サラダ用葉菜などを使い、同じ方法でたくさんの

(25) マニゲットつまりグレーヌ・ド・パラディ(天国の種子)はアフリカ原産のめずらしい香辛料である。そのため長いあいだ「ギニアのコショウ」とよばれていた。ふつうのコショウよりも安かったので、1940年から1945年までコショウの代用品として使われた。

『何か』を作ることができる。それをいちいちあげていくときりがない。それぞれの好みによって千差万別の味があるからだ」

サフランもどきの香りがあるキンセンカの花は、チャンネル諸島のおいしいアナゴスープの代表的な材料のひとつである。また、さやのある野菜とは、ソラマメ、エンドウマメなどの豆類を意味している。中流のイングランド人は、農民にすぎなかったときに栄養を与えてくれた大きな豆に目がないのである。つねに豆類を愛好しているが、とくに冷凍したものを高く評価している。

大発見、甘みとイングランドのデザートのなぜ

あまり重視されることのないエリザベス朝以前の時代の「料理」は、一貫して砂糖で味を引き立たせていた。この習慣は中世からの遺産であり、イングランド人は砂糖と塩を混ぜることがほとんど行なわれなくなっていた同時代のフランス人よりも、ずっと多くの砂糖を消費していた。

イングランドの公民精神は、シティの貿易会社や、かのマーチャント・アドヴェンチュラーズ「貿易商人」を大勢で支える義務を自分に課していたからだ。そして善良なイングランドの上流夫人たちはこの頃から自家製焼き菓子、つまりスパイス入りショート・ブレッドの第一人者になった。「何か」と混同してはいけない。それ以来午後になると、夏は庭のあずまやで、冬は暖炉の前で、バンケッティング・スタッフといわれるおやつにこれが出された。最初はジェントリーの習慣だったが、このおいしいビュッフェはたちまち大衆化して、数年もたたないうちに五時のハイ・ティーにくわわった。小麦に重税を課していたオリヴァー・クロムウェルが早世してからは、イングランド人たちの熱中の対象になった。ちなみにクロムウェルは一六五八年に神経衰弱で亡くなったといわれている。

マーカムは一六一五年の著書でバンケッティング・スタッフについて最初の証言を行ない、それを味わうためのグルマンディーズのレシピをのせている。それ以来これがハウスワイフたちの伝統的な技の一部となっている。この本がたいていは地方に住んでいるあらゆる階層の中流階級の夫人向けのものであることは文脈から明らかである。

昨日のルセットを今日のメニューに

一六世紀末以後、外国からの旅行者は、フランス人の優秀さについて語りつづけている。反宗教改革によって台所のすみずみにまで求められた四旬節の決まりが守られていたにもかかわらずである。

野菜を調理する技術

トウモロコシ

コンビネーションサラダに少し黄色をくわえるためだけに（残されるのを覚悟で）トウモロコシを使うわれわれのために、コーンフレークではなく、調味料として調理する斬新な方法がある。『ブルジョワの女料理人』は、ついでに色あいもくわえてくれる調味料としてのピクルスの使い方を伝えているが、それと同様のやり方である。このルセットは驚くほど現代的であり、今日非常に高く評価されている中国の料理法からの影響も受けている。

トウモロコシ（ブレ・ド・テュルキ《bled de Turquie》）のピクルス「柔らかくて青いトウモロコシを用意する。水に入れて途中まで加熱する。水から出す。それから砂糖漬けにする。水と三分の一量のヴィネガー、クローヴ、塩を入れて沸かす。塩水を沸騰させたものをトウモロコシにかける。それを熱い灰にのせる。次の日も塩水を沸かしてトウモロコシにかける。十分青くなるまでこの作業を続ける。壺に蓋をして紐で結び、ピクルスと同じように供する」

『ブルジョワの女料理人』（一七七四年）

ホップ

緑のホップを「さっと茹でたもの《ジェ》」は高く評価される。庭の奥に一株だけ植えて支柱を立てるだけで家族の料理に十分である。

「きれいにして緑の部分だけを残す。お湯でひと煮立ちさせて、水分をきり、大皿にのせ、バター少々、ヴィネガー一滴、最高のブイヨン少量、塩とナツメグをくわえる。弱火で煮こんで、飾りに使うか、別のものに使う」

『フランスの料理人』（一六五一年）

サヤインゲン

革命前夜、名高い『ブルジョワの女料理人』はついにサヤインゲンを調理する方法をブルジョワに告げる。新しくてとてもおいしい調理法である。


「柔らかいものを選んで先端部分をちぎる。それを洗って水で煮る。煮えたら片手鍋にバター一きれ、パセリ、きざみネギを入れる。

バターが溶けたらそこに水をきったサヤインゲンを入れる。火にかけて二〜三回煮立たせる。小麦一つまみ、上等なブイヨン少々、塩を入れ、ソースがなくなるまで煮つめる。

食卓に出す準備ができたら、牛乳に溶かした卵黄三個のとろみづけと、ヴェルジューまたはヴィネガーひとたらしを入れる。火にかけてとろみがついたら、アントルメとして供する。

脂肪を用いることもできる。とろみづけの代わりに濃いスープと子牛の肉汁を入れる」

『ブルジョワの女料理人』（一七五四年）

『ブルジョワの女料理人』は、中世の飢饉以来、ジュルダン夫人やその同僚たちがどれほど瓶づめを愛用したかを知っていた。そしてアペール氏の小瓶が、数年後に滅菌によって瓶づめの問題を解決するより早く「サヤインゲンの漬け方と乾燥法」について書いている。つまりサヤインゲンを湯がいたあとバターに漬ける。あるいは今でもスイスで行なわれているように、糸をとおして屋根裏部屋の天井につるして乾燥させるというものである。

ジャガイモ

われわれのお気に入りの野菜が貴族叙任状を得るには、メリゴ未亡人がオーギュスタン河岸三八番地の出版業者だった息子に出版させた『共和国の女料理人』という小さな料理書を待たなければならない。じつはその本にはその当時まだまったく知られていなかった方法がのっている。帝政期になるとすぐ、プチブルジョワ女性たちの中から公爵夫人が続々と誕生するが、そのルセットにも「侯爵夫人のポテト《ポム・デュシェス》」という気品ある名前がつけられている。ただしそれには砂糖もオレンジの花も使われてはいない。

「おなら《ペ》」(26)を作るには、「皮をむいて乾かしたジャガイモを水に入れて煮る。時間をかけてすりつぶし、ペースト状にする。それを片手鍋に入れて卵大のバター、コーヒースプーン一杯分の橙花水《ネロリ》、砂糖少々、塩少々、半セティエの水をくわえる。全部をしばらく煮る。鍋に張りつくようになるまでつねにかき混ぜながらペーストを粘りのある濃いものにする。それを別の鍋に入れ、卵を何個か溶いて入れ、やわらかくてどろっとした状態にする。ペーストをクルミ大にこんもりとまとめたものを作っていく。それを高温の揚げ油に入れてたえずかき混ぜる。じゅうぶんふくらんできれいな色になったら細かい砂糖をまぶして熱いまま供する」

『共和国の女料理人』(一七九四年)

グリンピース

ラ・ヴァレンヌは一六五一年に出した『フランスの料理人』の中ですでに「グリンピース」のポ

(26)「修道女のおなら《ペ・ド・ノン》」は18世紀には「修道女のため息」という魅力的な名前になるが、16世紀には「娼婦のおなら」だった。

タージュのルセットをのせていた。

「好みでバターを使ってポワールで炒めてから、結球レタスかスベリヒユと一緒に煮こむ。ブーケを入れてよく煮こみ、十分に味を調えたら、レタスを飾って出す。アスパラガスのように調理をして、クリームで味を調えることもできる。これについては先の『アスパラガスのクリームがけ』の項で述べてある」

『フランスの料理人』

しかし「半ブルジョワ風グリンピース」を味わうには、一七四五年まで待たなければならない。前のルセットを改良したものだが、二一世紀初めの今でも現代的意義をもっている。サヤインゲンで用いた卵のとろみづけをご賞味いただきたい。

「一リトロン半［約一・二リットル］のグリンピースを洗ってひとかけのバター、パセリ、ネギ、四分の一に切った結球レタスといっしょに片手鍋に入れる。とろ火にかけて材料から出た煮汁で煮る。

煮汁がほとんどなくなるまで煮たら、砂糖少々、細かい塩ほんの少々を入れる。卵の黄身二個とクリームを混ぜて入れる。火にかけてとろみをつけ供する」

『ブルジョワの女料理人』（一七四六年）

アルティショーのカルドン

じつはアルティショーではなく、アルティショーと近縁で同じ味がするカルドまたはカルドンを用いる。プロヴァンス地方の伝統料理となったこの調理は、クリスマスのメニューに欠かせないものである。

「もっとも白いものを選び、その繊毛をとりのぞき、さらす。さらしたら、塩、水、バターの塊、パンのクルートと一緒に煮こむ。煮上がったら大皿に盛り、白いソースを作って出す」

『フランスの料理人』(一六五一年)

ついでに、良き主婦のちょっとした機転に注目していただきたい。二重加熱し、最後の加熱で水の中にパン皮を入れるのは、野菜の白さを保ち、不快に感じられることもある匂いをまきちらさないようにするための工夫である。この方法はカリフラワーにも用いられている。

カリフラワー

「カリフラワーを使うには皮をとりのぞいて洗うこと。水に入れてしばらく加熱したら取り出して、水にとかした一匙分の小麦粉、バター少々、塩で作った白い水に入れて仕上げに煮る。煮えたら皿にのせ、「肉の日には」バター少々を混ぜた濃いスープ(27)、「肉絶ちの日には」ホワイトソースをかける。「アントレ」用には同じように作り、肉料理のまわりに盛りつけ、肉用のソースを上からかける。そこにもやはりバターを少量入れなければならない」

『ブルジョワの女料理人』(一七四六年)

(27)　肉汁またはロースト肉のフォンをのばす。

ついでに二度目に煮るときの小麦粉という秘訣に注目しよう。パン皮と同じように、白くするためと、嫌な匂いを消す働きがある。これがキュイソン・オ・ブランである。一匙の小麦粉は淡水魚のクールブイヨンでもすぐれた働きをする。バター少量をあわせたロースト肉のソースも賞味しよう。すべてがすでに完璧である。

魚類と海の幸

ザリガニのトゥルト

「塩、コショウ、ヴィネガーごく少々を入れてゆで、足と背をとりのぞく。下ごしらえをして(28)、十分新鮮なバター、マッシュルーム、入れるべきものすべて、きざんだパセリを忘れずにくわえて、ポワールで炒める。全体の味を調える。薄い生地でもパイ生地でもよいが、好みの生地にのせる。焼けたら、ザリガニの殻をつぶし、布で濾して作った赤いソースをそえて出す。ブイヨン数滴、若干の卵黄、ヴェルジュー一滴とナツメグを少々混ぜたものである。このソースをオーブンから出したトゥルトに注ぎ、出す準備ができたら、口を開いて出す」

『フランスの料理人』(一六五一年)

カキ

「ふつうは生のままかコショウをふって食される。貝のままグリルで焼くこともある。火にかけ赤く熱した窯べらをのせる。カキがひとりでに開いたら焼けている。カキのソテーとよば

(28) おそらく「皮をむく」ということだと思われる。

れる。

別のやり方で焼くこともある。

貝を開いて溶かしバター、コショウ少々、パン粉を中に入れる。グリルで焼いて赤く熱した窯べらをかぶせる。

『ブルジョワの女料理人』（一七五四年）

イシビラメ《テュルボ》とナノラビラメ《バルビュ》

ほかのやり方ではたいてい加熱しすぎになってしまうが、これはじつに美しく、おいしくて完璧な魚の調理法である。次のルセットが示すように、とろ火での適度な調理によって致命的な牛乳の沸騰を防ぐのである。煮汁があふれださないように、ブルジョワの女料理人は火力を調節しなければならない。「ソミュール」は塩水のことで、煮る前は牛乳と同じように冷たい。だから魚本来の味が生きるのである。

「いずれも同じやり方で調理する。魚が入る大きさのキャセロールにソミュールと牛乳を同量ずつ入れ、魚がじゅうぶん浸るようにする。ゆっくりと煮る。ふちまで煮立つ程度にする。そうしないと魚がくずれてしまう。指で押さえてみてたわんだら焼けている。布で汁をきり、パセリをまわりにそえて供する。ロースト肉の料理にあわせて」

『ブルジョワの女料理人』（一七五四年）

デザート

カス・ミュゾー

一七世紀末まで長きにわたって、多くのパティスリーには牛の骨髄が使われていた。試していただきたい当時の代表的なこのルセットは、リソル［パイ生地などに肉や魚をつめた半月形の包み揚げ］の一種である。

「牛の骨髄を用意する必要があるが、できれば親指ほどの長さがあるとよい。沸騰に近い湯にくぐらせたら、穴のあいたスプーンで取り出して少し水をきる。それをテーブルにならべ、塩漬けした香辛料か、塩少々とシナモン粉で味つけした粉砂糖をまぶす。

そのとき、じゅうぶん薄い折りこみパイ生地(29)の小さなアベスを手早く用意して、親指ほどの長さの牛の骨髄の先をひとかけら入れる。必要なら先ほどの味つけした砂糖をさらにくわえる。パイ生地を返す。くっつけやすいようにパイ生地の縁を少し濡らす。

カス・ミュゾーができたら、バターかラードで揚げるが、アベスを返すときにつぶれないようにしなければならない。揚がったら穴のあいたスプーンで取り出し、砂糖をまぶしてすぐに食べる」

『フランスのパティスリー職人』（一六五三年）

注意。「アベスabesse」というのは「アベスabaisse」［小麦粉を練り、めん棒で薄くのばした生地］のことである。生地をアベスとよぶようになったのは最近のことだが、つづりが混乱をまねいてい

(29)『フランスのパティスリー職人』には１リーヴルのやや堅めの良質バターで、折りこみパイ生地を作る完璧な方法がのっている（「塩からくしてはならない」）。

る。砂糖漬けにした羊のもも肉をつめ物《ファルス》にした、今日でも食べられている有名なラングドックの小さなパテと同じ系統に属するルセットである。かならずしも油で揚げていないことに注意していただきたい。

タルムーズ

これを作っているときっと楽しくなってくるはずだ。以下にいくつかの異なるルセットを年代順にあげる。

タルムーズの作り方。「たとえばこぶし二つ分位の新鮮で柔らかい、クリームを分離していないチーズ、一にぎりの特等粉、卵の黄身と白身、好みの量の塩を用意する。卵の黄身大の熟成チーズを乾燥させて細かくきざんだもの、あるいはやすりでおろしたものをくわえてもよい。これら全部を混ぜ、混ぜあわせた材料《アパレイユ》(30)を薄い生地のアベスに入れる。三つの角(31)があるタルムーズの形にして卵黄を塗り、かまどに入れる。タルムーズをいっぱいに入れないよう注意すること。中に入れたアパレイユがふくらんであふれだしてしまうからである」

『フランスのパティスリー職人』（一六六八年）

「キャセロールに一ポワソンの水(32)とバター半カルトロン(33)、塩少々を入れる。湯が沸いたら二匙分の小麦粉を入れ、生地がしっかりするまで溶く。火から下ろし(34)、生地が液状にならないで吸いこむ程度に中に溶かしこむ。続いてそこに水分をしっかりきった作りたてのフロマージュブラン（フレッシュチーズ）ア・ラ・クレームを生地に練りこむ。小さなパイ型を用意す

(30)　すでに現代的な料理用語が用いられている。

(31)　タルムーズは最初、小さな三角帽の形をしていた。菓子とその名の由来とされるオランダの伝統的な帽子である。

(32)　１ポワソンは液体の単位で、２分の１サンティエ、つまり８分の１リットルに相当する。

(33)　１カルトロンは４分の１リーヴル［500グラム］に相当する。

(34)　これは現代のシュー生地もしくはグジェール生地である。

る。そこに小さなパイの生地と同じ生地のアベス(35)を入れる。それを薄くなるまでたたく。それを四隅がはみ出るようにして小さなパイ型にのせる。小さな卵大のチーズ生地をその上に重ねる。折りこみ生地の四隅(36)でそれを包む(37)。かき混ぜた卵を塗って焼く。きれいな焼き色がついたら熱いうちにアントルメとして供する」

『ブルジョワの女料理人』（一七四六年）

ラムカン＝タルムーズ（アントルメ）。「シュー生地をもっと固く作る。レモンの代わりに約六〇グラムのチーズ（おろしたパルメザンとサイの目に切ったグリュイエール）、コショウはんの少々、砂糖を入れる。全部を一度に入れて卵をくわえる。それを板状のバターに重ねて卵黄を塗り、その上に小さく切ったグリュイエールチーズを置き、弱火の天火で焼く。パルメザンとグリュイエールの代わりに三七五グラムのフレッシュチーズと一二五グラムのブリーかそれに類似するチーズを使うときは、ブリーと同量のバターといっしょによくこねれば、かつてはよく知られていたサン＝ドニのタルムーズができる」

『田園と都市の女料理人（La Cuisinière de la campagne et de la ville）』（一八一八年）

サン＝ドニのタルムーズ。「ふるいにかけた一にぎりの小麦粉、三〇〇グラムのフロマージュ・ア・ラ・ピ(38)、一五〇グラムのきれいにしたブリーチーズ、塩を用意して全部をこねる。一二五グラムの溶かしチーズをくわえ、卵をくわえてふたたびこねる。生地を平らにしてタルムーズをカットし、強火で焼く」

『当代の料理（La Cuisine du siècle）』（一八九五年）

(35) …現代の「アベス」である。
(36) アベスは、かつては三角形だったが、今は小さな四角形にカットされている。
(37) これも現代の折りこみパイではないだろうか。
(38) クリームを分離して攪拌したフレッシュチーズ。

チーズタルムーズパイ。「平たい椀《セビル》かめん台の上に半リットルの特上粉を置き、フォンテーヌ［山高に置いた小麦粉の中央をくぼませたもの］を作る。中央に一リーヴルのヌーシャテルチーズまたはグラス二杯分の高脂肪性クリーム、上質バター一二五グラム、卵六個を入れる。一オンス［約三〇グラム］の塩もくわえるが、塩分を含んだチーズを使ったときはそれより少なめにする。全部を混ぜて生地を作り、タルムーズを型につめる。卵黄を塗り、中温の天火で焼く…」

『おいしい料理（La Bonne Cuisine）』（一九二七年）

人生の断面と断章

イングランドの女料理人への助言

字義どおりに受けとるべきではない。なぜなら著者は、のちにブラックユーモアとよばれるもののきわめつけの愛好家であるアイルランド人司祭ジョナサン・スウィフトその人だからだ。

「食卓へ出す皿の底を拭いて臺所《だいどころ》用の布巾を汚すのは不手際というもの。どうせテエブル掛が拭いてくれるんだし、テエブル掛は食事ごとに取換えるものなんだから。

炙串《やきぐし》は使ったあとで決して拭かないこと。残った肉の脂はいちばんいい錆止めになるし、今度使う時には、その脂が肉の内部に濕り気をもたせてくれる。（中略）煤の塊がスープの中に落っこちて、うまくとれない時は、よく掻き廻しておく。スープに高尚なフランス風の味がつく。

バタが解けても、心配はいらぬ。そのまま食卓へ出す。そのほうがバタよりもお上品なソースなんだ。

壺や鍋の底を銀のスプーンで擦ること、銅の感じをもたせるといけないから。

（中略）時間と手間をはぶくため、林檎と玉葱を同じナイフで切る。生れの好いお上品な方々は召し上がるなんにでも玉葱の味がするのをお好きなもの。

三、四封度分のバタを手でこねて塊にし、料理臺の直ぐ上の壁にぶっつけておき、必要に應じてちぎりとって使う。（中略）鹽《しお》に觸《さわ》る前に、三本の指を嘗《な》めて清めるのをわすれないこと」

『奴婢訓』（一七三〇年）(39)（深町弘三訳）

一八世紀のブルジョワの日曜日の酒盛りと田舎の宴会

「それに日曜日と祭日は、店が閉まるのでそれとわかる。朝早くから、小ブルジョワの人々がすっかりめかしこんで、急いで歌唱ミサに出かけていくのがみられるが、それはミサのあとの一日の残りの部分を自分の思うままにすごしたいからなのだ。彼らはパッシーや、オートゥーユ、ヴァンセンヌあるいはブーローニュの森で昼食をしたためる。

（…）裕福なブルジョワは、前日から市門の近くの、田舎の別荘に出かけている。そこに妻と、年かさの娘と、それに評判がいいか、それともまんまと奥様のご機嫌をとり結ぶことのできた場合

(39) 1997年10月18日刊ジョナサン・スウィフト『奴婢訓』。

の店の小僧とをつれていく。

前の日に、辻馬車いっぱいにあらゆる食糧品と『賢者亭』のパイなどを積んでもっていく。それは『いくぶんみだらな軽口』のかわされる一日だ。父親がいくつもの一口話《コント》をすると、母親が涙が出るほど笑いころげる。年かさの娘も少しくつろいで、いつもほどつんとしていない。店の小僧も、白い絹靴下とま新しい留め金を買っておいて、『いい男』などとよんでもらい、いろいろと気をきかせ、ご機嫌をとり結ぶためのあらゆる手を使うが、それは内心ひそかにお嬢様との結婚にあこがれているからである…」

『十八世紀パリ生活誌——タブロー・ド・パリ』（一七八一～一七八八）[40]

(40)　前掲書。

第3章　キュイジーヌ・ブルジョワーズの支配――一九世紀

新しい世紀になって変わったのは政治だけではない。産業革命が優位に立つ前に、なんといってもまず農業の発達がみられたのである。

当時の社会構造と概況

ブルジョワの世紀

一九世紀は第一帝政期の食糧難の中で産声を上げた。だがまもなくフランス全土で農業が発達をとげる。ときには小郡単位で広がっていた数世紀来の未開墾地が開発されて、小麦、ジャガイモ、テンサイの種がまかれた。テンサイは、経済封鎖によってフランスに入ってこなくなった外国産のサトウキビに代わるものだった。親類関係にあるルイ一六世とマリー＝アントワネットの死に衝撃を受けたヨーロッパの君主国が、革命期の闘争的なフランスに対して行なった経済封鎖は、アンティル諸島やナントで最後まで交易を続けていた奴隷商人たちには不利益をもたらしたが、フランスの農業や産業には結局のところ大きな貢献をすることになる。ボルドーにとって幸いなことに、ブドウ畑も大幅に拡大したのである。

王政復古初期の平和な時代はめざましい繁栄をもたらし、ナポレオンがアウクスブルクで勝利した一八〇五年に二九〇〇万人だったフランスの人口は、シャルル一〇世即位から二年後の一八二六年には三二五〇万人になった。庶民のゆとりをもっともよく示しているのが、一八一八年七月二九日の王令による貯蓄金庫の創設ではないだろうか。

ブルジョワジーの態度表明

この日付には一九世紀の精神がこめられている。実際のところ王権はこれによって労働に美徳と優位を認め、新たな世紀を経済と産業の時代にしたのである。それはブルジョワジーの価値観が認められたということであった。いってみればブルジョワジーがついに正式に権力の座についたのである。

権力の座は空いていたというべきである。貴族たちはアンシャン・レジームへのノスタルジーにひたり、前世紀の教訓も、苦しい亡命時代の教訓も学ぶことなく、社会の変化に参加しようともせず、貴族院でつかのま、羽根飾りの帽子を誇示したりする以外にはなんの働きもしようとしなかった。肩書きを必要としていた新会社の行政顧問におさまる図太い者たちもいた。実際には多少の例外はあるが、ベル・エポックの終わりまで貴族が誰かのために満足に働いたためしはなく、利益を目的としない趣味的で優雅な歴史探究以外に頭を働かせることもなかった。

したがって技術や経済、あるいは法律や財政の分野での新たなエリートたちは、当然のことながら旧第三身分[1]上層部の出身者たちだった。小売店主や事務員といった数えきれないほどの大衆がブルジョワジーにくわわり、一九世紀の活力の根源となるのである。

ブルジョワの哲学

当時のもっともすぐれた政治家であるフランソワ・ギゾーがこうした一団に投げかけた「労働と倹約によって金持ちになりなさい」という言葉は、彼が唯一国家の代表とみなしていた裕福で教養もある階級を象徴するものである。ブルジョワたちはほぼ千年前からそれを疑ったことはなかった。このあとふたたびとりあげるように、ブルジョワジーはそれを実践し、成功することによって敵を生み出してきたが、敵対者たちはあきらかにこの呼びかけの一部を削除して、冒頭の「金持ちになりなさい」だけを記憶にとどめたのである。

ところで立憲君主制を擁護するギゾーは、大革命によって獲得した自由と、フランスの伝統や秩序の尊重というブルジョワジーの二本の柱を両立させたいと考えていた。だがブルボン家には愛想をつかしていたので、一八三〇年七月、オルレアンのルイ＝フィリップ即位に奔走する。ルイ＝フィリップは、彼が思い描く経済的発展を保証する実業家ブルジョワ政権からの支持があった。残念なことに、一八四〇年から一八四八年にかけての信用取引の急激な増加は、労働者の欠乏状態を悪化させ、賃金を減少させた。だがじつはその一方で大ブルジョワは、労働者たちの働きのおかげで金を貯め、裕福になっていったのである。

(1)　じつは大革命前と同じように。

したがってこの典型的なブルジョワの世紀の特徴は、もはや生まれではなく――後述する特異な生涯の例が示すように、それはまったく平等というわけではない――資産にもとづいた新たな階級制が確立したということである。この「社会階級制度」はまだそうよばれてはいないが、都市の形態から住居の修復、さらには料理の内容や食事の仕方にいたるまで、日常生活全体を形づくっていた。

政治が食卓で行なわれていたころ

フランスではすべてがシャンソンで終わるといわれている。確かなのは、一九世紀が食卓からはじまったということである。

既成政権に反対する自由で知的なプチブルジョワや勤め人、工場労働者、手工業者など、社会党左派や中道左派、のちに共和主義者となる急進派を構成する人々が、太った大資本家たちをとって食おうとしていたなどと考えてはいけない。一九世紀のフランスは洗練されていたのであるから。

フリーメーソン各支部の後押しもあって、一七九〇年の公民の会食のような方法で、いわゆる改革派のエネルギーが改革宴会という名を冠した友愛の会食に結集し、おおいにしゃべり、おおいに食べたのである。自由であるはずのルイ＝フィリップの体制は政治的会合を禁じていたが、反対派は乾杯のあいさつの際に、自分たちの要求を表明することができた。

フランス人はともに飲み食いするのを楽しむ民族であるから、飲食の満足感を覚えているときがもっともコミュニケーションに適している。実をいうと、改革派の客一人一人に求められた寄付金がわずかなものだったので、その言葉がごちそう以上に感激させたのである。宴会のあけっぴろげの熱気は、根まわしにうってつけであるだけでなく、インスピレーションの源でもある。一九世紀

節度ある熱狂
街で開かれた共和国の祝宴に出かけたギュスターヴ・フローベールから、1847 年 12 月にルイーズ・コレ宛てに書かれた手紙は、あらゆる点で空腹感をにじませている。
「冷たい七面鳥と幼豚を前にして、いいところで(2)私の肩をたたいた錠前屋といっしょにすごした9時間の会合のあと、私は内臓まで凍えて帰ってきた…」

(2) 演説のちょうど盛り上がったところで。

はインスピレーションに満ちた時代であった。

最初の改革宴会は一八四七年七月、モンマルトルのシャトー＝ルージュの庭園で開かれ、八六人の国民議会議員と一二〇〇人の会食者が集まった。あるときはラマルティーヌ〔詩人、政治家〕、またあるときはルドリュ＝ロラン〔政治家〕に耳を傾けるといったぐあいで、地方でもかなりの数の会食が開かれている。会食の計画が禁止されたことにより危機的状況が生じる一八四八年二月一九日までに、パリでは七〇回の会合が開かれ、一万七〇〇〇人が集まった。この危機によってギゾーは辞職に追いこまれ、七月王政はついえたのである。

慣例となったこの会食は第二共和制および第三共和政になっても続けられた。第二帝政でさえこれを利用して国家の近代化をはかったのである。プチブルジョワや町の名士たちは世代をへても、あらゆる点で民間交流の最良のシステムであるこの会食が大好きだった。

しかし忘れてならないのは、ブルジョワジーの成功を祝うこの常設の宴会に、人口の大部分が招かれていなかったということである。王位にある君主――たとえばイングランドのヴィクトリア女王やフランスのナポレオン三世――が多くの時間をついやして大臣よりブルジョワ的であることを示そうとするほど、長きにわたりブルジョワジーが事実上支配したといえるこの世紀の終わりに、この新支配階級は新たな「階級の敵」となっていた。そして革命の芽はほどなく彼らを排除しようとしていた。

ゾラは『ジェルミナール』（『ルーゴン＝マッカール叢書』第一三巻、小田光雄訳）の中で「典型定な」ブルジョワの食卓につかせてくれる。エンヌボー夫人は、炭鉱経営者の妻であり、自分たちの邸宅で晩餐会をもよおしている。もちろんブルジョワ女性である。だがその晩は労働者街のストライキが「パンだ！　パンだ！」と叫ぶ暴動に変わってしまう。かなり厄介な事態である。

「『あやまらなくてはいけませんわ。私はカキを出すつもりでおりましたの…　ご存知のように月曜日にはマルシエンヌにベルギーのオーステンデのカキが届きますわ。だから女料理人に馬車で買いにやらせるつもりでしたの…　でも彼女が石をぶつけられるのが恐ろしくなったものですから…』

全員がおもしろげに爆笑し、彼女の話をさえぎった。その話を滑稽に思ったからだ。（中略）それぞれの皿を征服された町で略奪された残りものであるかのように迎えた。そしてこの強いられた陽気さの背後にひそかな恐怖があり、それは街道の方に投げかけられる無意識な一瞥に表われ、あたかも飢え死にせんばかりの一団が外からテーブルをうかがっているようだった。

トリュフをそえたかき卵の後で、川鱒が出た。会話は一年半前からの深刻な産業恐慌におよんでいた。（中略）沈黙につつまれた。召使いが山うずらの雛の焼肉を出し、一方で小間使いが会食者たちに赤ワインを注ぎはじめた。

『インドで飢饉があった』とドヌーランが小声で言った（後略）」

ロシア風サラダ（大流行の形を整えたサラダである）とザリガニのピラミッド《ビュイソン》盛りのあとで出された「メレンゲをかけて焼いた林檎のシャーロットを絶賛した」。それからパイナップルも美味だとほめた。「葡萄や梨は豊かな昼食の後の幸福感をさらに充たした。全員が優しい気持ちになって一斉にしゃべり、そのあいだに召使いがライン・ワインを注ぎまわった。あまりおいしくないと評されたシャンパン酒と替えるためだった」

一冊の本だけでは共和国の伝統となったこうした会食の例としてじゅうぶんではないだろう。一八八九年と一九〇〇年に高級ケータリング会社「ポテル・エ・シャボ」によって企画・準備され、供された、忘れることのできない「市長たちの祝宴」は注目に値する。これは現在も続けられ、パリ、モスクワ、北京等で上流社会の立食パーティが開かれている。

一八八九年八月、フランスと植民地の全市町村長が、政府が開催したシャンゼリゼ大通りのパレ・ド・ランデュストリでの大晩餐会に招かれた。実をいうと、サディ・カルノー大統領の招待に応じたのは市町村長の三分の一だけだったが、それでも一万一二八二人の市町村長が、バスティーユ攻略百周年を祝った。

一九〇〇年九月二二日には、万国博覧会と第一共和政の百八周年記念を祝う同様の集いがテュイルリー公園で開かれ、ルーベ大統領が昼食会を主催した。三万五〇〇〇平方メートルをおおう二つの巨大なテントの下に、長さ一〇メートルのテーブルが一二五台置かれ、二万二〇〇〇人のために二千人以上の使用人が給仕した。

だが最高記録は、社会共済連合がシャン＝ド＝マルスのガルリ・デ・マシンで開催した二度の祝宴である。一九〇四年一〇月三〇日の第一回は三万人、一九〇五年一一月五日の第二回は四万人以上の共済組合員たちが最後の一大行事に集まった。それはこの種の会食の最高記録であり、一九世紀に別れを告げる最高のお祭り騒ぎだった。

世紀が人を作る

バルザック、フローベール、ゾラ、モーパッサンなどの小説家は、時代の証人として、フランス社会を構成するさまざまな一族についての民族誌学的研究を、ありのままの状態でわれわれに示している。世界を自分に似たものにしようとしている新しいタイプの人々、つまりブルジョワたちの、ときにはぞっとさせられ、ときには感嘆させられる情景は、誰にとっても興味深いものだった。一九世紀はたしかにすべてがフィクションである。だから文学が自然主義的になる。

現代というものが作り出されつつあるこの時代には、小説のモデルにこと欠かなかった。そういう人物はうようよしていて、おそらくそのために、肖像作家たちの筆の動きはより速く、より鋭く、そして辛辣になっていったのだろう。あたかも急いで全体像を把握しようとしようとするかのように。ドストエフスキーでさえも、この動きにしばらくひきこまれていた。人物描写が冷笑的で現実に近い状況設定で書かれた『冬に記す夏の印象』という意外な作品を読み返すべきである。主人公はブリブリという名で、マビーシュの夫である［いずれもブルジョワが愛情をこめて夫や妻をよぶときの言い方］。ラビッシュやオッフェンバック、あるいはもう少しあとのフェイドーやクルトリーヌの喜劇から抜け出たような人物である。

アンリ・モニエは絵や文章をとおして、一九世紀のもっとも成功したブルジョワの典型であるジョゼフ・プリュドムという人物を後代に伝えた。

たしかにその肖像は「戯画化」されたものである。描写に誇張があるからだ。その容姿はすでに見たように、南仏の人々に顕著な「黄金腹」とよばれるような丸くふくらんだ腹を、懐中時計のチェーンが締めつけている。言葉づかいは宴会の美辞麗句でつちかわれた常套句や突飛な比喩に満ちている。

しかし時代遅れになったジュルダン氏に代わって新たなブルジョワの原型とされたのは、財政省の臨時職員で、国民軍の司令官だったモニエ自身の父親の特徴なのである。凡庸で、自分や自分の生活に満足しているが頭の中身はからっぽである…　「いやいや」と、ここでドストエフスキーが優しくさえぎる。「一般的にブルジョワは愚かではない。だが考えが偏狭なのだ…既成概念にこり固まっている…」

親子代々の商人

「まずはじめにシュヴェありき」。それがこの世紀の冒頭句となるだろう。これほどこの世紀を表している人物はあまりいないからだ。

ジェルマン・シュヴェはもともとパリ南郊バニョレの園芸家で、バラを栽培していた。マリー＝アントワネットのお気に入りの業者であり、大革命初期の困難な時代に、王妃に花を納入しつづけた。それは王妃がテュイルリーの囚人となり、コンシエルジュに移っても変わらなかった。支払いをするための個人財産はもうなかったので、無償で届けたのである。残念ながら困窮の時期には花束を美しい紙や入念に選んだリボンで包むのはあきらめるしかなく、再利用の印刷物を使った。あいにくそうした印刷物は、王党派の誹謗文書や扇動的な声明文だった。この安上がりの包装材が、新たな権力者たちに見とがめられてしまう。

そしてシュヴェは一七九三年に逮捕され、革命裁判所に召喚された。しかし、この忠義な園芸家の一七人の子どもたちが孤児になれば、国家が面倒を見なければならなくなると心配した市民判事たちは、すぐに彼を釈放した。ただし国家の裏切り者であるバラはひき抜いて、実直なジャガイモに植え替えるよう命じたのである。実際のところ、新体制下の最初の料理書、すなわちすでにとりあげたメリゴ未亡人のジャガイモに捧げられた料理書はよく売れていたのに、地方での生産はまったく不足していた。とくに数年前の反啓蒙主義の時期にけなされたジャガイモは、陳列台から消えてしまっていたのである。革命裁判所はもちろん気づいていなかったが、ジェルマン・シュヴェが王妃の花屋をやめたとき食料品の新時代が切り開かれた。要するにそれはもうひとつの革命だったわけであるが。

祖国思いのジャガイモは、貴族への道にも、この律儀な花屋の土地にも分け入ることができなかった。シュヴェはまもなくこの不毛の地をすてて、妻と一七人の子どもたちをつれてパリに向かう。パレ＝ロワイヤルのモンパンシエ回廊に部屋を借りて、シュヴェ夫人が屋台で小さなパテを作り、子どもたちがそれをもぐりで売った。

まさに遊びの殿堂であり、恋愛が金銭で売り買いされるこの街区には人々がひしめいていた。遊んで、買って、寝たあとは空腹になる。はやりのレストランはまだ開いていなかったので、シュヴェ夫人の小さなパテは飛ぶように売れた。世紀が変わって生活環境は悪化していたが、巧みに困難を切りぬけた元花屋の小さなパテ《フリヤン》はいつでも栄養があっておいしかった。シュヴェはみごとな甲殻類、おいしいソースに漬けた新鮮な魚、そして天国の食べ物のような素晴らしい果物をバスケットに入れて配達もしていたが、それもおいしかったことはいうまでもない。

まもなく、このおいしい闇取引きによって彼はふたたび刑務所に入れられてしまう。だが今度は一七人の子どもたちだけでなく、ひいきにしてくれる客たちも押しかけた。子どもたちが同情を集める一方、ひいきの客たちは顔が広くて金離れも良かったので、この人類の恩人はすぐに釈放された。こうして彼は国民公会も、執政政府も軽々と通り抜けたのだった。新たな世紀がはじまり、屋台は大きな店にとってかわった。おそらくシュヴェが専売権をもつ、フランス各地や外国のこのうえなく美味な食品がそこにあふれていた。シュヴェはフォークを手に、扱い慣れた実り豊かな果物をそえたおいしい料理を配達していたといわれている。

現在残っているのは一八五二年にまだパレ＝ロワイヤルにあった店を、のちに描いた版画だけである。「シャルトル柱廊」には、「シュヴェとボーヴェ」という二つの看板がかかっていた。ボーヴェは娘婿である。とはいえ伝説となった最初の名だけをしるす習慣も残っていた。当時の代表者シュヴェ二世は、食品で飾られたバビロンの門でポーズをとっている。一八三二年にコレラで早世した創業者のあとを継いだのは、フランス大革命の直前に生まれた第一七子だった。

シュヴェのメニュー、というよりカタログはたちまち大規模なものになり、フランスやヨーロッパの風味豊かで味わい深く新鮮なあらゆる産物が掲載される。それはまさに当時の偉業であった。

上層ブルジョワ、金融資本家、政治家、パリの名士、著名人（帝政時代の公爵夫人から売れっ子の高級娼婦まで）が上品な宴会にならべる料理は、シュヴェ王朝が供給する生産物以外には考えられなかった。その他の乾物屋や果物屋や惣菜屋はささやかな商売をしながらこの世紀をのりこえた。フランス銀行の顧問であるマレの一族もそうだった。

バルザックの登場人物であるパリの大香水商セザール・ビロトーも、レジヨン・ドヌール受勲を祝う舞踏会を引き立てるアスパラガス、イシビラメ、ザリガニを、シュヴェの店で注文せずにはいられない。一八九〇年代には、プルーストのヴェルダン夫人がそこで買い物をする。というわけでこの章全体をとおしてシュヴェに出会うことだろう。

前途有望な若者

一九世紀半ばには、パリ近郊にあるアルパジョンのつましい耕作者の息子もいた。畑仕事をするにはあまりにも小柄で虚弱体質だったが、文才があったので、父親は学校の教師の助言にしたがって息子を地方の公証人に預けた。公証人は彼に執行謄本を一日中書き写させた。

フェリクスという［ラテン語で幸福を意味する］名前にもかかわらず、彼はすぐに不幸にみまわれる。ほんの少しの自主的行動も認められなかったので、公証人の仕事に嫌気がさしてしまったのである。フェリクスはアイディアにあふれていた。とりわけ商売にかんしてそうだった。たとえば公証人の顧客である善良な卸売業者たちに、商人の使命はたくさん売ることであり、たくさん売るためには安く売らなければならないと説いている。

そうして彼は路頭に迷うことになるが、それをいいことに彼はパリの街角を調べまわり、第九区のコクナール通り(3)で小さな貸店舗を見つけた。彼が開いた香辛料店は、その値段ですぐに多くの顧客をひきつけ、一八四四年末には一万フランの利益がもたらされた。二四歳のときである。彼は妻をめとることにしたが、妻にした女性は一万フランの持参金ももたらした。夫婦はこのちょっとした財産を上手に使ったので、すぐにサン＝ラザール駅近くのロシェ通りにあるもっと大きな香辛料店を手に入れることができた。

最初の年には、ポタン家の売上高は一日で三千フランに上った。大きな建物の二階のアパルトマンを借りるかわりに、若い二人は店舗の奥の中二階で生活した。もっと安く売ることのできる商品を作れると考えたからである。まずはチョコレートを製造した。そして一八五九年に最初の支店、ブルヴァール・セバストポル店(4)を置いた。それから一〇年後の戦争直前には、売上高は六百万フランに達していた。ところがフランス・プロイセン戦争で事情が一変する。

一八七〇年の経済封鎖の際にはその看板が国家の誇りとなる。パリ中の商店が値段をつり上げたが、フェリクス・ポタンはそうするかわりに、配給チケットを配ることにしたのである。だが彼は驚くべき方法で食糧を仕入れていた。パリ植物園に二頭いる象のうち一頭を、パリのすべての支店で一週間のうちに売りきったのである。大量の肉を売りさばくと、今度は最小限の愛玩動物やネズミが消える番だった。このささやかな肉を売ったことについて、彼はずっと否定してはいたが。

フェリクス・ポタンは戦争が終わったばかりの一八七一年に、若くして世を去った。息子のジャンが後を継ぐ。ベル・エポックの時代には、パリでも、地方でも、「いちばん良い品をいちばん安く提供する世界一の食料品店」という彼の店の宣伝文句が叫ばれていた。

(3) 現在のロディエ通り。
(4) この店はスーパーマーケット・チェーンのモノプリになったが、かつてのペディメントを残している。

一九世紀はシュヴェのペディメントからはじまった。この洗練された仕出し屋は、第三共和政の出現後は長生きしなかった。反乱者の処刑命令をたたえる祝宴の料理を、ヴェルサイユの指導者たちに提供したことが災いしたのだろうか。この世紀はフェリクス・ポタンのよく知られた看板のもとで終わりを告げる。病弱だった若者が、集中仕入れセンター、流通システム、カタログ、ブランド、目玉商品、スーパーマーケット、フランチャイズシステムといった現代の食品業界にみられるものをすべて生み出したのである。

だが今度は彼の星が千年紀の終わりに消えることを予想していただろうか。彼のなじみ客だったブルジョワたちの子孫は、カートでセルフサービスの陳列棚をまわり、冷凍食品のブランケット［子羊のクリーム煮］を入れていくのである。

ブルジョワの空間

一九世紀にはもう発見すべき大地はほとんど残っていなかった。しかしそれをものともせず、人々はあらゆる策を講じていく。すなわち鉱山を開発するためにもっと深く掘っていく、時間短縮のために陸地に穴をあけてパナマ運河をとおす、歴史のある「国」に新しい名前と県という新しい図面を与え、鉄道のレールを敷いていく等々。

しかしブルジョワジーがもっともはっきりした痕跡を残したのは、じつはいちばん身近な場所だった。その定義自体からして、彼らが主人である場所、つまり都市である。

パリ攻囲

このタイトルを掲げた回想記の中でフランシスク・サルセーは、自分の犬の串焼きを食べたあと皿に残った骨を見てこう叫んだあるブルジョワのことを伝えている。「なんと残念なことだ！　このかわいそうなフォックステリアはごちそうを食べられたかもしれないのに！」。サルセーは新聞の風刺画のことも伝えている。「（風刺画家の）カムは夫を激しく怒っているブルジョワ女性を描いている。『なんですって！　あんたは肉屋に娘を嫁にやるって言ったの？』『そうともさ！　なにしろ羊のもも肉のためだったんだ！』」

あつらえ向きの都市

ヴァルター・ベンヤミンがのちにパリを「一九世紀の首都」とよんだように、この時代を代表する都市はパリだった。もちろん、オスマンによって大改造が行なわれたが、パリの近代化は第二帝政期の大改造だけでなしとげられたものではない。皇帝ナポレオンはすでに一大プロジェクトを計画していたし、市民王ルイ＝フィリップはルイ・ブラン〔社会主義者、政治家。ルイ＝フィリップを退位させた二月革命後の臨時政府に入閣〕が言っていたように「左官用こてが好きだった」。だからといって容赦はされなかったが。

「古いパリはもう存在しない！　都市の形は移ろう、ああ！　人の心よりも速く」とボードレールは嘆いていた。景観が変化しただけでなく空間全体が大きく変化してさまざまな運命を映し出す。社会のあらゆる階層がかかわりあって都市の空間を適切に保っている。

カルティエ

新しい大通りを作るために都市の大改造を行なったのは、景観をよみがえらせるためだけではない。いつの時代にも出現したあの小さなバリケードを作らせないように空間を開けるためだけでもなかった。このバリケードは新政府の高官や財界人の心配の種であり、実際に多くの政権を失脚させてきたものである。

それは空間に新たな機能を与える手段でもあった。つまりそれ以後、人々の住む場所が、その人の暮らしぶりや社会的地位をおおまかに伝えるものとなったのである。人々はカルティエごとに集まるが、どこに住むかは、かつてのように職業活動の専門性によってではなく、富裕さの度あいによって区別される。

たとえばパリでは一八六〇年以後、ぞっとするような「小ポーランド」カルティエがとり壊されて、その残骸の上に豪奢な一七区が建設された。かつてそこでは貧困とユダヤ人大虐殺からのがれてきた中央ヨーロッパからの移民が無為な生活を送っていたのであるが。一方マルゼルブ、ヴィリエ、モンソーなどは、実業界の雄や財界の大ブルジョワジーのネオゴシック様式やネオルネサンス様式の邸宅を連想させる。中心部の古いカルティエ、あるいは逆に周辺地域には、いまも勤労者たちが住んでいる。

最後に、パリ近郊の都市圏やほとんど農村のような小さな村には、ブルジョワの有名な別荘があり、そしてしばしば人々を圧倒する。都市の小さな城館のようなその別荘には、いまや時代錯誤となった叙爵への憧憬を示す小塔がみられることもある。

パサージュ

この時代のもうひとつの落とし子であるパリのパサージュは、われらがブルジョワが理想とする都市の縮図であり、より快適に、長い時間買い物ができるように、屋根でおおわれている。実際のところ首都の小売店主たちは商店街だけでなく、華麗なパサージュ・デ・パノラマや、世界一大きい金塊を何か月も陳列していたパサージュ・ジュフロワなど、大通りにはさまれた数多くのパサージュにも商品をならべていた。

当時はとてもにぎやかだったこの場所は、今ではすっかりさびれてしまったが、現代のショッピングセンターを先取りするものだった。高級店やレストランやカフェが軒をつらねていたフランス大革命後のパレ＝ロワイヤルがそうだったように、アーケード街になっている。

第二帝政期の初めには、六区の古いカルティエにあった「ポン・ヌフ」とよばれるパサージュのように、みすぼらしいパサージュもあった。ゾラは『テレーズ・ラカン』でそれを次のように描写している。「せまくてうす暗い一種の廊下のような路地で、これがマザリーヌ街とセーヌ街をむすんでいる。(中略)敷石でしきつめられてはいるが、黄色になり、すりへっていて、ところどころがくぼみ、いつも気持が悪いほどじめじめしている。この路地の上はガラス屋根になっていて、直角の天井で、これがよごれで黒ずんでいる。(中略)左手はうす暗い店がくぼんだようにたちならび、天井が低く、ひしゃげていて、地下室からはつめたい空気がもれてくる(後略)」(小林正訳)。実在したこの悪臭を放つ狭い道は、今ではジャック=カロ通りになっている。

一九世紀は都市の空間と同時に家庭空間も、社会と個人にかかわる変革を示している。とはいえ家庭空間については、新たな世紀まで決定的な改善はなされなかった。

マンション

ほかの地域と同じようにパリでも、水道・ガス・電気という近代的設備を配給する驚異的な技術が、現存の家や建設中の家にいきわたるのを待ちながら、大都市のブルジョワジーは、財力にしたがって二重の意味でカテゴリー別の住居に住んでいた。しかもそのカテゴリーは最上級から最下級まであった。

最上級はすでにめずらしいものになった邸宅だが、より一般的なのは、社会的階層とは反対に、階が上がるほど快適ではなくなっていく賃貸マンションである。だから不動産業者のこんな格言があった。「階が上がれば上がるほど、階級は下がる…」

小売店主たちは、商店街の一階を飾りながらも、じつは中世なみの環境であることもしばしばである最悪の場所に住んでいた。善良なブルジョワはみな歴史的にもともと商人だったというのを口実に、ささやかな商業活動を行なっているのを盾にして、下品すぎる食物はともかくも口にせず、民衆とは一線を画したブルジョワ階級に属することを熱望し、その最下級を占めていたのである。

　バルザックの『セザール・ビロトー』の主人公のような品のいい大商人は、ブルジョワらしく中二階か、店舗と独立した二階を占め、しがない小売商は店の奥の通路かアルコーブのようなところに住んでいた。風通しは悪いが、光が少し入るガラス窓のうしろである。すでに見たように、駆け出しのころのフェリクス・ポタンが住んでいた場所がそうだった。店舗の奥の部屋《アリエール・ブティック》とはまさにそのとおりで、私生活の大部分の時間はここですごす。商人言葉で「おかみさん《ブルジョワーズ》」とよばれる妻の用意した食事をとっていたのもそこだった。

　陰気なパサージュの描写を前の個所で読んだが、エミール・ゾラはそこで読者をテレーズ・ラカンに出会わせている。一八六七年に発表された小説では、テレーズ・ラカンはこのパサージュで小間物店兼洋品店を営んでいる。ゾラが「ロケハン」を行なった実在の商人なので、小間物商ラカンは建物の一階にあった店の写実的な描写を提供している。ラカン家の人々は読者の視線を上の中二階に向けさせる。「貴婦人」の母はちょっとした年金を得ていて、息子のラカンは事務所に勤めて百フランの月給をもらっている。家政婦が一人。「二階の間取りは三部屋である。階段[5]は客間兼用の食堂へ通じている。左手の壁のくぼみには瀬戸物のストーヴ、正面には食器戸棚があり、壁にそって椅子がならんでいる。円テーブルが部屋の中央を広くしめている。奥にはガラスの仕切りの向こうに暗い台所がある。食堂の両隣りがそれぞれ寝室になっている」

　都市の発展にもかかわらず、都会的だがつつましい住まいはまだ衛生管理がほとんどいきとどいていない。生活するいくつかの部屋、そして台所はとくにひどい。肺結核には、最高にぜいたくな

(5)　店の奥にあるらせん階段。

肉のブイヨンよりも、衛生、太陽、新鮮な空気、ビタミンがいい薬になるということはまだ知られていなかった。

所有権のあるアパルトマンとよばれるものがここに示されている。道路に面して高い位置にある部屋は光がよく入り、社会生活のために割りあてられた空間を明るく照らしている。そしてそこで客を迎えるのである（後述個所を参照）。中庭に面した寝室はそれほど重要性をもっていない。マルセル・プルーストの『ゲルマントのほう』は、こうしたアパルトマンをみごとに描き出している。それなりの人数の召使いによって、それなりに守られた控えの間を通りぬけた客は、家の主人との親しさの度あいによって、客間あるいは寝室に通される。

また、若いマルセルのアパルトマンは多くの点で本書の主題の代表例となっている。この小説の最初のところで、新たな社会的階層にくわわることになる主人公の人生の局面を画するように、両親が引っ越しをする。老女中フランソワーズはそれまで住んでいたカルティエについてこう打ち明ける。「私たちがこれまで住んでいた大通りでは息がつまるかと思った、そこへ行くのにすっかり『とまどって』しまった、あんなに不便な階段を見たことがない、あんなところには、『帝国をゆずる』といわれても、住みには帰らない、そして、何もかも（つまり料理場と廊下のことなのだが）、ずっとこんどの家のほうが『勝手』がいい」（『失われた時を求めて』、井上究一郎訳）。しかし主人公は、窓から身をのりだしさえすれば、社会全体を観察することができた。中庭には建物と衣類をつくろう店を見張る守衛がいる。遠くの方には、彼の饒舌な想像力をかきたてる霧につつまれて、「伝説」のゲルマントの住居を構成する建物群の中心部分が見えていた。

中空に位置するブルジョワのアパルトマンは活動に捧げられた生活を表すものだった。つまり収入を得ている外側の部分は人々が近づきやすく、内側は誰でも入れるかわりにすくなくとも見守られている。しかし、同時に自分自身の中に閉じこもってほかの空間、すなわちより気高くてより洗練された世界を夢見るのである。そこから永久に外側の活動にのがれられるかもしれない。まさにブルジョワの理想である。

上に上れば上るほどアパルトマンは狭苦しくなる。つまり居住者の収入はだんだんささやかなものになっていき、ついには小さな部屋、つまり女中部屋がならぶだけになる。それは建物の監視下（上の方には人が入れない）、あるいは雇い主の監視下に置かれた共同大寝室、つまり若い娘の寄宿学校か独房のようなものである。作業場やデパートの屋根裏部屋にも、これとまったく同じ形態がみられる。こうした天井部屋に魅力を見いだすのは次の世紀になってからのことである。それぞれの世紀にはその時代のノスタルジーがある。その部屋で「ミミ・パンソン」［ミュッセの短編小説に出てくるお針子娘。あるいは歌劇「ラ・ボエーム」の原作となったアンリ・ミュルジェールの小説のヒロイン］の小さなアパルトマンや、天才的で、やせこけて、呪われた若い詩人たちを想うのである。

食糧供給

中央市場《レ・アル》の散歩

皇帝ナポレオンは新しい世紀にふさわしいパリ中央市場を再建しようと決めた。だが歴史上のなりゆきで一八五一年から一八五七年にかけてこの計画を実現したのは、甥のナポレオン三世だった。建築家のバルタールはそこに一二棟のみごとな鉄骨の建物を建てた。

中央市場はまさに「パリの胃袋」であり、ゾラはそこを舞台にして忘れがたい一大絵巻を描いた。全国いたるところから大量の食糧が届き、ほどなくして首都のあらゆる食料品店の棚にならべられたのちに、人々のメニューにくわえられた。中央市場はパリの心臓でもあった。パリの中心にあるこの活気に満ちた騒がしい工場は、ふつうのパリの人々の一日とは少し時間のずれた、独自の法とリズムをもった都市のようだった。そこには、賃金を求めて働く未熟練労働者たち――「徒刑囚」、身元を隠そうとする前科者、女衒と娼婦――や、「パリのならず者たち」とつきあうために小さなレストランに着飾ってやってきたブルジョワたちが入り混じっている。中央市場の小さなレストランはのちにはやりのカフェレストランに変わる。人々から経験的知識を得ようとおしのびでここにやってくる、たとえば『パリの秘密』のロドルフのような大公殿下を描いた作家たちもいる。このように中央市場は長きにわたって、首都全体をにぎわすエネルギーを送り出す場所でありつづけた。

市場《マルシェ》めぐり

とはいえパリの人々は、地方の町や村に住む人々と同じように、今もある臨時あるいは定期的な市場《マルシェ》で生鮮食料品を買っていた。もっとも高級な市場、つまり値段が張るのはサン＝トノレ、サン＝ジェルマン、マドレーヌの市場で、もっとも庶民的で安いのがサン＝マルタンの市場だった。

市場は長いあいだ身分の低い人が出会う場所だった。ここでは、いろいろな「屋敷」の使用人たちが出会ったり、貴重な情報を交換したりすることができた。それになんといってもしばし田舎を思い出させてくれる場所だった。地方なまりや、郷土の産物の匂いで田舎を思い出して涙を流したかもしれない。さもなければオーヴェルニュの炭焼き人とかブルターニュの女中などが、結局パリ暮しは田舎ほどきつくはないと思いなおして元気をとりもどしたかもしれない。

乾物屋《エピスリ》、ブルジョワのモラル

フェリクス・ポタンが運よく推進者となって食品産業が発達したとはいえ、家庭用食料品の小売商は香辛料商《エピシエ》とよばれつづけた。一九世紀は食品にかんする異国趣味が歴史上もっとも下火になっていた時代であったにもかかわらずである。もちろんコショウやクローヴ、ナツメグは使われているが、外国人嫌いのブルジョワの家庭料理でソースに入れられたのは塩以外ではほとんどそれくらいだった。

ナポレオン時代以後、塩は、エピシエによって売られていたマッチや小売りの灯油と同じようにふたたび税金の対象になった。復活した塩税はド・ゴール政権時代までなくなることはない。

ブリキ製の缶詰（一八二二年にナントの糖菓販売人ジョセフ・ムーランがオイルサーディンを発明した）や、麻袋で保管されているため生豆または自家焙煎で小売りされるコーヒー、包装されて売られた最初の製品であるチョコレート、まずパンに使われる砂糖、瓶入りオイル、工場生産のビスケット、マカロニ（ブルジョワは腎臓肉、クネル、トリュフ、鶏冠などを使った「マカロニのタンバル」を食べなければならない）、豆類など、あらゆるものを小売りで買って、エピスリの名が書かれた灰色の紙に包んでもらっていた。

「エピスリへの遠足」

一九世紀末期の一八八〇年ごろ、「実物教育」と道徳教育の魅力的な本が出版された。赤い布張りに三方金装本で、学期末の賞品として授与された。タイトルは内容がよくわかる『乾物屋への遠足（Excursion chez l'épicier）』というもので、想像以上にまじめなものだった。著者はブルジョワの顧客や、とくにブルジョワ家庭の使用人を遇する正しいやり方を次のように説明していた。

「金利生活者の妻は小役人の妻以上に敬意を求める。第五区の主婦は少しの気づかいで満足するが、第一区の『貴婦人』、あるいはその向かいの家の門番の女にもけたはずれの敬意をはらわなければいけない。鋭い牙と毒舌があるから丁重に扱うほうがいい。そのたびごとに言葉使いと態度を使い分けながら、素人目に気づかせないようにするには繊細さと機転がたいそう求められる。

ここに大勢の女中たちがいる。最初の女中は二番目よりもはるかに『重要』であり、二番目は三番目よりも重要である…　若い店員は彼女たちをドキッとさせるような目配せをして、色男ぶった言葉をかける。そういう言葉をいつもたくさん用意しているが、目つきや声の調子や言いまわしはさまざまである。得意客の『社会的立場』を考慮するすべを知るのが腕の見せどころであろう。（中略）そしてジョゼフィーヌ嬢やジャネット嬢やカトリーヌ嬢はうっとりして、女主人にここで買った食料品のすぐれている点をほめそやす。くずしか買っていなくてもである。（中略）

突然しんと静まり返って、そのあとに微笑みとひそひそ話が続く。ほとんど尊敬に近いあいさつの会釈をしている。その顔からは快活さが消えて、まじめに何かを考えている風に見える。上流家庭の女料理人、料理の達人《コルドン・ブルー》が歩いてくる。オリュンポスの階段をのぼる女神ヘラよりもおごそかに店の中に入ってくる。急いで近づいてどんな希望にも答えようとし、へつらい、お世辞を言い、神託を伝える女預言者の言葉をきくように、感嘆して耳を傾けている。店員たちは彼女が年寄りなのはわかっているが、虚栄心をくすぐるために大声で「マダム」とよぶ。マダム・ブリジットやマダム・ロザリーはほかのなによりもパテのために肉をひいてもらうのである。（中略）

積極的に行動しなさい、未来のエピシエたち。行動と発意がなければ、教育はただの理論家か、せいぜい役に立たないうぬぼれた衒学者ばかりを生み出すことになる。だが商売は君たちを行動する人間にするだろう。フランスが必要としているのはそういう人間であり、それ以外ではない…」

ここに一九世紀の精神のすべてがある。その成功の秘密は、のちの世代がエピシエに対してずっといだきつづける軽蔑の秘密でもある。たしかに今日でもこんな表現を耳にするのはまれではない。「あいつは俗物《エピシエ》だ」

ブルジョワ風に食べる——秩序を尊重するもうひとつの方法

外で食べる

レストランはこの時代にパリで生み出されたものである。それ以後人々は、もっぱら楽しみのためにに自宅以外で食事をするようになった。ブルジョワは、もちろん懐具合に応じて選んだレストランにかようのが好きだった。「古女房《ボボーヌ》」といっしょに（めったにない）、あるいは「いかがわしい女」といっしょに（よくある）。あるいはたんに男同士で。家族でレストランに行くことはなかった。

当時花開いたレストランをみごとに描いた作品は数多い。もっとも有名なレストランはもちろんもっとも高級なレストランであり、慎重に設定された高い値段でも、平方メートル単位で高級娼婦《ココット》が居ならぶその上品ぶった態度でも、プリュドム氏には手がとどかないものだった。つまりこうした店も、厳格な階層化に応じたものだったといえる。

晩餐をとるレストラン

「人々が晩餐をとる」パリの有名なレストランはとくに都市の中心部、つまりパレ＝ロワイヤルにあった。もっともパレ＝ロワイヤルはこの世紀のあいだに徐々にその輝きをうしなっていき、大通り、というより新たな高級街、つまりリシュリュー＝ドルーオ交差点からショセ＝ダンタンにいたるまでのグラン・ブールヴァール地区に中心が移っていく。オスマンの事業は一部の小さな通りを消滅させたが、この新都心に「ステータス」を与えた。

いまも有名な「グラン・ヴェフール」は、フランス大革命が勃発したころからパレ＝ロワイヤルにあった。最初は「カフェ・ド・シャルトル」という名前だったが、ヴェフールという人物が豪華な店に変えたのである。五〇〇ものメニューはとりわけルイ＝フィリップ時代のブルジョワをうっとりさせた。同様に、「ヴェリー」では有名なカキソースのイシビラメ《テュルボ》が人々を魅了する。ちなみにイシビラメ《テュルボ》はブルジョワの会食の頂点に位置するものだった。

大通りといえば、店内に滝や湖がある豪華な「グラン・カフェ・パリジャン」をどうしてもあげておかなければならない。豪華さでは引けをとらない「カフェ・リッシュ」は政治家レオン・ガンベッタのお気に入りだった。パリでいちばんぜいたくな場所である「メゾン・ドレ」や「シェ・ビニョン」にも足を運んだかもしれない。ひなびたシャン＝ゼリゼにあった古いパブも忘れてはいけない。ドワイヨンという人物がその店を高級レストランに改装し、そしてそこで新規まきなおしをはかったジョゼフィーヌがナポレオンを魅了したのである。一八一五年にコサックたちが去ったあと、廃墟になった建物が、古代風の建物に建て替えられた。その冬の庭園は、パレ・ド・ランデュストリの「絵画サロン」の見学にやってきた教養ある人々のティーサロンになった。

食事をするレストラン

それよりずっと数が多くて、パリ中に散らばっているのが、「人々が食事をする」レストランであり、つましい勤労者の食欲に答えるものであった。しかしそれだけではなく、そのころ鉄道の「終着駅」から大量に吐き出されていた地方や外国からの旅行者の多くも、そうしたレストランで食事をしていた。

高級レストランは「晩餐をとる」ところであり、名士たちを囲むエレガントでグルマンな夜会のために、ますます人であふれていた。だが必要に迫られて昼食をとりに来るのは、ショーウィンドーに無邪気にこう書かれているようなその辺の店である。「この店では家庭と同じような食事ができます」

用心深い民衆は、伝統的で経済的なおいしい料理が食べられることうけあいの「キュイジーヌ・ブルジョワーズ」という看板を好んだ。脂肪分の多いソースは、パンきれで皿をぬぐいながら食べられたので、最小限の出費で満腹することができた。

こうしたレストランの一部はいまも存在している。たとえばレ・アルの「ファラモン」は、有名なカーン風トリップ・ア・ラ・モードなどを宅配してくれる。「レスカルゴ・モントルグイユ」や、「カロ・パン」、「ボファンジェ」など多くのカフェレストランも残っている…　けれどもいまでは夕食よりもむしろ昼食をとるようになっている。料理はより洗練されて、値段も昔より高くなっている…　こうした場所は二一世紀の「トレンディ」な人々にとって流行の先端を行く場所になっている。

安食堂《ブイヨン》

独身者たちにとってうれしいことに、もっと安くてシンプルでおいしい一五軒の安食堂《ブイヨン》のチェーン店があった。第一号店は肉屋だったデュヴァルによって一八六七年に創立され、最初は牛肉のブイイや子牛の頭のヴィネグレットなどを出していた。「ドイツ式」冷却システムという新しい設備のおかげで、食品の新鮮さが売り物だった。ブイヨンの無視できない魅力は、女給仕《セルヴーズ》たちがなんと貴族のメイドの格好をしていたことである。

定時定食《ターブル・ドート》

ガストロノミーが専門の魅力的なベルギー人古本屋ジャン・レオは、『ブリス男爵、第二帝政期の美食家（Le Baron Brisse,un gastronome de second Empire）』という、実際の資料にもとづいた面白い本を書いた。ジャン・レオはこの味わい深い伝記によって、太鼓腹をした本物の英雄といっしょに、最高級から最底辺まで、外食する場所へと読者をつれていってくれる。

この雄弁で卓越したガイドに従おう。「第二帝政期にある種のレストランが増加した。それが定時定食《ターブル・ドート》である。人々はそこで決まった時間に食事ができる。ふつうは六時だった。客は一人あたりで支払う。パンと水はとり放題である。コーヒーとリキュールは当然のことながら別料金である。ルイ・デノワイエ［フランスの版画家］はこう書いていた。〝定時定食《ターブル・ドート》は猛烈に腹をすかせた者たちの乗合馬車である。飢えた宿なしたちも乗りあわせてくる〟。一八五五年の『旅行者ガイド（Guide du Voyageur）』は〝もしおいしい夕食をとりたいなら、そしてあやしげな連中と同席したくないなら〟警戒するよう忠告している」

定時定食《ターブル・ドート》は、バルザックが『ペール・ゴリオ』（鹿島茂訳）で描いている、ヴォケール未亡人が営んでいるようなスタイルの家庭的なまかないつき下宿、すなわち「メゾン・ブルジョワーズ」の魅力になっていた。客たちは大きなテーブルを囲んで皆同じ料理を食べるが、「人間喜劇」で辛辣に表現されているこの下宿の料理ほどまずくはなかった。テーブルには「ロウ引きのテーブルクロスをかけてあるのだが、そのテーブルクロスときたら、長年の垢が積もっているので、下宿せずにまかないだけを契約している一人のひょうきんものが、指を鉄筆のように使って、そこに自分の名前をきざみこんだほどである（中略）片隅には番号入りの仕切りのついた箱があり、下宿人たちが、汚れたり、ワインの染みがあったりするナプキンをそれぞれしまえるようになっている（後略）」（『ペール・ゴリオ』）

この種のサーヴィスの評判はこのような例をあげられて傷ついたが、しかし最盛期には、オスマンによってオペラ大通りが貫通するまでリヴォリ通りにあった「ル・グラン・トテル・デュ・ルーヴル」のターブル・ドートのような豪華版もあった。大きなテーブルをならべた立派な広い食堂に三百人以上の会食者を集め、一八六四年にはこの最高級のサーヴィスがついたディナー一回で八フランしたが、希望者が多すぎて前の日に予約しないと席がとれないほどだった。

「ロテル・デ・プランス」はその名が示すように外国の王族たちも迎え入れていた。ウジェーヌ・ラミーの絵は、ターバンを巻いたアラブの富豪が、彼にふさわしい豪華なターブル・ドートに近づいていくところを表している。

ふつうのターブル・ドートの席は一フラン八〇支払わなければならなかった。もちろん、たとえばマルティール通りの一フラン五〇のように、もっと安いものもあった。知的な独身者たちにも手がとどく、セルパント通りのラ・パンシオン・ラヴールのように「文学的な」ターブル・ドートもあった。ここにはブリス「男爵」とともに、作家や画家や左翼活動家の卵たちがかよっていた。

ジャン・レオはパンシオン・ラヴールの土曜日の伝統的メニューを伝えている。「ポロネギのスープ、赤キャベツのベーコン炒め、焼き色をつけてレアに仕上げたヒレ肉のオーブン焼き、タラのミトリダテ、味のよいボジョレーワインをそえたおいしい料理である」。よく気のつくコック長のギュスターヴ・ガルランは、有名な『ボンヌ・キュイジーヌ（Bonne Cuisine）』という本でターブル・ドートのメニューを紹介しているが、これはもちろん六、七フランはするメニューだった。

地方にはとくに出張販売員のためのまかないつき下宿のターブル・ドートが戦後もあったが、海岸沿いには質素な行楽客向けもあった。一九世紀は、ときには定められた時間より長引くこともあったのだ。

まかないつき下宿

「ヴォケール夫人は旧姓ド・コンフラン、四十年来、パリでまかないつき下宿屋を営んでいる老婦人である。下宿屋は学生街カルティエ・ラタンと貧民街フォーブール・サン・マルソーにはさまれたヌーヴ＝サント＝ジュヌヴィエーヴ通りにあって、ヴォケール館という名で知られていた。男でも女でも、若者でも年寄りでも、だれかれとなく差別せずに受け入れていたが、それでいて、好ましからぬ噂が立ったためしはなく、まっとうな宿としての評判を得ていた。（中略）外の通りからは中門をくぐってこの小道に入るようになっているのだが、その中門の上には看板が一枚掲げてあって、〝ヴォケール館〟と大書したその下に小さく『まかないつき下宿、男女その他をとわず』と書いてあった」（『ペール・ゴリオ』）

バルザックは小説の中で「その他」とは誰をさすのか説明していない。ヴォケール夫人の下宿人たちは、程度のさまざまな中層ブルジョワジーに属しているか、または過去に属していた人物たちである。学生、未亡人、金利生活者、そういった人々がそこそこ快適な部屋を借りて、懐具合に応じて三食または二食をとっていた。要するにこれはかなりひどいほうで、パリにはすくなくともあらゆるタイプの「まかないつき下宿《パンシオン・ブルジョワーズ》」が百軒近くあった。地方のどんな都市にもあり、独身者や使用人のいない一人暮らしの人々には便利だった。

消極的な登場——外国料理

第二帝政三周年を記念して一八五五年にはじめて開催され、世界を驚嘆させた万国博覧会によってますます多くの外国人が殺到し、善良な地元市民に、カレー、クスクス、ピラフなど外国の新しい食べ物や料理を伝えた。だが専門のレストランができるのはもっと先のことである。ただしイタリア料理店は二軒、証券取引所とイタリア大通りのあいだにあった。

義兄弟で運営する有名な店「レ・フレール・プロヴァンソー」は、パレ＝ロワイヤルのボジョレー回廊九八番で創業した。そしてこの世紀の初めからパリの人々に、タラのブランダードやブイヤベースの味を伝えている。だが郷土料理にかんしては長いあいだ孤軍奮闘の状態だった。ロワール川の北側に住む人々のあいだでは下品な食べ物とされたトマトが、ニンニクのように家庭料理に広く使われるようになるまで、まだ何世代もへなければならなかった。しかも、「レ・フレール・プロヴァンソー」は一八七〇年の戦争とそれに続く飢餓の時代を生きのびることはできなかった。

テーブルマナー

「招待日」

小間物屋ラカンの店の典型的な内部の記述を思い出すと、ほとんどブルジョワとはよべないようなラカン家に台所と食堂があったことに気づく。食堂についてはあとでまたとりあげるが、応接室つまり客間もかねている。したがって訪問者は家族全員の公生活ないし社会生活を意味していたということである。そしてほとんど神聖な「招待日」――とくに訪問客のために割りあてられた週の決まった日――の儀式は、一九世紀の上層ブルジョワの特徴のひとつだった。『ゲルマントのほう』で登場人物たちの招待日を描いた味わい深いページを読み返していただきたいが、それは貴族のあいだで行なわれていた儀式をまねたものであり、客間で行なわれていたものだった。すくなくとも食堂で行なわれることはなかった。

この「招待日」の習慣は、上流に属することをひけらかしたい小売店主たちにもすぐに広まった。客間がない時には食堂で行なわれたのである。「招待日」はまさに儀式であった。確認の儀式であり、人を迎え入れる儀式である。あるひとつのグループの緊密な結びつきを確認するものであった。その頃からお茶を飲みながら行なわれるようになったので、食事の儀式になっていた。つまり軽食とシロップとレモネードとクッキーの儀式である。あの悲劇が起こる前のラカン家はブルジョワの社会生活を遊び半分に楽しんでいた（私の曾祖母の言い方である）。彼らはある「招待日」に客を迎える。三人の客である。それが彼らが迎え入れることのできる限度だった。四人目の客がやってくるとき、悲劇が起こる。

ゾラはこのように語っている。

「七日に一度、木曜の夜、ラカン一家はお客をよぶ。食堂の大きなランプをつけ、ヤカンを火にかけて紅茶をいれる。これには話せば長い因縁話がある。この夜はほかの日の夜とはうって変わって、この一家のしきたりからすれば、ひどく陽気な、世間なみの酒宴のつもりだった。寝るのは一一時になる。（中略）

七時になると、ラカン夫人が火をつけ、テーブルのまんなかにランプを、脇にドミノの道具をおき、食器戸棚にしまってある茶道具をふく。（中略）集まりの人数がそろうと、ラカン夫人が紅茶をつぎ、カミーユがドミノの箱をロウびきの布のうえにあけ、みんなは勝負に夢中になる」（『テレーズ・ラカン』）

「招待日」の儀式は午後に行なわれていた、つまりお茶を飲む五時である。だが勤労者たちは夕べにお茶を飲みながら音楽を演奏したり、歌ったり、おしゃべりをするほうが好きだった…　そして話すことがもうなくなると、トランプやロトなど、何人かでするゲームに打ち興じた。それは皇帝や皇妃のいるテュイルリー宮殿とまったく同じであり、そこではお茶も出された。夜にお茶を飲むと眠れなくなると考える習慣はまだなかったからである。

食堂

食堂といえるものはじまりは一八世紀末とされているが、この専門化された部屋に専用の家具が置かれ、全体的なまとまりをもつようになるまでには、ゆうに二世代を必要としたのである。

ルイ＝フィリップの時代にブルジョワ文化が花開いたとき、じつは食器棚《ビュッフェ》はまだなかった。収納家具として整理戸棚や民芸調の食器戸棚《バユ》や、二、三の扉と引出しのあるアンフィラードを使っていた。この家具は明るい果樹材製で、時代がかったものだったが、余裕があれば上部にはやりの黒大理石をとりつけることもできた。

次の世代は当然のことながら、両親のこうした家具を不快で田舎臭いと思ったのである。アンリ二世時代か遅くともルイ一三世時代の古い様式で彫刻されたオーク材が、シックなものとされた。多少なりともぜいたくなもの、多少なりとも威厳のあるもの、多少なりとも陰気なものとされたのである。

食器棚《ビュッフェ》は上下に分かれるものと、棚の上にのせるタイプがあり、とびきり美しい皿や錫製品などがならべられていたに違いない。さらに、ガラス張りの小さな整理戸棚には、中世の飾り戸棚のようにその家の宝物、つまりカットグラス、コーヒーカップやティーカップ、祭日のデザート用テーブルウェア、そうしたものがなければ（吹いて作った）ガラス製品などを陳列していた。拡張式の大きなテーブルの上では、錬鉄製や、銅製、金めっきした青銅製などの重いつり下げ照明器具が光を放っていた。石油ランプはやがてガス灯になり、そして白熱電球の時代を待つことになる。これらがナポレオン三世時代の小ブルジョワジーにとっての、理想的な食堂の要素だった。

衛生学者や礼儀正しい「忠告好き」――有無をいわせない多くの「伯爵夫人」たち――は、三〇年近くにもわたって、シンプルで簡素なブルジョワらしい装飾を強く勧めていた。ランガード博士(6)もこう言っている。「食卓をきちんと整えることから（中略）注意をそらすべきではない」。家庭的な食事を囲む気の置けない雰囲気は、裕福な家でも貧しい家でも、フランスでもイングランドでも、非難されることはないに違いない。イングランドではヴィクトリア女王時代に、みだらであるという理由で椅子の足まで布でくるまれていたにしても。

すでに一八六〇年ごろ、ヴォケール夫人やラカン夫人のようなプチブルジョワの家では、食

(6)『生活必需品と快適さの条件（Les Besoins de la vie et les élément du bien-être)』

堂のテーブルがロウ引きの布でできたテーブルクロスで飾られていた。古くからあったこの麻布はまず船員たちの防護服に用いられた。このころはまだ亜麻仁油を煮た塗料を塗ってから、七、八回乾燥と研磨をくりかえしたものが使われていた。

ランガード博士らはさらに、第三共和政時代の初めに次のように勧めている。「食堂の壁に油絵を描くか、中間色のタピスリーをかけるとよい。あるいは風景や静物などごくシンプルなテーマが描かれた装飾用のパネル画ならなおよい」

裕福なブルジョワジーは、こうした意気消沈させる忠告にはあまり耳を傾けずに、板張りの壁や、金で引き立たせた暖色の型押し皮を飾った壁の間で食事をするのを好んだ。足元には、床に鋲で打ちつけたモケットか、さもなければワックスをかけた寄木張りを暖かい雰囲気にしてくれるオリエントの大きな毛織のじゅうたんを敷いた。さらに部屋の調和を保つためには、ルイ一六世時代風で気品があり、支配階級にふさわしいマホガニーの家具が必要だった。ヴィクトル・ユゴーは『レ・ミゼラブル（Les Misérable）』でこう書いている。「ペール＝ラシェーズに埋葬されるのは、マホガニーの家具をもつようなものだ」

ロシア風サーヴィス

一九世紀が終わるころにはあらゆるものが進歩をとげている。つまりすべてが単純化された。気どった日のためのテーブル・サーヴィスでさえもそうだった。ヴェルダン夫人によれば、カレームによって非難された饗宴でのロシア風サーヴィスが、フランス風サーヴィスに対して優位に立ったおかげで、もっと簡単に上流階級「らしくふるまう」ことができるのは、たいへん喜ばしいことであった。

ロシア風サーヴィスは、クラーキン公爵が一八一〇年六月にクリシー城での晩餐会でパリのお歴々に披露して以来、「ロシア風」とよばれるようになったものである。それまでは中世以来、サーヴィスごとに、用意した料理をすべて一度に芸術的にならべていたので、会食者はそこから自分で選ぶしかなかった。一方ロシア風サーヴィスは、現在知られているように、一皿一皿の料理を温かい状態で、また必要があれば配膳室で切り分けて順番に出していくものである。この方式だと会食者は自分に出された料理を自分でとって食べられる。

同様に、グラスも(一人一個のみ)かつては砕いた氷を入れた磁器か金銀製品のグラスかごに、逆さにして置いてあった。会食者が飲み物を頼むとそのたびに召使いがワインを注いで差し出したのである。ロシア風サーヴィスによって、次々に出される飲み物に合わせてサイズの異なるいくつかのグラスが皿の前にならべられているという形が慣例になった。そしてクリスタルガラスでのサーヴィスが大衆化された。

テーブルウェア産業

マルセイユ、ルーアン、ムスティエなど、フランスのファイアンス陶器の由緒ある中心地はフランス大革命で衰退したが、小さな陶器製造工場は活力のあるところを示していた。生活環境をもっとよくしようと考える一般家庭がますます多くなったことが、その起爆剤となったのである。飾り気のない庶民的なファイアンス陶器は、上品な人々の趣味に合わなかった。幸いなことに、産業の時代が家庭に奉仕することになる。つまりテーブルウェアを提供するのである。

時代の証人である作家たちは、同時代の主人公たちの家財道具についてはほとんど情報を与えてくれていない。だが、先ほどのラカン一家のようなパリの善良な人々が、たとえば象牙色の素地に青緑の装飾をほどこしたショワジー＝ル＝ロワ［パリ南郊の町。ルイ一五世の居城跡がある］製の大皿や取り皿やスープ鉢をもっていたと考えるのを妨げるものは何もない。少し財力があれば転写法の絵柄で縁に細かいフリーズ模様がついたもの、もっと裕福な人々には手書きでより大きな模様のあるものをもっていたかもしれない。

工場は一般にパリ近郊にあり、最初は小規模だったのが、一九世紀の半ばには重要な地位を示すようになっていた。そこでは「陶製パイプ」とよばれるイングランド風の繊細なファイアンス陶器を手ごろな値段で買うことができた。たとえば一七九七年創業のオワーズ県クレイユの工場は、近代的な運営で市場の推進役を果たしていたが、一八四〇年にヌムールに近いモントローの工場と合併した。どんなブルジョワのテーブルにもかならず、クレイユ製の絵模様が入った皿、黒か灰色の印刷がほどこされた皿、型染めで色が引き立てられた皿などがあった。印刷と転写はクレイユで発明されたものである。クレイユ製はこの世紀とともに姿を消したが、フランス東部にはリュネヴィルやロンウィ、サルグミーヌがあり、さらにロワール河畔のジアンや、ディジョン近郊のサランもあった。

もちろん上層ブルジョワの料理長が作るえり抜きの料理に使われたのは、硬磁器のリモージュや、伝説化した青い最高級軟磁器のセーヴルのような磁器だけである。

こうした上品なテーブルウェアには、紋章がなければ家族の名前の組みあわせ文字がつけられていた。そもそもは、このようにして世襲の日用品や銀製のテーブルウェア、もちろんリネン類、鉢カバー、植木鉢にいたるまで、すべてのものに印をつけるのが、パリや地方に住む人々の習慣だったのである。相続する際に、周知徹底するためである。

カトラリー

銀製品をもつためにはある程度の財産がなければならなかったので、裕福ではない人々は以前のように鉄や錫のナイフやスプーンやフォークで我慢していた。裕福ではなくても、洗練された人々は伝統的な金銀細工の古典的なスタイルを踏襲する。それが「フィレ」や「ユニプラ」というモデルであり、代々伝えられ補充されて今も用いられている。

一八一九年、リヨンに住むマイヨとショリエという二人の仲間が銀のイミテーションを発明し、「マイヨショール」と名づけた。それは銅とニッケルと亜鉛の合金であり、柔らかいものだった。その後、一八四二年に幸運にも、シャルル・クリストフルという名の金銀細工師が、その二年前にフランス人ド・リュオルとイングランド人エルキングトンによって同時に発明された手法を実用化した。電気めっきによって金属に銀めっきをほどこすというものだった。

それは一八世紀の「プラケ（銀張り）」や「ドゥブレ（めっき細工）」よりはるかに素晴らしいものだったので、一般家庭にとって許せる範囲の出費でも、めっきであることにまったく気づかれなかった。ジョゼフ・プリュドム家やフヌイヤール家は、招待客を迎える日や婚約パーティで、「それらしく」ふるまえるのを楽しみにしたことだろう。だが問題も生じてくる。結婚祝いの贈り物の価値が言われたとおりのものか注意深く確かめなくてはならないし、たとえばオディオとかフロマン＝ムリスという製作者のマークが入って規定どおりに目打ちされたナイフ・フォークセット（一ダースまたは二ダース、三ダースの五本食器セット）や、砂糖つかみやマッシュ・ア・ジゴ［もも肉を切り分けるときに骨をはさむ道具］と、このなんでもないものをとり違えないようにしなければ

『ジャンとイヴォンヌ、1900年の召し使い（Jean et Yvonne, domestique en 1900）』(7)

このタイトルの回想録で、ポール・シャボは邸宅と大量の銀製品を所有する幸福な主人に仕えていた両親について語っている。
「銀製品の手入れはたいへんな仕事である。きらめく銀の大皿は、長い時間をかけてそれを磨き、つやを出し、鏡のように輝かせてきたことに少しの疑いもいだかせない。奇跡の薬はない。あるのはただ、エネルギーと泥灰土と油なめしスエード羊革だけである」

(7) ロマルディ版。

いけない。もっとも陛下もクリストフルを購入されていたのだから、示しがつかないというものである。

プリュドム夫人やフヌイヤール夫人が、半分は押しつけがましく、半分はもったいぶって「わが娘《マ・フィーユ》」とよんでいたなんでも屋の女中や女料理人は、「休み」時間中でもなにか磨いていなければならなかった。偽物は本物よりいっそう目をくらませなければならないからである。

食卓用布類

リネン類については、ブルジョワほどではないにしても、フランス家庭の自慢の種として、前世紀と同様の位置を占めていた。亜麻あるいはこのころになると木綿製もあるが、それなりに上質のテーブルクロスやナプキンは、あいかわらず純白で、きちんと番号が入っていて、白に白を重ねる以外には刺繍も装飾も許されてはいなかった。

家庭の台所

台所は社会階層の象徴のひとつであり、おそらく典型的な象徴であった。なぜならブルジョワ階級だけにかぎっても、金持ちの有閑階級、名門の子息、あるいは仕事帰りのホワイトカラーといったカテゴリーのいずれに属するかが、皿の中身によってはっきりと示されていたからである。しかもこれから見ていくように、二通りのキュイジーヌ・ブルジョワーズが存在していた。ひとつはファミリアルあるいはドメスティック（この言葉は家を意味するラテン語のdomusに由来する）、もうひとつはガストロノミックのキュイジーヌ・ブルジョワーズである。しかしいずれもまだ台所をもっているかどうかにかかっている。というのも後者はなんといっても使用人が絶大な影響力をもっているからである。

世紀が進むにつれてコンディションについても進歩した。ここはあえてこの言葉を使わなければならない。当時は奉公をはじめることを「コンディションに入る」と言っていたからである。つまり、コンディションとはブルジョワ家庭の使用人のことだった。実際のところ、第二帝政期以降、女料理人など使用人の女性たちは、プロとして、さもなければすくなくとも才覚のある者として認知され、敬意を受けていた。

イングランドでは最上級のミドルクラスに仕える女料理人は昔から多かった。イングランドのもっともすぐれた君主が女王たちであるのは事実であり、一方フランスでは女性の王位継承権を否定するサリカ法典が上流社会の配膳室でも順守されていた。ただ庶民の家庭料理だけはずっと以前から女性つまり主婦の特権であった。

料理における男性優位

すくなくとも料理における男性優位を主張していたのは、女性をできるだけ厳しく規制しようとしていた社会である。たとえば一八九四年にフィルマン＝ディド社から出版された『一九世紀末の食生活（La Vie à table à la fin de XIXe siècle）』の著者シャティヨン＝プレシスは、もったいぶった発言をしている。

「現代においてよい女料理人はめずらしくない。だがしばしば、倹約のために彼女たちにシェフの代わりをつとめさせているのがその理由であるのは残念なことだ。誤った倹約が原因なのであるから。

確かなのは男の料理人が重要な食卓にもたらすことのできる本質や形態の魅力を、女料理人がもたらすことができないということである。職業というものには男だけが立ち向かうことのできる骨の折れる仕事があり、また女にはできない創意工夫という要素もある。とはいえ、聖職を尊重し、芸術の勝利のために戦って勝利した現代のゾフィーに敬意をはらうのを妨げるものは何もない。この料理界のジョルジュ・サンドが、文学界のジョルジュ・サンドより多いということはほとんどないが、それでも真価を解する人の尊敬を受ける権利を有していることに変わりはない…」ともかく、どうもありがとうと言っておく。

回想録を残したフィレア・ジルベールは、一八九〇年代のすぐれたシェフであり、専門誌のジャーナリストでもあった。『料理術（L'Art culinaire）』という専門雑誌を主宰していた進歩派の社会主義者は、ためらうことなくこう書いている。「女性はこのような過酷な仕事をするために生まれてきたのではない(8)。女性がこの公共の建物に入るのを永久に禁じている厳格な法律を定めた勇気ある法律家に拍手と感謝を贈る」。彼はレストランのことを言っているのである。そしてこうつけくわえている。「料理が女性にとって本能的な科学であることをわれわれは否定しないし、一度も否定したことはなかった。しかしこの本能がいつも知識の不足を補うというわけではない。知識は結局のところ経験と実践の結果である。科学の研究は、彼女たちの管理をシェフに託すことができる財力があれば必須のものではなくなる。しかし財力がなく、一定の期間がたったら内部の運営を彼女たちが一手に引き受けなければならないのであれば、欠くことのできないものである。こうした目的で料理の講義が家政学校のプログラムに導入され、また学校を離れた若い女性たちのために理論的な料理についての無料講座も創設された」

(8)　ごく最近まで、そして一部の文化ではいまも力仕事や汚い仕事が「弱者」といわれる性に属するものだった、あるいは属するものとされていた。女料理人はかつて「下女」とよばれていなかっただろうか。

影響されやすい令嬢たち

ジルベールにほぼ匹敵する名声があったシェフのアンリ＝ポール・ペラプラは、たしかにその経歴の大半を、一八九〇年に創立された料理学校で若い娘たちの指導をすることに捧げていた。その著書はなんと現在も売れつづけているという。ギュスターヴ・ガルランは一九八一年、フランス料理協会とともに、ボナパルト通りにプロの料理学校を開こうとしたが、その計画は男子だけを対象にしたものだった。女子がプロの料理人になれるとは思ってもみなかったのである。まもなくこの計画はとん挫する。パリ評議会によって約束された助成金が入らなかったからである。

幸いにも学芸振興協会と、ガス・ド・フランスの前身であるパリ・ガス電気会社がそろってこの事業を引き受けてくれた。まさに実証主義の時代だったのである。一八五四年のミュンヘン産業博覧会でのドイツの例にならって、首都パリのガス当局者たちは、貧しい若い娘たちのためにガスレンジの前で行なう無料の料理講座に融資した。講座はデュペレ街一四番地と、カトル＝セプタンブル街二八番、そしてサン＝ジェルマン大通りで開かれた。利他主義からだろうか。というよりむしろ奇跡のエネルギーをもっと売るために将来にそなえたいという立派な心がけからだろう。社会事業の見せかけの裏で、この教育は潜在的な買い手のために巧みに科学的な実地指導を行なっていたのである。これについてはジャガイモのスフレのところでまたとりあげることになるだろう。

前例はじわじわと浸透していき、助成金を受けた無料講座がパリ郊外や地方でも開かれた。申し分のないお嬢さまたちは寄宿学校で、将来一家の主婦になる教育を受ける権利を有していた（そもそも野菜の皮むきよりは花束を作ったり刺繍をしたりしていた）が、そうでない人々にも初等教育が義務化されたのは、ジュール・フェリー［第三共和政下で首相をつとめた］のおかげである。

そして「職についた」善良な娘たちはしだいにガルランの料理書のように明確に書かれた料理書

を理解できるようになった。その多くは最終的にブルジョワの女料理人に出世している。ポール・シャボ(9)の著書からの引用がそれをよく示している。このシーンは一八八二年、イヴォンヌがまだ一八歳のときのことである。「ダニエル家に入ったときのイヴォンヌは、料理の初歩しか知らなかった。洗練された食卓に慣れ親しむ機会もなかった彼女には、学ぶべきことがたくさんあった。多少は料理の才能があるなんでも屋の女中だった彼女は今や、グルマンで要求の多いブルジョワの食卓の責任者になっている。

当初からダニエル氏は満足を示していたので、おそらく彼女は勘が鋭かったのだろう。試行錯誤の日々を重ねるうちに、彼女は各人の正確な味覚をとらえることができるようになった。ダニエル氏は香辛料によって味を引き立たせたソースと、香辛料と、しっかりソースに浸った肉が好みだった。「料理の見た目はまず最初に私の食欲をそそるものでないといけないよ、イヴォンヌ」。失敗をしたのかと心配になったイヴォンヌは料理書のページをめくって、ノロジカのもも肉を調理するこつや、ノルマンディ風雄の若鶏、シタビラメのクルスタードなどの作り方を見つけるのである。

生活水準

一家の母が刺繍ではなく自分でスープや煮こみ料理を作るというからには、庶民か下層ブルジョワに違いないのであり、ごく低い階層に属する女性の野心は掃除婦をもつ女主人から、なんでもする女中をもつ女主人になることである。なんでもするというのは、料理もするということであり、いずれは料理の達人《コルドン・ブルー》になってもっぱら料理だけを作る道が開かれていた。

家政婦は「ほかの使用人を雇えるほど裕福ではないが、彼女なしですますほど貧しくはない

(9)　198ページのコラム参照。

人々の使用人である」と、『一八四〇年、フランス人によって描かれたフランス人（Les Français peints par eux-mêmes, en 1840）』の中でシャルル・ルーゲは述べている。

当時の女中は、一日数時間しか働かないときは時間給で支払われていて、月に二五フランほどだった。鉄道会社で働くラカンの息子が一〇〇フランしかもらえないと愚痴をこぼしていたことを思い出そう。

地方の女中はもちろんパリの女中よりも給料は少なかったが、地方の女中の生活水準のほうが我慢できるものだった。誰もがバルザックの『グランデ』の下女ナノンや、フローベールのフェリシのように、台所から家畜小屋まで（あるいは主人の寝台まで）自由にこき使われていたわけではない。

たとえばここに、帝政時代の将軍の妻[10]でもあった私の曾祖母の、収支と「レセプト」の帳簿がある。彼女は「一八一二年六月六日にマーストリヒト[11]のリゼットを、サン＝レミの日[12]まで六エキュの基本給で」雇った。将軍夫人は目ざとかったので、七月一六日に「紛失した亜麻の長靴下代七二マール」を彼女の給料から天引きするとしている。

オリーヴオイル、強い安酒、氷砂糖で「つやのある葉巻を作るルセット」と、アジアンタムシロップ、蜂蜜、キナ皮、ボルドーワインの「三日熱または四日熱の薬」のあいだで、この用心深い曾祖母は「カトリーヌ夫人」の収支を丹念にたどっている。こちらは腕のいい女料理人だが、一八一二年八月の給料は四エキュ四マールという信じられない額である。この給料からさらに差し引かなくてはならない。「水浴一回…四マール、外科医（予期せぬ水浴の説明だろうか）…六マール、薬代…五マール、壊したしびん…三〇マール、同じく手つき壺…一五マール」

(10) ドストエフスキーはこう書いている。「ブルジョアは、ちょっと気どった言い方をしはじめると、かならず mon épouse［モン・エプーズ、私の家内］と言うのである。その他の社会の階層では、どこでもふつうに使われているように、あっさりと ma femme［マ・ファム］――私の妻、ということになっているが、大多数の、そしてまた格調の高い表現を好む国民精神に従ったほうがどうもよさそうである…」（『冬に記す夏の印象』、小沼文彦訳）

(11) 当時ムーズ川下流域に一時的にあったフランスの州［フランスの傀儡政権下で作られたネーデルマース州］の州都だった。

(12) 10月1日。

概略の説明を終えるにあたって知っておいていただきたいのが、乳母のコルネリアのことである。のちにフランスの貴族院議員になったエクトルの栄養補給に重要な役割を果たした人であり、一八一三年八月一六日、月額二クローネ半で新生児に授乳しにきている。

それから数世代をへた一八九〇年に、家系のもうひとつの系統、つまりマルセイユの教養ある大ブルジョワの流れをくみ、画家のアルフォンス・ムートの妻であるムートおばあさまが、新聞社を経営するジャン＝バティスト・トゥーサン＝サマの妻である私の祖母に、自分の女料理人をゆずった。ローズという名のその料理人は、二〇年前、孤児院で修道女たちからしっかりした教育を受けていたときにムートおばあさまに雇われたのである。ローズは一九〇〇年まで料理人をしていたが、もう一人の孤児ジャンヌが一八歳であとを引き継いだ。ジャンヌはそれから七〇年後に、身体不随の暴君のようになってその生涯を終えた。つまり良家の女料理人がどんなに長く自分の女主人に仕えることができたかということである。

雑誌と広告

ローズは「コルドン＝ブルー」とタイトルのついたノートの表紙に、きれいな白い縁なし帽をかぶった自分の写真を貼っていた。そのノートに、知人から（たとえば一八九六年にマエ嬢から）託されたルセットや、おばあさまの女性誌からとりいれたルセットをほとんどまちがいなく書き写していた。それはローズのために買っていた隔週誌『ル・ポ＝ト＝フ（Le Pot-au-feu）』や、その少しあとの、あらゆる観点から見てこの世代に深く愛されていた『家庭婦人（La femme chez Elle）』といった雑誌である。

名高いシェフであり、「実用料理」の教授でもあったシャルル・ドゥリサンは、『ル・ポ＝ト＝フ』

のコラムにこう書いていた。「私は、次のようにアドバイスいたします。ルーとミート・エッセンスを『フォン・ド・キュイジーヌ』となさい。専門家がエスパニョルやヴロテを使うところはルーを使えますし、ミート・エッセンスは、古典的なミート・ジュースのように、ソースを濃厚にできます。その結果できる料理は、多少、繊細さに欠けるかもしれませんが、手早くできて、実際的だという利点があります。さらに、ミート・エッセンスが上質ならば、ストック（ブイヨン）の代用品としては、水に優ります。私自身は、リービックを使っています（リービックは、リービック男爵が十九世紀初めに発明したミート・エッセンス）」（『食卓の歴史』）

スティーブン・ネメルは『食卓の歴史』(13)の中で、このような雑誌がすでにイングランドにあったと述べている。一八五二年にビートン夫妻が刊行した『イングランド女性の家庭雑誌（The English woman's Domestic Magazine）』は「社会的地位が上昇しつつあった実業家や専門職業人の妻たちに、手引き書を提供しようとした」ものである。彼はさらにこう指摘している。「輸送と配給の発達はまた、食品業界に影響を与え、食製品が、（中略）宣伝される必要を作り出した。（中略）雑誌は、経済的に、広告にいっそう依存するようになった。この依存性のために、コラムは、ある程度まで、広告を反映するようになる」（『食卓の歴史』）そして、それはすでにはじまっていたのである。

台所

老朽化した当時の多くの住居にある小さな台所は、窓がなくて明かりが食堂からしか入ってこないため、かなり暗いことが多かった。台所があるだけでもまだ恵まれているのである。だから換気については問わないでおこう。給水についてもである。それにしても、どうしてフランス語では

(13)『Français et Anglais à table du Moyen Âge à nos jours』フラマリオン社、パリ、1987年。

食事の支度をする場所《キュイジーヌ》と食事を加熱調理する方法《キュイジーヌ》が同形異義語になっているのだろう。英語ではキッチンとクッキングでわかりやすいのに。場所のほうの意味のキュイジーヌは、物置と同じで居住者にとっても建築家にとってもどうでもいいものだった。次の世紀の初めにようやく建築家たちが、居住する部屋とみなすようになるまで、そうだったのである。

しかもたとえ不便で臭くて狭いものであれ、この専門化された場所はすでに述べたようにつねに存在していたわけではなかった。いずれにしても都市の貧困層の大半は、床と同じ高さの暖炉があるたったひとつの部屋で、料理や食事や睡眠…それに仕事まであらゆる活動を行なっていた。

一九世紀のさまざまな階層のブルジョワジーが用いた台所用具に、新たな学術用語はいらない。なぜなら世代をへるにつれてより改良されて使いやすく便利になったとはいえ、一八世紀とほとんど同じだったからである。

手入れもしやすくなっていた！　家事用品として三百年もののマルセイユ石鹸（まだ灰が多く含まれていたので手の皮がむけた）、軟石鹸、薄めた塩素またはジャヴェル水、砂、泥灰土《ブラン・デスパーニュ》、焦がしたコルク栓、そしてなによりも労力しかもちあわせていなかったプリュダンスやレオニーのようなすべての「わが娘《マ・フィーユ》」たちにとっては幸いだった。労力は、けちな女主人たちが逆にいくらでも使わせてくれたのである！

アメリカでは、ニッケルめっきした美しい金属が発明されていたが、きわめて高価なものだった。片手鍋《キャセロール》の材質のまさに革命といえるのがアルミニウムである。最初、アルミニウムは貴金属とみなされていた。一八六五年にはまだキロあたり一二五〇フランもしたからだ。電気的製造法のおかげで一八八〇年からはふつうの消費量になった。そのため銅製の片手鍋《キャセロール》は、レストランの装飾として以外はほぼ姿を消した。

煙道がついたいくつかの炉をもつ煉瓦造りのかまど《ポタジェ》は、前世紀に台所内の暖炉からしだいに移行したものであったが、「経済的レンジ」ともよばれる鋳鉄のレンジに席をゆずることになる。その最初の例を、総裁政府時代の新しい豪華な家々で見てきた。最初は木炭で暖められていたこのオーブンレンジの先祖は、シャルボン・ド・テールが使われるようになると同時に広まった。シャルボン・ド・テールは石炭、コークス、無煙炭をさすのに使われた言葉である。

賃貸住宅の管理人はたいていの場合、アパルトマンへの補給も担当していた。女中たちは自分たちの力の限度を超えたこのつらい仕事を嫌がったからである。ブルジョワの女主人たちもむり強いはしなかった。一八五四年の『イリュスタシオン』紙によると、パリでは毎年三五〇万「ヘクトリットル」（原文のまま）の石炭が使い果たされていた。

銅の装飾がほどこされた黒い鋳鉄製レンジの一部は、ゆうに百年はもった。炉はひとつだけだが、天板は数枚あり、オーブンが一つか二つ、お湯のタンクがついている。なんと進歩したことだろう。二〇世紀末にはこの装置の新しいヴァージョンが出ている。この「料理用レンジ《ピアノ》」は室内装飾店では、最低月給の約二倍の値段がつくのである。

この装置は秋から冬の寒い季節にはセントラルヒーティングの役目を果たしたが、夏には当然のことながら台所にいる人にとって耐えがたいものになった。広告漫画のキャプションで、魅力的な料理の達人が自分の女主人にこう言っている。「お願いですから、マダム、ガス調理器具を与えてください。この古い石炭のレンジでは夏は窒息してしまいます… 粉塵がキャセロールの上を飛ぶんです… 燃料をとりにしょっちゅう地下室に行かなけりゃなりませんし、時間のむだですわ…」これは、一八七五〜一八八〇年のエピナルの版画シリーズで、フィリップ・ルボンの伝記を描いたものである。

フィリップ・ルボンは一七六七年生まれのフランスの化学者で、一八〇〇年にガスによる照明と暖房の特許を獲得した。ガスは石炭の蒸留によって得る。当然のことながらフランス人は、ル・アーヴルでの彼の最初の試みを嘲笑した。だが典型的な石炭王国であるイングランドはすぐにその将来性を見抜いた。

そのことを知らされたナポレオンは一八〇四年にルボンをよび寄せて、戴冠式を祝うパリをガス灯で照らそうとした。だがルボンが何者かに暗殺されてしまったため、皇帝はやむなく計画を変更する。

一九世紀とともに誕生し、一八二〇年にイングランド人技師の管理によってパリを照らしはじめたガスが台所に入るのは、一八三五年ごろのことである。同じくイングランド人によって作られ、「ロビンソン」とよばれる最初のガスこんろは、当時の人々を唖然《あぜん》とさせたのと同じくらい、現代の消費者も驚かせるものである。先端の欠けた円筒の上に「ブレーズ」といわれる金属製のふるいがのっていて、そこから炎が噴き出す。円筒の下の部分で空気とガスが混合されるのである。炎の上の三脚の台が調理の容器を支えていた。一八七〇年のフランス・プロイセン戦争のあと、水平式こんろが現れる。グリルと、一口または何口かのバーナーがついたこんろは、煉瓦のかまど《ポタジェ》や鋳鉄レンジの上に置くことができた。もちろん火がついていないかまど《ポタジェ》である。付属のオーブンをつけることも予定されていた。

その後、「完璧な」オーブンつきガスレンジが現れた。異なる四、五口のバーナー、湯煎鍋一つ以上、オーブン一つとグリル一つ、ロースト用回転器一つ、保温器一つで、それぞれに独立した照明灯がついていた。このレベルで出費の話をするのは失礼かもしれないが、あえて手をだした善良なブルジョワはほとんどいなかっただろう。

そこで広告は仕入れ価格と燃費によって経済的な器具であることを急いで強調した。ガス設備を無償で設置し、一立方メートルあたり千リットルのガスが含まれることを示して大衆を驚嘆させた。すごいでしょう、というわけである。また、（まだ成長ホルモンは投与されていない）肉をガスでローストすると、失われる重さが石炭の四分の一であることも指摘した。それにもかかわらず、グランド・キュイジーヌのシェフたちは、およそ百年たって月面を人が歩くころまで、モダニズムを認めないのである…

キュイジーヌ・ブルジョワーズについては、とろ火で煮こむ古くからのおいしいルセットは遺産として受け継がれていたが、実用的で、即座にできて調整がきく新しい調理法の出現は、家庭料理の習慣を大きく変えた。たとえば家庭向けだが、あのギュスターヴ・ガルラン――ユルバン・デュボワが王族の宮廷でしたことを、ブルジョワの名門家で行なっていた――のような有名人が書いた料理書に、まったく新しい世代の簡単でおいしいスピード調理がみられるようになった。一八八七年に出版され、ベストセラーになったガルランの『おいしい料理（La Bonne Cuisine）』は、きわめつけのブルジョワのデパート、マガザン・レユニのおかげで一九三〇年代まで版を重ねつづける。

マルミットの中の日常

すでに述べたように、台所で準備される家庭料理、つまり典型的なキュイジーヌ・ブルジョワーズは、まぎれもなく経済的で、儀礼的で、元気を回復させてくれるものであった。

ルポルタージュ

エドモン・テクシエは『パリの秘密』よりもはるかにおもしろい、壮大な新聞連載のルポルタージュの中で、善良な商人の夕食についてこう書いている。

「（それは）いくつかの料理からなるせわしない食事であり、たとえば創意工夫に富んだいくつかの調味料や、隣の豚肉加工品店で買った豚のもも肉や、牛乳屋から直接買った新鮮なチーズによってよみがえった日曜日のポトフにせき立てられるのである…」

（『今様タブロー・ド・パリ（in Tableau de Paris）』『イリュストラシオン』事務局第199回配本、リシュリュー通り60番、配本15サンチーム、郵送20サンチーム）

メニューのモデル

ウジェーヌ・ラビッシュの作品の中に一幕のボードビルがある。一八五九年一一月九日にはじめて上演され、それ以後すっかり忘れられていたものである。この『マルミットめぐりの旅（Voyage autour de ma marmite)』は、その他の出し物と同様に波乱に満ちたものでもなければ、突飛なものでもない。この劇は、パリのブルジョワ家庭の台所が舞台となっている。夕食のメニューには「ポトフ、子牛のコートレット、若鶏…それにアーモンドケーキ」が出てくる。

これは日常的なメニューである。残念ながらひどく偏っているので、現代の優秀な栄養士たちに肉が多すぎると叱られそうだが――ジャン・ポール・アロンがいみじくも言ったように、肉の三位一体である(14)――、プリュドム氏やブリブリ氏やその一党が風土病のように尿毒症や痛風をわずらっていたのはそのためである。

これは、三人の使用人がいる歯医者という平凡な家庭のためのシンプルなメニューだが、浪費というほどではない。フローベールは一八四七年一二月、「粥は不愉快だ。なんといってもそれはままごとの基本だからである」とあいかわらずルイーズ・コレあてに書いている。フローベールのようなブルジョワは、共和国の饗宴と同様に粥もままごとも好きではなかったのである。

模範的なメニュー

しかし社会階層の下のほうの、庶民の底辺で「ままごと」のようなことをするのは、たとえ一度きりでも、すでに一段上がったということである。そして、ゾラの『居酒屋』のヒロインである洗濯屋のジェルヴェーズがそうであったように、誕生日を祝う機会が生じたときにはかならずポトフが登場した。そしてそこに、ガチョウのローストと子牛のブランケットと豚の「エピネ」（骨つき

(14)『食べるフランス史―― 19世紀の貴族と庶民の食卓（Le Mangeur de XIXe siècle)』

背肉）という神聖侵すべからざる三種の肉の組みあわせがくわわる。肉は依然として力と権力の象徴なのである。「その前はポトフがいいじゃない？」と、ジェルヴェーズが言った。「スープに、ゆでた肉を切ったのが入ってるの、あれはいつでもおいしいものよ…」

現代の読者は、ジェルヴェーズが次のページで、「ポトフに使う焦がし玉ねぎを少し買いに」いこうとしていたというのを読んで驚くが、それは当時ブイヨンの色をこうやってより濃くする習慣があったことを知らないからである。この時代の料理書は、貧しい階級向けのものでも、まだそうしたことを勧めていたカレームを典拠としていた。

一八一〇年から一九一〇年までに六八版を重ねたオドーの『田園と都市の女料理人』には、「この偉大な料理人（カレーム）は自然な色のポタージュだけでなく、ブイヨンにわざとらしさ（原文のまま）をくわえるために考え出されたあらゆるものが入ったポタージュを出していた」とある。

ポトフ

一八世紀の、たとえばムノンの『ブルジョワの女料理人』（一七七四年）にはまだ「ポトフ」のルセット、つまりその基準に合うものはのっていないが、一七六七年に出版された貴重な共著である『携帯料理辞典（Dictionnaire portatif de Cuisine）』には、『田園と都市の女料理人』とまったく同じ言いまわしの「その他の脂肪分の多いブイヨン」の項目がある。これについては章末にルセットをのせたのでおいしく味わっていただけるだろう。しかも『携帯料理辞典』には年とったヤマウズラか家禽についての記述があり、ルイ一八世時代の執筆者はこの変形ヴァージョンだけを提示している。

したがって「ポトフ」という言葉の起源は一九世紀にあるようだ。もっとも料理の発想自体はどの地方でも、寸胴鍋《マルミット》というより深鍋《ポ》が使われはじめた時代にまでさかのぼるが、王政復古時代までは実際に作られることは比較的めずらしかった。この料理のヴァリエーションは各地にみられるので、フランス人はきわめてフランス的なものだと誤解している。だが、子牛も含めたシンプルな「牛肉だけ」の決定版がみられるのは、一九世紀初めになってからのことである。

「ポトフ」はそれまで、出版物の体面を保つにはあまりにも大衆的（通俗的）と思われていたのかもしれない。フランス大革命はたぶん徒労に終わったのだが、料理についてもそうだった。いずれにせよこの料理はブルジョワ家庭料理の花形であることに変わりはなく、その神髄と精神を端的に表している。

日常的な管理

エドモン・テクシエの記述をふたたびとりあげると、実のところ「…私生活でもっとも重要な活動は食事である。（中略）多少なりとも遠い将来のために働いている小売店主の家では、日常的に必要な食事は二重の意味で重荷である。まず第一に時間のむだとして、第二に出費としての重荷である。どんな厳しい手段を使ったかはわからないが、彼はこの赤字を減らすことに成功する！　月曜日のポトフを一週間もたせ、巧みで迅速な調理によって、かつて王女メディアが自分の義父にしたように、毎日若さをとりもどさせることのできる几帳面な女性であるあなた方だけが、それを教えてくれるだろう。そしてこのあやしい肉、燻製の舌、何が混ざっているかわからないものをつめた腸を、あなた方でなくて誰が食べるだろう。ああ小売店主たちよ、善良な都市パリにちらばる一八〇〇軒の豚肉加工業者、一五〇〇軒のチーズ商の救いの神よ！…」

ポトフは、たえず「若返り」、おいしく、倹約への気づかいにぴったり合うものだった。いずれにせよ、「つねにうまく温めなおされる」料理として知られていたとはいえ、かならずしも有名だったわけではない。

残り物でまにあわせる技術

ジャン・レオ（188ページ参照）がよみがえらせたブリス男爵はもとプチブルジョワであり、そのあやしげな男爵位は悪用するというより人を面白がらせるためのものだった。年に三六五か三六六ものメニューや、「ブルジョワ家庭や小世帯向けのルセット」を数多く紹介し、いずれも残り物でまにあわせる技術を絶賛していた。豚肉の塩漬を少しブイヨンに入れるのは「生肉の風味をとりのぞくためである。子牛肉はポントワーズ産で、もも肉であれラグーであれ、もちろんブルジョワ風に料理される。子牛の目もピカントソースで食べるが、シナモンでグラッセしたカブは素晴らしい……」その結果彼はこのうえなく実用的な料理をふたたび提示したのである。

しかもこれだけではない。たとえば一九世紀の実用向けでありながら妙に中世的だった『田園と都市の女料理人』のルセットには、ポトフの基本がおおまかにとりあげられ、滋養に富むという療法的な利点までつけくわえられていた。それが「胸をわずらっている病人のための子牛の肺臓のブイヨン」である。

「その日の新鮮な肺臓を用意し、洗って、大きなさいの目に切る。一リットル半の湯に入れ、三分の一になるまで煮る。そこに肉厚のイチジク四個と、ナツメ(15)六個、ナツメヤシ六個、一五グラムの干しブドウをくわえてさらに一〇分間沸騰させる。ふつうのブイヨンを作るときのようにそれを濾して、朝に一杯、夜に一杯、食事の三時間後に出す」

粘りがあるか、さもなければまろやかだったに違いないこのテリアカ［解毒薬］はその処方を考

(15) 地中海沿岸地方の野生の小さな果物。オリーヴほどの大きさのオレンジ色の実で味はあまりないが、いわば地方の光景の一部となっている。

慮すると、あわれなマルグリット・ゴーティエ［デュマの小説『椿姫』のヒロイン］にふさわしいものだったかもしれない。だが、結核が流行していた「上品な」家庭のあいだではきっと歓迎されたに違いない。

ガストロノミー、または芸術的なキュイジーヌ・ブルジョワーズ

この料理は、もともとは働き者の小売店主の食糧だったに違いないような、中身の見分けがつかないみすぼらしい飲食物とはまったく別物である。ジャン・ポール・アロン(16)が書いているように、料理は「ブルジョワの道楽」だった。あきらかにゆとりがあり、先代が熱中した仕事を引き継いだものの暇で、気晴らしに夢中になり、手はじめに食卓から手をつけたブルジョワの扉が、ここに大きく開かれる。

ガストロノミーの学校

はじめに、ここでもまたシュヴェありきである。じつは総裁政府時代に、シュヴェ夫妻は新しい店と同時に新しい学校を開いた。そこでは、繊細な現代料理の技術と科学が教えられただけではなく、アリストテレスの学校のような一種の「リセ」で「魂の心からの喜び」や、料理術の知識がもたらす意味について語りあった。ジャン＝フランソワ・レヴェル(17)がみごとに示しているように、このような「雄弁術は精神に味覚の先取りを（生み出した）。それはたんなる食物だったものを、

(16)　前掲書。
(17)　『言葉の祝宴（Un festin en paroles）』、プロン社、1995年。

料理ごとに皿の中で訴えかけるスピーチにした」。グルマンディーズの喜びをもたらし、食卓の楽しみを完全なものにしてくれるこのようなみごとな注釈を、ブリア＝サヴァランのような大ブルジョワはすでに自分のものにしていたが、それは偶然のできごとではなかった。

ブリア＝サヴァランは、彼より少しあとに、徴税請負人の息子であるもう一人の大ブルジョワ、グリモ・ド・ラ・レニエールがより魅力的なやり方で作り上げたような新たな文学のジャンル、すなわちグルマンの著作を生み出す。満ちたりた世界に、詩人のベルシューが生みだした「ガストロノミー」という言葉を与えるその著作を、時代は待ち望んでいたのである。

シュヴェの学校には彼の弟子たちだけでなく、友人となった客たちもいた。見習いコックの生徒のなかには、のちに皇帝の料理長になるグフェ、ベルナール、デュナンなど将来の大物が大勢いたが、もっとも有名なのは若き日のマリー＝アントワーヌ・カレームその人だろう！　はじめにシュヴェありきと言ったのはこういうことだったのである。

カレーム

まだ青年だったカレームは、一七九八年か一七九九年に、最初にいた「ラ・フリカッセ・ド・ラパン」を離れて、有名なパティシエであるバイイの店に移った。仕出し屋《トレトゥール》のもとでは「調理ずみの料理のおいしさを保つ冷たい料理の大半の」技術を学んだと彼自身が書いているが、さらにこうもつけくわえている。「ラーヌ氏（同時代のもう一人の親方）は冷たい料理のほとんどを完璧なものにしてくれた」。すでに見てきたように煮こごり《ジュレ》そのものは中世の時代からあってそのまま出されていたが、ゼリー寄せ料理つまりガランティーヌは、一九世紀以前には存在しなかった。

さらにカレームはあらゆる面で新しいものをとりいれた。彼の名はとてつもなく有名になる。タレーランからイングランド国王ジョージ四世、ロシア皇帝アレキサンドル一世まで、多くの大物からよばれた。彼はミケランジェロが描いたガストロノミーそのものだった。デッサンの才能もあり、その天賦の才でたとえば巨大な菓子の建造物を王族のために入念につくり上げている。

彼は人生を料理に捧げ、多くの著作も残したが、そのなかには五巻におよぶ『一九世紀のフランス料理術（Art de la cuisine au XIXe siècle）』もあった。しかし一八三三年に、レンジの前で「彼の才能の炎と、ロースターの炭」に焼かれて悲劇的な死をとげたと当時の記者たちは伝えている。

ブリア＝サヴァラン

シュヴェの客たちのなかには愛想のいいブリア＝サヴァランもいた。彼は『美味礼讃（味覚の生理学）』の「ヴァリエテの一五番」でシュヴェの店の生鮮食品や調理品がいかにもすばらしいけれども、ふつうの人間にとってはとても費用がかさむとも述べている。

「一月のある晴れた日、パレ＝ロワイヤルへ行く途中、わたしは、パリでもっとも有名な食料品店で、いつもよくわたしの都合をはかってくれる、シュヴェ夫人の店の前に足をとめた。わたしはそこにアスパラガスの一束を認めたが、中でいちばん小さいのでもわたしの人さし指よりも大きいくらいみごとなものだった。値段をきくと、『四十フランです』という。『まったくみごとだ。だがその値段じゃ、陛下か殿下ででもなけりゃ食べられないね』。『ところがそうでもないんですよ。このような特選品は決して御殿には上がりませんよ。御殿では上等なのはお好きですが、極上のものは絶対むかないのです。でもうちのアスパラガスはけっこう出ますのよ。それはこんなわけなのです』と、彼女は次のように説明してくれた。

『現在このパリには金持、金融家、資本家、ご用商人らが三百人ばかりいますが、（中略）値段をとわずにお買い上げになる。（中略）高いものほどはけますわ』。そんな話をしているところに、ふたりの太ったイングランド人が腕を組みあわせて通りかかり、われわれのわきに立ちどまったが、とたんに面上に感嘆の色を浮かべた。ひとりがその大きなアスパラガスを包ませて値段を聞きもせずに金を置いて去った。『ゴッド・セーヴ・ゼ・キング…』を口笛で吹きながら…

おかみさんは笑いながら言った。『ほれ、だんな、あんなのもあるのですよ。今お話したののほかにね…』」（『美味礼讃』、関根秀雄訳）

王政復古時代に一束のアスパラガスに四〇フラン支払うのは、現代ならその一五倍支払うのと同じであることをいっておかなければならない。同じ時代にマリー＝アントワネットの元花屋は、一人前のイシビラメ《テュルボ》を三〇フランで売っていた。

ブリア＝サヴァランは物語作者としての才能にくわえて、一九世紀の偉大な美食家の一人だった。彼は料理の技術を高く評価していた。彼によると、新しい料理の発見は新しい星の発見より人類の幸福に貢献するものだった。

三〇年近い研究と試食のすえ、一八二五年に『美味礼讃』を発表したが、この著書は今日では世界的に知られている。彼はそれまで下品なこととされていた食べるという行為に、上品な言葉を与えようとし、そしてそれに成功した。料理を完璧な技術にしあげ、洗練された感性の表現としたのである。

食通とマナー

このような手本とすべき師の絶対的権威のもとで、二つの言葉が解きがたいまでに結びついている。一部の料理はそれをもっともよく説明するものだった。とくにつけあわせになくてはならない

味覚と才気の男

ブリア＝サヴァランはたしかにそういう男だった。チョコレートとワインという「貪欲な」2つの情熱をいだいていたからである。ある日彼は親しい仲間たちのあいだでのおいしい食事のあと、こんな言葉である逸話を語りはじめたという。「私は書斎で夕食を高く評価したので…」、会食者の1人がさえぎった。

「なんですと、よくわかりませんな。どうやって書斎で夕食をとることができるのですか？」

彼はこう答えた。「すみません、夕食をとると言ったのではなく、夕食を高く評価したと申したのです。夕食はその1時間前にとっていたのです！」

アスパラガス、イシビラメ《テュルボ》、ザリガニは、トリュフとともに、アールヌーヴォーのきわみである。一九世紀を通じて、下層ブルジョワジーはこうしたメニューを招待客に出すことで、上流社会に属していることを示したいと夢見ていた…

たとえば第三共和政のまだ初期のころに、ゾラが『ごった煮』でわれわれをその家に招き入れるジョスラン一家は、家族の夕食のあいだ、自分たちの凡庸さに二つの理由で苦しんでいる。高級レストランのなじみ客で、遺産をあてにできるような金持ちのおじに、「へぼ料理人のアデルがヴィネガーの海で溺死させた、新鮮さが疑われる」黒バターソースのエイでしか報いることができない。

ジョスラン一家の女料理人は達人などではまったくない。仕事に見あう給料をもらっていないだけでなく、主人たちからの敬意もそれ以上にはらわれていなかった。そしてシュヴェが、今ではごく簡単なことのように思えるナージュの手法を四〇年早く発明していたら、（彼女が彼の弟子の一人でないかぎり）ザリガニの調理を彼女に頼むこともなかっただろう。それは、千切り野菜を煮つめて味を引き立たせたクールブイヨンに、当時最高とされていたセーヌで獲れたザリガニを入れて熱いまま出す方法である。同じく四〇年前、つまり一八三二年にカレームは『フランス料理術』の中で同僚に、「卸売市場の魚売り商ルノー夫人」の店でザリガニを買うよう勧めていた。ただし前日に注文しておくように、と強調している。

賞賛されるジャガイモ

前世紀には見くだされていた根菜がガストロノミーの逸品となった。歴史と、実験にもとづく科学の、ジャガイモに栄誉を与えようとする努力が、一世紀かけてようやく実ったのである。

革命政府が国内にわずかでも土地があれば、テュイルリー公園やリュクサンブール公園にまでジャガイモを植えるよう命じていたことが思い出される。この純朴な野菜を使ってパンを作るという誤った期待からだったが、それは不可能であることがのちに判明した。

しかし物事に精通した女性であるメリゴ夫人は（151ページ参照）、用心深く著書の冒頭に次のような見解を述べている。「（著者は）パティスリーにとってこの粉のほうがすぐれているとはいえないと思いました」。プチブルジョワを疑わしい粉ですっかりくるんでしまわないように、奇妙な揚げジャガイモのルセットを提示するほうを選んだのである。だがそれはまだ完成されたものではなかった。［ベルギー人がはやらせたにもかかわらずフレンチフライの名がついていることで］ベルギー人がフランス人をうらやむあのフライドポテトの、世界ではじめての試みだったが、ほかのルセットとは違って現代の風俗にくわわることはなかった。

小さな驚異の純然たる偶然

とはいえ、ジャガイモのスフレという小さな驚異の起源となったことを考えると、祝宴がガストロノミーに貢献してくれたことをここでたたえないわけにはいかない。怠け者になった現代社会はこの魅力的な料理を、かえりみられることのないごちそうの煉獄に追いやってしまったのだが。

まず明確にしておきたいのは、メリゴ夫人の時代から「最近の」大戦前まで、フライにするジャガイモは薄い輪切りにされていたということである。シェフたちや料理学校はそれを「リヤールにスライスした」と表現していたが、リヤール(18)がなにか知っている人はまだいたのだろうか？　一方パリの「ポン＝ヌフ」という橋の上にある庶民的な屋台で売られていた、小さな棒状であまり上品とはいえない「ポン＝ヌフ」というジャガイモは、現在よくみられるフライドポテトになった。

フライドポテトのご先祖？
「ジャガイモの粉、水で溶いた卵２個、蒸留酒１匙、塩、コショウで生地を作る。ダマが残らないように生地をよくこねる。生のジャガイモの皮をむき、薄切りにする。薄切りにしたものを生地に浸してこんがりと揚げる」
揚げジャガイモのルセット『共和国の女料理人』より（革命歴３年）

(18)　フランスの古い銅貨。

ところで、ジャガイモの輪切りは中火とごく強火で二度揚げされてかわいらしい小さなボールになるが、これは一九世紀にひんぱんに開かれていた祝宴で、あるとき偶然に発見されたものである。一八三七年八月二六日、フラシャによって建設されたパリとサン゠ジェルマンを結ぶ最初の鉄道が開通した。列車に乗ったルイ・フィリップと王妃アメリアの到着を迎える大祝宴が準備され、地元の名士たちが集まっていた。君主たちはブルジョワらしくふるまおうとしていたので、メニューもブルジョワらしく、ローストした牛ヒレ肉に、もちろんまだ輪切りにされていたフライドポテトをそえたものを想定していた。

料理長は予定された時間にジャガイモを調理しはじめる。だが列車が到着しなかったため、調理がすむ前にフライドポテトを煮え立った油脂から引き上げた。会食者がオードヴルに手をつけたらすぐに揚げ油に入れられるようにである。油をきったジャガイモの「リヤール」は固くなってしまった。料理長の脳裏に一瞬、ヴァテルの英雄的行為の二の舞になるのではないかという思いがよぎった。だが天国からヴァテルが見守っていてくれた。

念のためシェフはころあいをみはからって、ふたたび熱したラードにポテトをもどすよう命じた。助手たちは必死に火を焚いた。そして奇跡が起こる。万歳！　驚くべき黄金の泡が揚げ油の中に広がった。こうしてスフレになったジャガイモが食卓に出されると大喝采を浴びた。「時間と幸運な偶然が芸術と科学を完全にする」とヴォルテールはあらためて言ったことだろう。

ジャガイモのスフレ、科学的な体験

このうえない幸運によって発見されたジャガイモのスフレであるが、とてつもなく偉大なベル・エポックの料理講師オーギュスト・コロンビエ――一九〇七年にムーラン［フランス北部、イヴリーヌ県」のレティ社から出版された三巻からなる壮大な『ブルジョワの料理』の著者——が五七年後にパリ・ガス会社で、学術的な公開実演を行なおうという気にならなかったら、経験論的なルセットのままだったかもしれない。こうした公開実験が進歩の時代にはもてはやされたのである。そしてそれ以後はもはや偶然に左右される稚拙な料理ではなく、万事考慮された料理になったのである。

ジャガイモのスフレの「科学的経験」を反論の余地のないものにするため、この料理講師は調理の条件が異なる料理を続けて三回くりかえした。ここでは「二回目の調理」だけを伝えることにする。最初の調理はよく知られた結果が得られず、三回目はよりいっそう美味だったが（講師の弁によると）油脂がすでに使用されていたため「純化されていた」おかげとのことだからである。

「次のような実験の報告を詳細に掲載するのは、読者にとって喜ばしいことだろう。故シュヴルール氏(19)は私に自分の体験を教えたいと望み、必要不可欠な温度計を提供してくれたが、氏の助手である愛すべき科学者ドゥコー氏のご好意のおかげで、一八九四年四月一一日水曜日パリ・ガス会社のショールームで、『オランド』とよばれるジャガイモのスフレについて、三回の科学的実験を行なうことができた。

以下がそれを科学的に要約したものである。

方法。ラードとよばれる豚の脂肪二キロ、薄切りにしたジャガイモ五〇〇グラム。取っ手つき直径〇メートル三〇、深さ〇メートル一〇のフライパンに入れて、栓が三つある強火のガスこんろにかけた脂肪の溶解温度は一二一度。（中略）

（…）二度目の調理。同じ量の同じ脂肪だが、三〇〇グラムのジャガイモをもっと薄く五ミリメートルの厚さに切る。揚げる温度は一〇〇度。すぐに九〇度に下がる。二分後には一二五度。三分

(19) 愛すべきドゥコー氏の指導教授であるウジェーヌ・シュヴルール氏は、1889年に103歳で没した大化学者である。動物性脂肪を分析し、ステアリンのろうそくを見出した。したがって彼の助手はきわめて学術的な揚げ物の、このうえないお墨つきとなった。

後には一三〇度。その四分後には一二四度。ジャガイモがふくらみはじめる。五分後、一三〇度。七分後、一三五度、好条件で表皮が形成される。

それを取り出して、別の二〇五度の揚げ油に入れ、すぐに引き上げる。三分冷ましてからまた二〇五度の揚げ油に入れる。乾燥させるために一分弱かき混ぜて均等に加熱する。油をきったら塩をふって味をみる。

ジャガイモがほどよく揚がり、最初の調理のときのようにつぶれてしまうかわりに、内部がすっかり空洞になった。調理時間は二〇分。ガスの消費量は二二〇リットル」

最後に三回目の実験では、さきほど経験的に得られた二つの揚げ油に限定するのが得策であることが証明された。それによって時間は五分間短縮されたが、それにもかかわらずガスは三二リットル余分にかかった。

当時の哲学で支配的だった実証主義は、このようにジャガイモをガストロノミーのパンテオンにまつりあげるために大きな役割を果たした料理を、誰にでも手がとどくものにしたのである。

豚肉加工業《シャルキュトリ》

ジャン・ポール・アロンは『食べるフランス史——一九世紀の貴族と庶民の食卓』で、ワーテルローの会戦前夜にすでに人々にごちそうをふるまっていたシュヴェの店の、原産地保証つきの豚肉加工食品についても、もちろんとりあげている。「(…) 豚足のサント＝ムヌー風、トリュフ入りの黒ブーダン、白ブーダン、リヨンやアルルやブーローニュのソーセージ、トロアの豚頭部《ユール》肉冷製シャンパーニュ風味、ランス産小型ハム、その他の豚肉加工品、さらに、テリーヌ、ネラックやほかの土地で作られるパテ…」（佐藤悦子訳）ゾラにとっては、『パリの胃袋』のクニュ＝グラデルの店の見取り図を描くのに、なんと素晴らしい便覧となるだろう。

豚足のサント＝ムヌー風などの調理ずみ料理は、国王一家の不幸な逃亡に終止符を打ったアルゴンヌ村の宿駅長をたたえるフランス大革命の遺産ではない。というのも、ムノンの『ブルジョワの女料理人』が出た一八世紀半ばにはすでに、サント＝ムヌーの牛や子牛のテール、羊の肩や足、子牛の頭や足、若鶏、魚…つまりサント＝ムヌーで下ごしらえされ、お好みで選べるもの、つまりあとはパン粉をまぶしてじっくりと焼くだけの調理ずみ食品が知られていたからである。

上階に住んでいたシュヴェ一家のような善良なブルジョワ家庭で、何世代にもわたって使われた料理書の中から、L・E・オドーの『田園と都市の女料理人』をふたたびとりあげることにする。なんとオドーも元園芸家だったのである。いまでは豚足のルセットしか残っていないが、それをこの章の最後で参照していただきたい。シュヴェは下ごしらえをすませ、あとは焼くだけの豚足を売っていた。

ソース

ブルジョワの料理をかぐわしいものにするさまざまなソースについて述べれば多くのページをさくことになりかねない。ここではただ、エスパニョルソースがこの時代の大切な秘訣だったとだけいっておこう。

多くの嫉妬深いシェフたちによって秘密にされてきたかなり複雑なこのソースについては、料理人ヴィアールの短命に終わった『帝国の料理人（Cuisinier impérial）』に記述がみられる。たとえばレストラン経営者フーレは、約十人分のエスパニョルソース用に、重さ一六リーヴル〔約八キログラム〕の腿中肉で作る牛のフォンを要求していた。大げさで宮廷を思わせるタイトルにもかかわらず、上品でも実践的でもないこの概説書は、カレームのいう「小さな名門」、つまり貴族のマネをしたがっていた上層ブルジョワだけを対象としたものだった。

「名門」の家ではろうそくの先端を節約することはなかった。たとえば夕食の「プティット・エスパニョル」のような「プティット・ソース」にとろみをつけるために用意される、「グランド・エスパニョル」のような「グランド・ソース」は、前日か当日の朝三時から準備していた。それは昔クーリとよばれていたブルーテソースやルーであり、肉、一リーヴルのハムのブイヨン、クルミ、子牛の腿肉、子牛のシキンボ、若鶏二羽、キジ一羽、子ウサギ二羽等を煮つめて濃縮汁《グラス》にしたものである。牛肉は使わない。下品すぎるからである。

デザート

お菓子

第二帝政期には巨大なお菓子の出現を祝うことになる。皇帝夫妻は周知のとおり果物が好きだったので、その出現とはまったく無関係である。だがブルジョワ家庭では、祝宴のときに特徴的なお菓子を出すグルマンの慣例ができていた。クリスマス、誕生日、結婚式、洗礼式、聖体拝領、こうしたキリスト教生活の儀式はすべて社会的な意味をもっていた。

新しいタイプの教会では、日曜日の盛儀ミサが終わると信者たちが教会の出入り口に殺到するようすがみられた。手袋をはめた手で日曜日のお菓子の入ったピラミッド形の箱からそっとひもを引いてから退出する。そのあと家族で昼食をとり、満足感に浸る。そこにはかならず伝統的な羊の腿肉もあった。

当時もっとも有名なパティシエだったのがピエール・ラカンであり、いわばこの時代のサンデル［ガストン・ルノートルの弟子で現代ヨーロッパ製菓界の巨匠］だった。ピエール・ラカンの名刺には、モナコ大公シャルル三世殿下の菓子、氷菓担当料理長と明記されているが、まさにそのとおりである。彼は三千種類の菓子・氷菓・リキュールのルセットを満載して、いまもこの分野のバイブルとなっている大著『歴史的、地理的フランス菓子覚書（Mémorial historique et géographique de la Pâtisserie）』を発表している。

一八八五年以降、人々は祝日のデザートとしてマラコフを出さなければならなかった。現在であればアントルメとよばれそうな大きなお菓子である。美しくておいしいこのお菓子は、マラコフ砦がフランスの手に落ちたとき、セバストポール［ウクライナの都市］の勝利を祝してナポレオン三世の宮廷で生まれた。パリ南部の新しい町もマラコフと名づけられるほどの熱狂ぶりだった。このお菓子については多くの雑誌がとりあげているが、小麦粉の代わりに粉砂糖とアーモンド粉を使い、焼く必要がまったくないというのが変わっていた。過去のものとしてかたづけてしまうのはおしい逸品である。

同じくラカンによってとりあげられているのが、有名なマリニャンである。取っ手と蓋のついたバスケットの口から、クレームシャンティイをかけたイチゴがのぞいているというものだったが、すぐにすたれてしまった。

サヴァランは、それを考案したオーギュスト・ジュリアンがブリア・サヴァランに敬意を表して名づけたものである。こちらは家庭の特別な昼食の伝統になっている。

ビュッシュ・ド・ノエルの考案

『料理術（L'Art culinaire)』の中でたしかにピエール・ラカンは、どのようにしてこのアイディアが浮かんだか、そしてどうなったかを明らかにしている。

「（それは）毎年続けられ、美しくなっていくお菓子である。丸くしたり、はすかいにしたり、しっかり重ねてつなぎ目を斜めにしたり、それぞれの家にそれぞれの仕上げ方がある。数年後のから予想もつこうというものだ。（…）ジェノワーズ［泡立てた卵白で作るスポンジケーキ］とマンケ［バター入りスポンジケーキの一種］しか知られていなかった時代はどこへやらである。このとるにたらないジェノワーズは、あらゆる型に入れられ、さまざまな名前でよばれていた。1855年から1860年にかけての時代には、アーモンドをベースにしたアントルメはほとんど知られていなかった」

もう一人の神のごときパティシエが、サントノレ[20]を考案したシブーストである。サントノレの起源（一八四六年）はビスケット生地だったが、のちにはサブレーの台にシュー生地をのせるようになった。名高いクレーム・シブーストも彼の考案によるもので、パリ・ブレストをそえてあったが、これはパリ＝ブレスト線の開通を記念して作られたものである[21]。これによりパリからブルターニュまで一日で行けるようになったので、ブルジョワ家庭の女中たちはたいそう喜んだ。

避けて通ることのできないピエス・モンテ［デコレーションケーキ］も、やはりこの時代に生まれたものである。小さなシューをカラメルで貼りあわせ、状況に合わせて、新郎新婦、ゆりかご、聖体拝領者などをかたどった砂糖細工の小さな立像をのせる。キリスト教生活の重要な行事は、一八五〇年代には社会的にも重要な行事であり、第二次帝政時代は保守的なブルジョワジーの絶頂期だった。

アントルメ

民族研究よると、われわれの曾祖母の時代のブルジョワ家庭料理は、卵、米、セモリナ、タピオカなど経済的で柔らかいグルマンディーズが優勢だった。今日では「アントルメ」とよばれているものである。年配の大人たちはほろりとする思い出をもっているが、プラスティック容器入りの「乳製品」を食べさせられている二一世紀の子どもたちはこうしたグルマンディーズを知ることはないだろう。

第二次帝政時代の初めまで、アントルメは上品なメニューの軽い一品だった。塩味（たいていは野菜）または甘味で、ロースト肉のあと、パティスリーのデザートや果物の前に出された。その後甘味のアントルメだけがアントルメとされるようになる。一八七〇年のパリ攻囲による飢餓のあい

(20)　『スワン家の方へ』の中で、語り手の家族はコンブレーで毎週日曜日にサントノレを買っている。

(21)　パリからブレストまでの最初の自転車レースを記念したものという説もある。だが実際にはこのレースが行なわれたのはずっとあとのことである。

だは別だが、チーズは気どらない食事を締めくくるものとしてのみ認められていた。

昨日のルセットを今日のメニューに

豚足のサント＝ムヌー風

「熱湯に通してきれいに掃除したら縦に割る。一本ずつ布でしっかりとくるみ、両端をしばる。深鍋に入れ、塩、大きなブーケガルニ、メボウキ、ニンニク三かけをくわえる。冷水を鍋いっぱいに入れる。竹串を横にして入れ鍋の底に固定する。あくをとり、沸騰した湯をたす。五時間煮る。粗熱をとり、布をはずす。豚足をオイルに漬けてパン粉をまぶす。強火で焼く」

『田園と都市の女料理人』（一八一八年）

メボウキは沸騰を嫌うのに、このブイヨンの作り方でのメボウキ——別の料理では昔から使われていたが——については疑問が残る。ムノンが『ブルジョワの女料理人』で強く勧めている、クローヴを刺したタマネギを忘れていることにも注意しよう。煮ているあいだしか出てこないあくについては、沸騰した湯を入れる直前まで心配する必要はない。現代の方法では弱火で二時間煮ることになる。パン粉をつけるための油脂はラードを使うとよいことをつけくわえておこう。いずれにしても今日では生の豚足は、豚肉加工業者が取り扱うので、ふつうの人間は手に入れることができない。

イシビラメ《テュルボ》のソース・ヴィクトリア

テュルボはごちそうの中のごちそうだった。カキのソースを使った「テュルボのソース・ヴィクトリア」という美味で完璧なルセットを伝えたことによって、コロンビエ親方は上流人士のあいだでまさに勝利をおさめた。イングランドのヴィクトリア女王は貴族階級であるにもかかわらず、その名はブルジョワ的な逸品の象徴となったのである。

「テュルボのワタをとり両側をそぎおとす。金網のついた魚用蒸し鍋に入れ、たっぷりの冷水にひたす。沸騰させないように温めた牛乳を少しくわえ、塩を多めに入れる。布でおおい、ひび割れが生じないようにブイヨンをゆっくりと注ぐ。火から離し、すくなくとも三〇分温かい状態でゆで煮する。

ソース。白ワイン一デシリットルとグラス一杯のマデラ酒のヴィネガーを四分の一に煮つめ、キャセロールを火からおろししばらく冷ます。新鮮な卵の黄身三個とスープスプーン一杯分のテュルボのブイヨンをくわえる。小さな泡だて器をつねに動かしながらかき混ぜ、ほとんど煮え立った溶かしバター二〇〇グラムをゆっくりとくわえる。カキ二四個を湯がいて温かいソースにくわえ、スプーン一杯の湯とケーパーもくわえる。塩味をつけ、レモンで酸味をおびさせる。テュルボといっしょに出す」

『ブルジョワの料理（La Cuisine bourgeoise）』（一八九四年）

エピグラム

次のルセットは私の祖母の忠実な女料理人ローズが書いたものだが、ここではなぜか「ポピエット」というタイトルになっている。実際にはマルセイユの伝統で「エピグラム」とされているものである。家庭料理のもうひとつの伝統であるピカントソースをそえたこのおいしい料理は、当時のブルジョワ地方料理の最高権威であったルブールが勧めるものよりずっとシンプルである。

「塩水で子羊か子牛か羊の胸部肉をゆでる。ゆでたら骨をとり、圧力をかけて平らにする。しっかりと冷ましてから胸部肉をコートレットの形に切る。オムレツを作る要領で準備した卵に浸して、パン粉をまぶし、ふつうのコートレットと同じようにグリルで焼く。皿に盛りつけ、ピカントソースと、トマトかオリーヴをそえて出す」

エピグラムは、割れたエンドウ豆のピュレといっしょに出されていた。そしてつねにいっしょに出されることになる。エンドウ豆は当時愛好されていたが、まだ冬にセネガルやケニヤから「はしりの豆」が届いてはいなかった。今日の栄養学者は、健康に欠かすことのできないマグネシウムやカリウムが含まれているという理由で豆類を再評価している。

クルスタード

ポール・シャボの著書[22]には、若いイヴォンヌがご主人様であるダニエル氏のために、大のお気に入りのクルスタードを上手に作ろうと夢中になって料理書を調べた内容が引用されている。それはいわばドダン＝ブーファン（241ページ参照）の予兆である。イヴォンヌが当時どの本を調べたか

⑵ 前掲書。

はわからないが、その器用さのおかげで、コロンビエ先生が三〇年間に未来の料理の達人《コルドン・ブルー》たちに教えた内容を集めた『ブルジョワの料理』(23)を参照することができるわけである。

「クルスタードは小さいものも、典型的な大きさのものもあるが、焼き型やトゥルト型の内側に特別な折りこみパイ生地を貼りつけて、生または調理した食品をつめてから蓋をしてオーブンで焼く。クルスタードが大きいものなら焼き型に入れたまま出す。焼き型は電気銀めっきをほどこした銅または磁器製で、それを食卓で切り分ける。小さなクルスタードは一般的にダリオル型で焼かれ、型から出して皿にのせて出される。(…)ダリオル型は一般的に高さ三センチメートル、直径七センチメートル［の円筒形］である。口は広がっている。このあと示すように、つめたものに蓋をするときにパイ生地がくっつきやすいように、ほとんど溶けていないバターを刷毛で軽く塗る。

小麦粉でおおったテーブルで、パイ生地を五フラン硬貨の厚さに延ばす。直径八センチメートルの丸い抜き型で型の数だけ円形をとり、横に置く。型をならべておく。生地の残りを丸めて、型の大きさの蓋を作る分をとっておく。塊を型の表面より大きくなるようにまた延ばす。それをローラーでもちあげて型の上に置く。

板状の生地に小麦をまぶし、蓋にも小麦粉をふりかける。生地を型に順々にはめこんでいく。最初は軽く、だが奥まで入れる。これを三回くりかえす。上からローラーをかけて縁を切りとる。最後に親指でそれぞれの型の内側をしっかり押し、中に閉じこめられている空気の泡を外に逃がす。そうしないと焼いたときにクルスタードが型からあふれてしまう。

卵白または全卵をかき混ぜる。かき混ぜた卵を刷毛で型の上部に塗り、クルスタードを四分

(23)　前掲書。

の三までつめる。(…) 抜き型で抜いて置いてあった蓋を上にかぶせる。上部に卵黄を塗る。ポタージュを出す二〇分前にクルスタードをオーブンに入れる。ほどよく焼けたら型から取り出して丸い皿に盛りつけ、ナプキンをそえる。ポタージュのすぐあとに出す」

コートレットのパピヨット

「子牛のコートレットをグリルで焼く。そのあいだに、みじん切りにしたキノコ、おろした脂身、きざんだパセリ、塩、コショウ、ナツメグ、カイエンペッパーを用意する。それをよく混ぜ、混ぜあわせたものをコートレットの両側に置いて包みこみ、ハート型に切った光沢紙にのせたら、縁をていねいに折りこんでオーブンに入れる。光沢紙が黄色味をおびたら、紙に包んだまま出す。味つけがうまくいけばごちそうになる。またシベットやエストラゴン、ワレモコウも少しある季節にはデュクセルにくわえることで簡単に風味を良くすることができる」

『ボンヌ・キュイジーヌ』(一八八七年)

ポトフ

『田園と都市の女料理人』は「あの偉大な料理人(カレーム)は自然な色のポタージュだけでなく、わざとらしさ(原文のまま)をくわえて作ったポタージュも出していた」と回想していた。それについては少し前に触れた。

シンプルであるだけに完成された家庭料理であるポトフのルセットにそえた前書きで、著者はコロンビエ先生が一八九四年に科学と経験的方法の一致について証明することを予想している。

「学者たちがポトフの作り方について言っていることは、すべて家庭の主婦たちの経験的知識と完全に一致していて、彼女たちが経験からもっとも適したものを選ぶすべを知っていたというべきである。

――より適した部位はそともも、うちもも、尻肉、うでである。とりわけじょうぶな牛の肉は最高のブイヨンになる。子牛はブイヨンを白くしてしまい風味をそこねるので、病気の場合にかぎり使ってよい。塩を入れた冷水に肉を入れる。あくが出て完全にそれをとりのぞくまで沸騰しないように、火は弱くしておかなければならない。ニンジン、カブ、パースニップ、ポロネギ、セロリ、パセリの根、ローリエの葉一枚、クローヴ一、二本、ニンニク一かけをくわえる。焦がしタマネギかカラメル、あるいは「コロリーヌ」を色づけのために入れる。肉に火が通るまでゆっくりと煮る（ことこと煮立たせる）。

良質なブイヨンを作るために、肉の量、質の次に影響するのはたえずとろ火で「ことこと煮る」ように気をつけることである。おいしいポトフを作るには全部で五、六時間かかる。割合は三リーヴル［一・五キロ］の肉に対して水四リットルである。ポトフができたら沸騰しているブイヨンを、ろ過器かこし器に通してスープ鉢に入れた一きれのパンの上に注ぐ。パンをブイヨンといっしょに煮るのは避ける。ブイヨンの質が落ちてしまうからである。打ち解けた食事の時は根菜やポロネギを皿にのせて出す…」

『田園と都市の女料理人』（一八一八～一九一〇年）

当然のことだが、ブイヨンを濁らせないために別に調理すべきジャガイモについてはここでは述べられていない。

牛肉のミロトン

貧民からなりあがり、ふたたび貧民にもどってしまうのを恐れる小商人たちはポトフの「新顔」を生み出した。一八一八年、一八九〇年にもあったが、もっとも有名なのは一八五三年のミロトンで、時代遅れになることはけっしてないおいしい料理である。料理用語一覧表には、「冠という意味のイタリア語mirondone」に由来するとある。

「タマネギを用意して薄切りにする。それをバター一かけといっしょに火にかける。ほどよく炒めたら小麦粉一つまみを入れ、焦げ色がつくまでかき混ぜる。ブイヨン、白ワイン、塩、コショウをくわえる。タマネギに火が通り、ソースがほとんどなくなるまで煮つめる。『ミロトン』とよばれるゆでた牛の薄切りをくわえ、タマネギの風味がつくように煮る。好みでマスタード、輪切りのピクルス、ヴィネガー少々をくわえる」

『田園と都市の女料理人』(一八一九〜一九一〇年)

ジャガイモのリボン・スフレ

この美しい料理を作るには以下のことだけで十分である。

「小さなナイフでジャガイモを二フラン硬貨の厚さのリボン状にできるだけ長くむいていく」

リヤール銅貨の厚さのジャガイモのスフレと同じように二度加熱する。

パン菓子

手に入れるのがたいへんなパンをすてるのは罪深いことである。というわけで作られるパン菓子はオーソドックスなものであるが、節約とは名ばかりである。ここにはおいしいものが大量に混ぜあわされているのだから。とくに、祖母の女料理人ローズの「コルドン＝ブルー」ノートにあるこのグルマンドのルセットによると、想像するようなプディングとはまったく異なっている。

「粉砂糖二〇〇グラム、アーモンドとヘーゼルナッツの粉同量、パンをオーブンで乾燥させて粗い粉末にしたもの一二五グラム、卵黄六個分…（ローズのメモでは卵白も六個分）

作り方。卵黄にしかるべき分量の砂糖をくわえてかき混ぜ、続いてアーモンド粉末をくわえる。力強くしっかりとかき混ぜてクリーム状にする。パン粉をくわえてさらにかき混ぜる。最後に泡立てた卵白をくわえる。皿にバターを塗ってパンの身をちりばめる。先ほど混ぜあわせたものを注ぎ入れてオーブンに入れる（温度４／４）（ローズのメモで、カトルカールを作るときの温度という意味）」

梨のマラコフ

やはりこれも家族の遺産である…ローズに感謝。

「半分に割ったシロップ漬けの梨八きれを取り出し、シロップは別にとっておく。一五〇グラムのバターを微温で柔らかくして、同量の砂糖をフォークで混ぜこむ。さらに同量の粉末アーモンドをくわえ、梨のリキュール、ウィリアムをコップ一杯分くわえる。梨をさいの目に切り、先ほど混ぜあわせたものにそっとくわえる。

マンケ型かシャルロット型の中に梨のシロップをスープスプーン二杯分入れ、混ぜあわせたものを満たす。上に紙（硫酸紙）（アルミニウムを知らないローズのメモである）を置き、型の大きさにあわせたソーサーをかぶせて重しをのせる。三時間オーブンにかける。

時間になったら、細かく切った同量のチョコレートにシロップをスープスプーン二杯分をくわえて溶かす。混ぜあわせたら火からおろし、スープスプーン三杯分の生クリームを混ぜあわせる。マラコフを型からサーヴィス用の皿に出し、半分に割った梨をそえて全体にチョコレートクリームをかける。さらに一時間冷やす」

リンゴとコメのメレンゲ

「コメをよく洗い、白くなるまで水でもどす。牛乳に塩とヴァニラを入れて沸かし、コメを入れて煮る。砂糖を少しくわえる。次にリンゴのコンポートを作る。リンゴに砂糖をくわえて煮つめる。卵白四個分を用意して泡立て、粉砂糖四さじ強をくわえる。オーブンに入れる皿にまずコメを入れ、次にマーマレード、それから泡立てた卵白をのせる。オーブンに入れて焼き色をつける」

『ブルジョワの女料理人』の生徒のレッスン

ダンジュの髪（原文のまま）

現在ではすっかり忘れられているが、ベル・エポック前の年代に大流行して、当時の料理書や雑誌にかならずのっていたこんな風変わりなアントルメもあった。もちろんムートおばあさまの女料理人ローズもそれを書きもらすわけにはいかなかった。というよりもほかの誰か（おばあさまに仕えたジャンヌだろうか）が「コルドン＝ブルー」のノートを受け継いだのかもしれない。なぜなら書き方や文体、それにつづり方も変化したように思われるからである。

「若い真っ赤な（原文のまま）ニンジンを用意して、細い糸状に切る。砂糖を入れた水で煮る。半量まで煮つめたらみじん切りにしたレモンの皮をくわえる。さらに煮つめる。レモン汁をかけて出す」

コロンビエ先生の『ブルジョワのパティスリー』は、皮をむかずに四つ切りにした同量のリンゴをことこと煮た湯にニンジンの細切りを入れて、砂糖漬けにするときのように三〇分間ゆっくり煮つめるようアドバイスしている（水分をきったリンゴでコンポートを作れるだろう）。

レモネードで酸味をつけた砂糖

最後の締めくくりは、レモネードを使った当時の家庭的な飲み物のルセットである。

「砂糖をすりつぶし、馬毛のふるいにかけ、絹のふるいにかけた粉末と分ける（粒状の砂糖だけがレモンを細孔に受け入れることができる）。この作業が終わったら、酸味をつけたい砂糖の量を量り、砂糖漬け用の鍋に入れたら、手でもてるくらいの弱い火で温める。砂糖が固まらないようにたえずヘラでかき混ぜる。全体に熱が通ったら、砂糖一リーヴル（五〇〇グラム）あたりレモン三個分をしぼり、砂糖を溶かさないように少しずつレモン汁を染みこませる。全部染みこんで砂糖が完全に乾いたら、冷やしておく。その後は乾燥した場所に置いて、砂糖代わりに必要に応じて出す（原文のまま）。セルツ水があれば、この方法で素晴らしい炭酸レモネードが作れる。スグリ、オレンジなどの涼味のある果物の果汁も同じ方法で保存できる」

『田園と都市の女料理人』（一八一八～一八九〇年）

これについて、レモネードはレモン果汁をベースにした飲み物であるが、かならずしも現在のように炭酸ガスを含んだものではなかったことを言っておかねばならない。砂糖はパンに使われていた。

人生の断面と断章

ガストロノミーの憂愁

「パレ＝ロワイヤルのシュヴェの陳列台の前で立ち止まらない者がいただろうか。どんなに崇高な精神の持ち主でもこんな楽しみをこばみはしなかった。ごちそうのことは別にしても、食料のみごとなまとまりは、スネイデルス、ウェーニクス、フェイトなどの絵画のように見とれさせた。外につるされたノロ鹿は、ピスタチオの実がつまったイノシシの頭に鼻先をかすめ、気むずかしそうに唇を反らせていた。白い大理石の台の上では、平らに置かれた海の魚が、銀色の光沢と真珠色の光彩をゆらめかせている。黄と褐色の縞模様のオマールは恐るべき道具であるはさみをふりかざし、亀たちは苔の生えた水盤の縁で不器用に浮かれ騒ぐ。ぴちゃぴちゃと水が細く流れこむその下では中国のフナが泳いでいた。もっと遠くではル・マンの極上の肥育鶏やとびきり大きい七面鳥がふくらんだ腹をつき出し、薄い皮膚から透けて見えるトリュフが青い大理石模様を描いていた。ヒースの荒野の雄鶏や羽根が金褐色のキジ、スコットランドのライチョウ、ロシアのエゾライチョウ、かわいらしいモロッコ革のハーフブーツをはいたヤマウズラが、画家たちだけでなくグルメたちを喜ばせるために望みどおりのポーズをとっているようだった。

フォアグラのパテやネラクのテリーヌ、コルシカのツグミのパテ、ズアオホオジロの串焼きなど、ハンブルクでいう『ガラントリ』は無視するかもしれないが、琥珀のような褐色のトメリーのレーズンや、モントルイユの桃を見すごすことはできない。それは小デュマに嫌われた一五ソル（スー）の桃ではなく、みずみずしくてビロードのような感触もあるたくさんの桃である。半開きの皮がルビーの宝石箱のようなザクロ、かつてのトスカーナ大公たちの硬い石のテーブルにのせるためにフィレンツェのアラバスターで彫られたような完璧な洋梨、そうした魅力的な色や形全体、卓越した技術によって整えられたパンタグリュエルのようなかぐわしい芳香は記憶にとどめないわけにはいかない。

ある雨が降る晩に、われわれは雨を避けようとしてパレ＝ロワイヤルのアーケードに入った。昔からの無意識の習慣で、ついシュヴェの陳列棚につい目が行ってしまう。おや驚いた。名高い食料品店に代わって、ブリキ屋の立派な店があり、金属箔で飾られたおとぎの国のように不愉快な光をきらめかせている。アイルランドの伝説的英雄フィンガルの洞窟にある玄武岩の煙突のように左右対称にならんだ、丸や四角や細長いブリキの箱でできた建築物で、出っ張った部分が金属的な光で照らされ、金色の光沢のある色つきの値札を輝かせていた。

われわれは近寄っていった。なんということだろう。それはまさにシュヴェの店だったが、もう食料品はなかった。すくなくとも新鮮な食料品はなかった。窮余の一策として、缶詰の予備役部隊《ランドシュトゥルム》が投入されていた。ミルク、バイソンのこぶ、トナカイの舌、マグロ、アメリカサーモン、グリンピースや、はやりの牛肉だけの缶詰などがあった。どれも北極や南極に旅行に行くときにもっていくような食糧品だ。亀はパリに最後まで残っていたイングランドの『モックル・タートルズ』の店へと運び出されていた。フナのいた水盤には小さなコイが泳いでいたが、実をいうとライン川産にはまったく見えなかった。

まったく手のとどかない高さのところに置かれている品々は、われわれを無私無欲の状態におちいらせた。われわれはビルボケの哲学的な言葉をくりかえしながらそれを眺めていた。『一週間後にまた立ち寄ろう』

だが別のショーウィンドーのガラスの前には群衆が集まっていて、そのふるまいには賞賛の気持ちがこもっていた。

われわれはそこに近づいた。最初に見えたのは、軸がコルネリウスの足のようによじれたチョウセンニンジンの根、アヒム・フォン・アルニムの物語で元帥に変身したマンドラゴラ、中国のショウガの砂糖漬けが入っている竹かごでおおわれた二、三個の壺である。だが群衆が感心して見ていたのはそうしたものではなく、勝ち誇ったように皿にのっている五〇〇グラムほどの新鮮なバターだった。金塊を景品にする富くじ屋が展示する黄色いかたまりが、これほどあこがれと、ぎらぎらする欲望と、青白く光る渇望の目で見られたことはなかった。情熱的な視線には、優しい光と、もっと幸福だった時代の記憶が入り混じっていた…

人々は勇気と献身と自己犠牲とパリへの祖国愛を大いに推奨した…　一言だけで十分だった。パリはバターなしでやっていけるとも！」

テオフィル・ゴーティエ『攻囲戦の光景――一八七〇～一八七一年のパリ（Tableaux du siège Paris 1870-1871）』

有名なドダンのポトフ

「硝石を少し塗って塩をかけたいわゆるポトフ用牛肉はすでに切り分けられてあるが、あまりにも極上の肉なので、口はそれがおいしそうにほろほろとくずれていくところを前もって想像していた。そこから放たれる芳香は、お香のように香る肉汁だけではなく、そこに染みこんだエストラゴンや、数は少ないがつき刺してある純白の透き通るような豚脂の塊の力強い匂いからかもし出されたものである。そのビロードのような柔らかさを唇が予感するぶ厚い肉片は、粗びきソーセージの太い輪切りを枕に、くつろいで寝そべっている。豚肉は極上の子牛肉や香草、タイム、みじん切りにしたチャービルに護衛されている。しかし牛肉と同じブイヨンで煮るこの上品な豚肉加工品も、ハッカとイブキジャコウソウを塗って子牛のすね肉といっしょに肉汁で煮た肥育鶏のささみや手羽の大きな切り身によって支えられている。そしてこの魔法のような三層の重なりを強固にするために、牛乳に漬けたパンだけで育てた鶏のホワイトミートの後ろに、シャンベルタンで煮た新鮮なガチョウの肝臓が快適なクッションとなっている肉厚でじょうぶな台を大胆不敵にもすべりこませていた。そしてまた同じ配列のくりかえしがあった。各部分がはっきりと分かれていて、それぞれがブイヨンで煮てバターをまぶした調和のよい野菜に包まれていた。会食者はそれぞれ、フォークとスプーンのあいだから四重の魔法をくみとって、自分の皿に移すことになる。

繊細なことにドダンは、この特別料理をエスコートする名誉をシャンボール・ワインにゆだねていた。単調なワインはポトフを構成するいくつかの部分のどれかと調和しないかもしれない。だが含みがあって複雑で完璧なシャンボールは、染みこんでいる肉によって必要なトーンと、欠くことのできないノートを味覚器官がタイミングよく見つけ出すための能力を、そのバラ色のすぐれた皿の中にすでにもっていた」

マルセル・ルーフ、『グルメのドダン＝ブーファンの生涯と情熱（La Vie et la passion de Dodin-Bouffan, gourmert）』(24)

(24) ル・セルパン・ア・プリュム社、1995年。

第4章　ブルジョワジーの衰退とキュイジーヌ・ブルジョワーズの勝利——二〇世紀

心的傾向を問題にする多くの歴史家たちは、二〇世紀が実質的に一九一四年の戦争とともにはじまったと考えている。つまり、南仏の「善良な」ブルジョワから社会主義者に転向し、階級のない社会を望んでいたジョレスが暗殺されたときからである。いずれにしても、二〇世紀は人類の歴史のなかでもっとも悲劇的な世紀であり、用心深かったはずの「善良な」老ブルジョワジーは、二度の戦争に耐えることができなかった。言葉のあらゆる意味においてである。

当時の社会構造と概況

一八四七年一二月一七日の『ジュルナル・デ・デバ（Journal des Débats）』紙には、すでにこのような記事がのっていた。「ブルジョワジーは階級ではなく、地位である。地位は得ることもあれば、失うこともある。この地位は仕事、経済力、能力によって与えられ、悪徳、放蕩、無為によって失われる。ブルジョワジーは階級であるというよりも、誰もが出たり入ったりできる開かれた扉である」

二一世紀の初めに権力を握ることになるのは概してそれ以前の社会とは直接のつながりはないとはいえ、同一の支配層による社会が権力を握ることになる。相続財産はなくてもその力量によってとりつくろうことができるだろう。研究レベルや生活水準が向上した一九五〇年代から一九八〇年代にかけての「栄光の三〇年代」には、商人や役人家庭の才能に恵まれた子弟が、「開かれた扉」からブルジョワジーに受け入れられ、銀行・大学というもっとも特徴的な制度のトップに上りつめる。そして高級住宅街に住んで、今度は彼らが、家庭的儀式、社会的関係の体系化、資産信仰、有力者崇拝といったブルジョワ的システムをとりいれる。システムはすでに機能しているので、後はそれに従うだけでよいのである。

第一次世界大戦までは、まだ一九世紀の影響を受けた生活が惰性によって続けられる。科学技術が進歩し、電気や自動車などが現れても、ブルジョワたちを支配する習慣や気質はカレンダーよりもゆっくりと時間をかけて変化していった。プルーストの作品は、二つの時代のはざまに置かれた鏡であり、失われた時を求めるこの時代をよく示している。

家庭

進歩的で学識のある階級が自画自賛する当時のエリート主義の女性雑誌――「大戦」前の名高い

『ラ・ファム・シェ・ゼル（家庭の女性）』、傑出した『クリナ』、光沢紙に濃褐色で印刷された一九二〇年代以降の週刊誌『エヴ』——や、恵まれない階級を成長させ、強化することを目的とする教科書的で教育的な出版物を読むと、家庭生活を儀式化する演出がたえずなされていることに驚く。そこでは家母長が平和な家庭のすばらしい支配者となっている。現実離れした精神主義の隠れ家である家庭の重要性は、居住する者の財産によって異なる。つまり社会の階層によって異なるということである。どんな階層の女性であれ、夫や子どもたちに対する完璧な一家の主婦の自己犠牲的な愛情は、幸福が共有される「家庭内」でつねに表現される。主婦は喜んで献身的につくすのである。微笑みながら自己を犠牲にする。しかしそれはまた別の話である。

ブルジョワ家庭でももちろんそうした平和な家庭が求められる。邸宅やオスマン通りのアパルトマン、あるいは郊外の珪石造りの一軒家は、訪問客が居住者に敬意の念をいだくように、この階級のイデオロギーを具体化し、象徴化する必要があった。それを「表す」ための三つのシンボルがあったのを忘れてはいけない。つまり当時はつねに入口を入ってすぐのところに客間、そしてピアノがあり、女中[1]がいたのである。

このように自尊心を満足させる住居という考え方は、何世代も前から特権階級にはつねにつきまとっていたので、そのころから写真が多くなった新たな雑誌から学ぶまでもなかった。写真にあるように、女中が来客を告げるとすぐ、それまで弾いていたピアノをやめたようなふりをして客間に客を迎えた。

(1)　とはいえ、『クリナ』（1910年３月１日付け）によると、「女性は料理上手で育児をしてピアノを弾くだけではじゅうぶんではなく、家族と家計を最大限に喜ばせる実践的な知識をたくさんもっておいて、必要なときにそれをとりださなければならない…」。『クリナ』はたとえば役人の妻のような「上流婦人」向けの出版物である。そのモットーは「妻は家族のために熟練した腕で食事を用意し、夫の愛に仕える」であった。

近代的で実用的な家

二〇世紀への転換期は、建築家や住居にとってまさに「ベル・エポック［良き時代］」だった。産業の発達によって生まれた素材を使った家で、人々は近代の出現に立ち会った。鉄筋コンクリート、鉄、セラミック、ガラスといった素材が、水道、ガス、電気の普及と先を争っていた。快適という新しい言葉は、衛生の必要性にかかわるだけでなく、エレベーターや電話のように（モダンだがシックな）「ホーム」を生活のために開放するものにもかかわっていた。しかも建築家たちはアパルトマンの伝統的なプランを検討しなおして、まったく新しい「実用的」という概念に順応させなければならなかった。それはポール・セディーユが一八九五年に『イングランドの現代建築（L'Architecture moderne en Angreterre)』で示した概念であり、プロの世界にかぎらず、雑誌にもさかんにとりあげられていた。

大企業の融資を受けることも多かった慈善組織や団体は、合理性を追い求める。社会や衛生学者の知識を、庶民の住宅についての考え方に結びつけることが急務とされた。一九〇五年から経営者同業組合が主催した建物内部の最適な配置や配列についてのコンクールなど、コンクールの数が増加した。しかし古い住居であれ最新の建造物であれ、その理想的構成が裕福なブルジョワジーに影響をおよぼすには、さらに時間がかかるだろう。財力があるので「社会主義的傾向をもつ」革新を気にかける必要がないからである。

特権階級の家では、伝統的に食堂と客間は特別の地位を保ち、「使用人」は住居の中でいちばん居心地の悪いすみの部分、さらにはアングロ＝サクソン系諸国がまだそうだったように、地下室に追いやられていた。参考までに、ローマのパトリキ［共和政初期の世襲貴族］は奴隷が住む地域の内壁を黒と栗色に塗らせていた。

反対に倹約のため、新しい部屋でも古い部屋でも、いつも狭いところに住んでいた小ブルジョワジーは、いちばんいい場所にある部屋を犠牲にして応接室にしてはいたが、アルコーブのカーテンやソファなどのクッションで（たいていは子どもの）ベッドを隠して居住していた。その部屋は「上流社会」のような客間ではなく、食堂といえるものである。なぜならこのころ頭角を現したばかりの階級は、アルコール飲料、コーヒー、グルマンディーズ、そして食事と、食物を捧げるという古来からの礼儀作法を重視してきたからである。訪問客が食事のために来たのではなくても、食卓以外で迎えるのはありえないことのように思われた。今日でも、一部のテレビのインタビューはこの場所で行なわれている。しかし長椅子とティーテーブルの周りにクラブチェアのある「リビングルーム」が一般的になるのは、一九六〇年代になってからのことである。この世紀の初めに庶民が客を迎えた部屋には、食堂用の家具が置いてあったが、それはその家庭の最大の投資を表していた。ほとんど前の世代と同じようなアンリ二世風家具、あるいは財力があればはやりの「モダン・スタイル」の家具があった。

ガスが供給され、次いで電気が供給されて食卓の上につり下げ式の照明器具がつけられる。食卓にはロウ引きの布やケーシングの飾り布がかけられ、好みでハランなどの観葉植物が置かれた。一九一八年以後はマントルピースに孔雀の羽根のブーケや、よく磨かれた砲弾入りの薬きょうがならべられた。

社会的儀式

訪問

スタッフ男爵夫人のマナー論はこの時代の礼儀作法のバイブルだった。男爵夫人は高級住宅街から出るのも嫌いではなかった。「私たちは財産に恵まれた人たちのためだけに書いているのではありません…」という言葉でそれを証明し、署名もしている。「もしお客様が招待日ではない日にやってきたら、食堂や寝室で迎えるので、その部屋をきちんと整頓し、きれいにしておきましょう(2)」。ルーヴル百貨店のキャラコ売りの実直な妻には客間はなく、「招待日」を設けるような暇もないことを、誰もスタッフ男爵夫人に言おうとしなかった。それでよかったのである。当の良き妻はこの本を数行読んだだけで男爵夫人の楽天主義を見いだしたからである。

到着した人がたんなる訪問のためにやってきたら、プチブルジョワの明文化されていない礼儀作法では、食卓の決められた席に着席して、次のような愛想のいい言葉で対話がはじまるとされていた。「なにかちょっとしたものを召し上がりませんか?」。上流社会の作法のために犠牲をはらって、客を迎えたのである。ちょっとしたものならば気がとがめることもないし、自然である。だがほんとうにちょっとだけならばの話である。家庭の主婦は朝起きたら、食器棚の正面に置くセットずみの盆や、食器棚の上部のガラス張りの棚、さらにはつねに中を見せていて不適切にもリキュールキャビネットとよばれている、高級家具師が作った貴重品入れを、じゅうぶんな数の美しいグラスや、宝石色の液体で満たされた小瓶でいっぱいにする。リキュールキャビネットは「その家に受け継がれたもの」であった。「なにかちょっとしたもの」と同様である。

(2) スタッフ男爵夫人、『社交界の作法。現代社会のマナー(Usages du monde, Regle de savoir-vivre dans la société moderne)』、1900年版。

蒸留酒

工業生産のアルコール飲料、リキュール、食前酒もたしかに古くから存在し、カフェやアルコール飲料の小売店では公然と飲まれていた。たとえばシェレが描いた、オート＝ガロンヌ県レヴェルの「ジェ・フレール」が製造する「ピペルミント」の素晴らしいポスターが思い出される。実際には庶民家庭がこうした商品を買い求めることはなかった。家庭の良き母がこのような怪しげな買い物をするのはよく思われなかっただろうからである。裕福な階層では、一家の主人が気どってポートワインやコニャック、シャンパン、製造年号のついたワインをそなえた地下倉を個人的に管理していた。いずれもえり抜きの酒ばかりだった。それは刺繍やピアノ、あるいは菓子とお茶を出すだけの主婦の客間の楽しみと対をなすものだった。

とはいえ、立派な妻たちを飲酒癖への誘惑から遠ざけようとする、大カトー以来の社会的慣習にもかかわらず、代々の女性たちは食前酒や甘いリキュールやシロップなど、ともに楽しんで飲むアルコール飲料の自家製処方を、ノートに書きとめていた。そしてそれを母から娘に大切に伝えたのである。つまり以前は白魔術のような調合の儀式のことなどまったく意識せずに、誇らしげに食堂のテーブルに瓶やグラスをならべていたのである。酒を作るには、炻器《せっき》の壺がよく使われた。じつは炻器には光をとおさずにリキュールを熟成させる力があるので、ガラス瓶より好まれたのである。

南部フランスで大切にされている自家製のリキュールは、「窓辺のリキュール」とよばれている。なぜなら別の錬金術のために、ガラス瓶が日のあたる窓辺にならべられるからである。

家庭の果樹園や庭園でとれた果物、あるいは（もちろん生態学的な理由や時代背景のためにやむをえず）市場で買ってきた果物、もしくは散歩中に摘んだ葉や花や香草で作られる「浸けこみリキュール」や自家製ワインは、倹約家であるブルジョワの天分に適していた。

間食

小さなホームメイドクッキーは、一九一四年の大戦中に兵士への小包に入れられて広まった。二〇世紀の初めにはまだマカロン、ラングドシャ、マドレーヌくらいしか知られていなかった。そんなわけでプルーストの作品が書かれたのである。

第二帝政期に流行した大きなクリーム菓子、あるいは家庭のタルトも、一般的に前もって準備されるということはなかったので、即席の間食に出されることはなかった。そのかわりブリオッシュや乾いたサヴァラン、あるいは一八九三年に発明された「トフェ」ともよばれるカトルカールは大きな鉄製の缶に保存されていた。ケーキ缶もしくはビスケット缶は、百年後のコレクターを喜ばせる。パリという都市の家事教育を受けたことのある若い娘たちは皆、コーヒーや紅茶のためのガレット作りに才能を発揮していた。魅力的な名前のおいしいガレットを温かいうちに出して、ほめ言葉に顔を紅潮させるのである。ちなみにこの小さな菓子は「ニンフのガレット」とよばれていた（309ページのルセットを参照）。

日付がはっきり記された（アカデミー・フランセーズ会員の）マルセル・プレヴォストの作品は当時大ヒットしたが、それはしかし大小のブルジョワジーのあいだでだけだった。ブルジョワの夫人たちはとくに『フランソワーズへの手紙』に夢中になった。一九〇二年から一九一二年までのいわば大河年代記で、この時代の理想どおりの若い娘の歴史に、おじであるマルセルの道徳的、心理学的助言がくわえられている。

見せ場は一九〇二年に発表された一六番目の手紙かもしれない。その中でフランソワーズは謝肉祭の最終日におじを訪問する。彼女はクレープ生地を作っているキッチンにいる。『ラ・ファム・シェ・ゼル』紙——もちろんパリのロワイヤル通り一四番にある——の午後の講座をたしかに受けているが、技量と優雅さと上品さを示して生地にとりかかっている。なぜならフランソワーズは白い子山羊革の手袋をはめてクレープを作っているからである。

「あなたはまったく女料理人らしくなかった。小間使い用のエプロン、手袋、頭にかぶって味覚を喜ばすだけの香りから髪を守っている黄金色のマンティーラ(3)は、まさにあなたを、射撃を教えるために兵士のマスケット銃をちょっとのあいだ借りている将官のように見せていた…」

夕食

フランスではほかの国以上に、そしてブルジョワのあいだではとくに、つねに夕食によって社会生活がはっきり示される。「上流社会」の上層にいればいるほど、体系化された晩餐の束縛は多くなる。つまり上品な服装でシックであること、高雅な呼び名の繊細な料理で風味も趣味も良いこと、会食者が期待する義務的な料理がかならず含まれていて安心できること、が求められる。夕食は体系化された感じのよい儀式であり、快楽の一部ではない。「社交上の義務」、「夫婦相愛の義務」といった慣用表現を思い出していただきたい。

ブルジョワ家庭にとって晩餐会は、番号を打たれた銀食器のような家宝中の家宝を公表する機会だった。なぜなら、残念なことに紋章や冷水用のグラスやカラフ、バカラやサン＝ルイのクリスタルガラス製ワイングラスをひけらかすことはできなかったからである。ザクセン磁器や、白もしく

(3)　肩にかけたり頭にかぶったりするもっとも高価な絹のニードルポイントレースやボビンレース。

は白と金、もしくは繊細な花模様のリモージュ焼がおおいに用いられた。色のくすんだセーヴル焼きは場にふさわしくないからだった。フィンガーボールはアントレに出される甲殻類に必要なものとなっていた。こうした品々はどれも光り輝いていた。エレガントな純白の花束で区切られた、白や刺繍をほどこしたダマスク柄のリネンのテーブルクロスには、穏やかな名声と裕福さが示されていた。

二〇世紀の初めに、ヴィクトリア朝のイングランドですでに知られていた魚用カトラリーが、フランスにも登場する。

長くて面倒な食卓に比べて、アメリカで発明された小さな食卓はより豊かな交流をうながし、会話も活発にしたので、宴会の退屈さを解消した。上流社会の若者たちはそれを高く評価した。アレクサンドル・デュマは成功した夕食についてこう言っている。「食べるだけではじゅうぶんではなく、心静かに慎み深い陽気さで話をするべきである…」

婚約式

若い娘たちは結婚することが使命とされていたので、寄宿学校を出るとすぐに、将来家庭の主婦となるための準備に母親が心を砕いた。というのも夫探しが成功してからでは遅いからである。その時から新米のブルジョワ女性には、家庭経済よりはとるにたりない、ほかのさまざまな関心事が生じるのである。

アフリカのバントゥー族の娘たちと同じように、フランスの未来の花嫁たちも通過儀礼を果たさなければならなかった。社会的な通過儀礼は西洋の乙女にとってははるかに楽しい試練だったが、新婚旅行という最後の試練までの一つひとつのアプローチは、夫婦の絆という鎖の輪を作っていく義務的手続きによって示されていた。正式の婚約、公証人の前での契約、役所での民事婚、教会での結婚式など感動的な数々の式典は、若いカップルの周りに同じ数の避けがたい世俗的でガストロノミックな行事を生み出すのである。

はじめに正式な婚約――結果的には世俗の広告欄に発表するだけである――はまず娘の両親の家で、両家の近親者を集めて「内輪の」夕食によって表明される。デザートのときに、男性婚約者が伝統となっている指輪をわたす。女性婚約者は八日後、若者の両親の家で開かれる二回目の夕食会の直前に、印台指輪、髪をひと房入れたロケットなどといったお返しの贈り物をする。若者は結婚の申しこみをしてから毎日、未来の妻に花を贈る。白か薄いピンクの花を贈るのである。

そのあと、まさに婚約の祝宴がもよおされる。二〇人から多くて四〇人を集めなくてはならない、と一九〇九年三月一日付け『クリナ』誌、つまりパリ九区、ラフィット通り一番、電話二八〇-八〇で発行された「家庭の主婦の理想的出版物」の、八六ページに明記されている。四人の会食者が座る各テーブルには、料理ごとに二人分の大皿が二枚出された。ヴェルサイユでの公式晩餐を思わせる記述を、実際には半分に減らしていた。この配列によってあまりお金をかけることなく、正面にいる家族に結婚の契約前に強い印象を与えて「眩惑した」のだと今ならいうかもしれない。

40人の会食者を集めた婚約式のディナーのための『クリナ』のメニュー
各テーブル4人ずつに供される

40皿のカキとレモン

スープ4皿
ウィンザー風ポタージュ
コルベール風コンソメ

オードヴル
小さな王妃風ブッシェ［一人前に作った小型のパイ］
セモリナのパレルモ風クルスタード

魚4品
テュルボのアンチョビーソース
ヒメジのプロヴァンス風グリル

ルルヴェ4品
ニヴェルネ風牛肉
モンタンシエ風子牛の舌

アントレ8品
アニェス・ソレルの小さなタンバル
ベルビュのイセエビの尾
フォワグラのアスピック
貝類のジェノヴァ風クルート

ロースト4品
トリュフをつめた去勢鶏
豚の脂身を刺したホロホロチョウ

野菜4品
フランス風グリンピース
アスパラのクリームソース

アントルメ8品
リンゴのシャルロットのヴァニラ添え
プラム・プディングのパンチ添え
コメのミラボー風
イチゴのジュレ
季節の果物、プチフール、果物の砂糖漬けなど

リキュール
上質なブテローシャンパン2本

カレーム自身も、ブレリオがイギリス海峡を横断した一九〇九年に供された、この種のものではもっとも新しいメニューに賛成したかもしれない。しかし今日のフランス語に翻訳すると、この料理は過去、現在、そしておそらく未来も含めた伝統的なブルジョワ料理の中の最高傑作だと思われる。もちろん、ウィンザー風ポタージュというのはザリガニのクネルをそえた子牛の足のブルーテスープである。コルベール風コンソメは、白ワインでゆでた卵のコンソメ。パレルモ風クルスタードは、チーズをつめたセモリナのクロケット。ニヴェルネ風牛肉はニンジンをそえた牛肉。アニェス・ソレルの小さなタンバルは、トリュフをそえた鶏肉のピュレをつめた小さなパイ皮包み。ジェノヴァ風クルートは、ウニにレモン汁をかけたもので味つけした貝のむき身を、はさんで揚げたトーストパン。コメのミラボー風はまさにブルジョワ風のおいしいアントルメである。今日においても「極上の」フランス風グリンピースは、フランスの祝祭料理には欠かせないものであるが、缶詰の野菜だったかもしれない。二〇世紀末においても、グリンピースは生産量も、缶詰の消費量もトップだった。もっともイングランドでは生のグリンピースの存在は知られていなかった。ビー玉のように大きなフローズン・ピースしか知らなかったからである。われわれはそのことをあきもせずにいつまでも強調しつづけることだろう。

二〇世紀末以降、ピラミッドのようなクロカンブーシュ(4)のピエス・モンテは、結婚式や聖体拝領の会食で強烈な印象を与えていた。婚約式ではそれほどのものは求められなかった。だから『クリナ』誌はこのメニューをアントルメと古典的なデザートで締めくくっているのである。

(4) カラメルを塗った果物を円錐形に積み重ねたクロカンブーシュは、1815年にカレームがベルティエ元帥のために発明したものである。1898年に有名なラカンは、カラメルでつなぎ合せたシュークリームを使うことを思いついた。油をひいた型の中に入れ、型から取り出して飾りつけしたのである。クロカンブーシュは小さなジェノワーズでも作られた。トレーで仕切られていることもあればそうでないこともあり、クリームで飾られた大きなスポンジケーキを積み重ねたピエス・モンテは、ヴィクトリア女王時代にはじまったもので（ウェディングケーキ）、フランスでは1950年代ごろになってようやく作られるようになった。巨匠サンデルは1981年、チャールズ皇太子とダイアナ妃の結婚式のために世界一美しいピエス・モンテを作った。

クリスマスの祝祭

クリスマスの祝賀は、一九四〇年まで、二〇世紀後半になってみられるような熱狂的な様相は呈していなかった。まだマーケティングより宗教的熱意が優先していたのである。だが一九〇九年一二月の『ジュルナル（Journal）』紙に、ある外国人の驚きを伝える記事がのっている。それによると、教会と国家が分離して以来、フランスで宗教的祝祭をかつてこれほどにぎやかに祝ったことはなかったというのである…「そしてこの祝祭を祝うためにもっと休もうと、前後の日曜日とつなげて連休にすることを思いついた」。太陽の下、新しいものはなにひとつない［旧約聖書『コヘレトの言葉』］ということがおわかりいただけるだろう。

そしてさらにこう言っている。「祝祭について、教会のあらゆる儀式がグルマンディーズに影響をおよぼしているという指摘は興味深い。（中略）クリスマスは食卓の豪華さでもきわだった一日である。政教分離の法律は、ほかの宗教的儀式のごちそうの習慣をなくせなかったのと同様に、クリスマスのごちそうの伝統にも、たいして影響をおよぼすことができなかったのである」

したがって今世紀初めには、どの社会階級でも熱狂はなかったが、にぎやかさはあった。クリスマスの祝宴はとくに今と同じように、欠かすことのできない料理をそろえた食卓を囲んで家族で「祝っていた」。とはいえ、現在のように外国のやり方から影響を受けたものはまだなかった。同様に、フランス北部や東部では、一二月初めに聖ニコラウスが子どもたちのところにやってきていた。その習慣は失われたが大切な思い出として心に残っている。また宗教と無関係のサンタクロースは考えもつかず、プレゼントもなかった。だが一月一日に、それぞれの家でモミやモチノキやヤドリギを飾り、プレゼントを配っていた。

クリスマスのモミの木はアルザス地方ですでに一五世紀から飾られていて、一八三七年にはルイ＝フィリップの義理の娘にあたるエレーヌ・ド・メクレンブールによって、テュイルリー宮にはじめて公式に立てられている。一八七〇年の敗戦後、孤児となってしまったアルザス地方への愛国的な敬意を表して、この習慣がまずフランスのブルジョワのあいだで広まった。その後、「リヒテンバウム」つまり光の木、生命と希望の木が各家庭にもちこまれ、そのメッセージが一九一四年から一九一八年にかけての年代に強調されることになる。

二〇世紀前半には、レヴェイヨン、つまり真夜中のミサのあとに食べる夜食では、デザートとしてビュッシュ・ド・ノエルがかならず出されるというわけではなかった。この夜食は、ミサや礼拝の前の祝祭の夕食になっている(5)。事実、このうれしい夜のあいだずっと暖炉で本物の（木の！）薪《ビュッシュ》が燃やされたことから、フランスやヨーロッパの田舎の伝統の中に儀式と迷信の混合となってあらわれたのである。都市では、この儀式はほとんど行なわれることはなく、国土解放がなされたあとに、そもそもベル・エポックの時代にパティシエのカレームが考えついたビュッシュ、栗とチョコレートかアイスクリームで作られる、なくてはならないビュッシュの新しい習慣が導入されたのである。

地方の名士や農民だった祖父母世代は、もちろんその地方特有のデザートをかならず食卓にのせていたが、パリをはじめとする都市のブルジョワは自分たちの会食に、こうした民間伝承のグルマンディーズの力を借りようとはしなかった。むしろムスリーヌ・グラセ・ア・ラ・デュシェス（大きなデュシェス梨をシロップで煮て、中をくりぬき、梨の蒸留酒のシャーベットをつめて氷で作った岩の上に盛りつけたもの）のほうが好きだったのである。あるいは冷やしたコニャックソースを

(5)　現在はクリスマスの夕食だけでなく、復活祭の昼食も慣例となっている。

そえた熱いプラム・プディングも好まれ、上品に「ブランディ・バター」ともよばれた。民間伝承のグルマンではあるが、イングランドのグルマンによってすっかりさま変わりしたのである。

最後につけくわえておくと、クリスマスは伝統的な祝祭なので、「接待役は伝統を尊重する。ブーダンもクレピネット［生ソーセージ］も除かずに豪華なクリスマスイヴを用意する。（中略）例として、R夫人の食卓はとりわけよく知られていた。思うに、R夫人はわれわれにこのメニューを伝えた稀有な才能の持ち主である料理長をかかえていたのである…」

一九一〇年一二月の『クリナ』誌上で発表された、その「上品かつ繊細な」メニューは、カキ、キャビア、フォワグラのパフェのあと、トリュフをつめた七面鳥のひなにクレピネットとブーダンと栗をそえたものを供していた。「それはこのガストロノミックな祝典をそこに凝縮したものである。なぜならクリスマスの伝統的な料理がすべてひとつにまとめられているからである…」。一九世紀（ゾラを参照）から伝わる美食の逸品で、残念ながら二一世紀にはほとんどの総菜屋から姿を消した「ラング・ア・ラ・エカルラート［色を赤くするために硝石をくわえた塩水に漬けたタン］」のヴァリアント」、ラング・ア・ラ・ヴァランシエンヌもあった。不とどきな総菜屋たちは、バルザック自身がこう述べていることを知るべきである。「腱膜で包んだタンは煮た肉の女王であるから、中央の皿に置かれなければならない[6]」

大胆さを欠く料理

「君主たちの料理の味」に捧げられた社説をはじめ、概要目次や「使用人たち。いかにして女料理人を育成するか…」というトレーヴ男爵の助言を読むと、『クリナ』誌が高級住宅街に住む読者

(6) 『フランスの美食家（Le Gastronome français）』、1828年。

を想定していたことがわかる。だが雑誌にのっている入門用ルセットや「過度に単純化した」ルセットは、明快さにおいても、正確さにおいても、説明の根気強さにおいても完璧である。その料理は二〇世紀最初の四半期のイメージと味であった。古典的かつ伝統的で、理性的であるがそこそこ良識的で、現代的というには創造的イマジネーションに欠けていた。

たしかにあるコラムでは、もったいをつけてこう伝えている。「本誌の経営陣は読者が料理術に関心をいだいていただけるよう、第一二回料理展に出品した料理人たちの最高の創作料理を本誌にのせる許可を得た。細心で忍耐強い読者は、ベシャメル、ミルポワ、ブラン・ド・ヴォー、サルピコン、ジュレといった芸術的な料理の、きわめて正確な説明を参照することによって、自宅でそれを試みて自分で作り上げることができるだろう」。きちんとした教育を受けたマダムとその女料理人は、きっと毎月一度はしっかり鍛えられたことだろう。

臨時スタッフ

婚約式のディナーとして『クリナ』で提示された四〇人分のカトラリーで供される（木製スプーンでもさほど影響はない）メニューには、調理や給仕に臨時スタッフが必要だった。臨時スタッフを頼むには、中世と同じように職業紹介所に出向かなければならない。パリでいちばん有名な紹介所は、もちろん七区のベルシャス通りにあった。身元保証のある適任の人物を、短期あるいは長期で紹介してもらったのである。

この紹介所は、レストランの料理人たちを適当に選んで紹介する事務所よりは「確か」だったようだ。もちろん最高の男性スタッフが対象だった。おばあさまの家では、女料理人ジャンヌはこうした援軍に腹をたてることもなく、地方にもいたこうしたスペシャリストが要求する時間給を、話す人ごとに得意そうに伝えていた。くだんの紹介所は、一九六八年にＡＮＰＥ（職業紹介所）ができて閉鎖される。いずこも同じであった。

冷たいアントレやデザートは大きな惣菜屋や菓子屋で注文することもできた。パリでは「ルンペルマイヤー」がすでにリヴォリ通りにあった。

メニューの用語

フランス風のディナーでは、一九世紀末まで「アントレ」はメニューの最初の料理を意味していたが、実際にはオードヴル、ポタージュ、魚のあとで、三番目か四番目に出された。ソース煮した「ルルヴェ」は、味の異なる料理のすぐあとに出された。「ロ」は、ローストした肉またはジビエのことだが、肉断ちの日には、尾頭つきで出される魚もさした。かつてはロのあとに出される料理を「アントルメ」とよび、中世にはショータイムとなっていた。外食産業では、今でも「仲介役」をつとめる野菜料理を意味している。「料理のアントルメ」は、卵をベースにした塩味のきいた料理である。甘い料理はデザートに属する。

おいしいものでやせる

一九〇五年一二月九日の教会と国家の分離は、カトリック教徒のブルジョワにとってドレフュス事件同様につらい体験だったが、晩餐会でもまだ聖金曜日や四旬節の「肉抜き」のメニューはまだ非宗教化してはいなかった。

パリのデュフォー通り九番にすでにあった「プリュニエ」でいつものように、カキとイセエビの「カジェリー」（つまりカレーで、「カレー」粉はどこの高級食料品店にもあった）、まだ養殖ではないため高価で粋だったサケ、ザリガニ、さらには、アイ・ド・モエ・エ・シャンドンのクレマン・ロゼをかけたヤマシギやコガモ（水禽猟鳥なので「肉断ち」になる）を食していた人たちは罪人ではなかった。

このような肉断ちの夕食は「大統領のアイスクリーム」で締めくくられた。「このアイスクリームはわが国の大統領のお気に入りなので、ファリエール氏[7]と名づけられた」。だが実際にはこれはマンダリンのムース・グラッセだった。

一九一〇年には、アイスクリーム製造器に塩と砕いた氷をつめ、手で回転させることによって家庭でアイスクリームが簡単にできるようになった。どんな都市でも製氷工場が氷塊を宅配して、家庭の冷凍庫に供給していた。便利で衛生的な配膳室の備品である亜鉛の裏張りをした木製冷凍庫は、アメリカから入ってきたものらしい。クリームを入れた型を、やはり氷と塩を混ぜた中に数時間入れて、「締める」こともできる。

一九一〇年三月一日付け『クリナ』誌のメニューとルセットと資料

プルースト、良い趣味と良い場所と小食

『失われた時を求めて』はブルジョワ資格の志願者たちに、数えきれないほどのモデルを提供してやまない。だから著者の洗練された趣味についてのあらましを伝えるのは、根拠のあることだと思われる。巡礼が到達しなければならない聖地をざっと描写するのと同じである。巡礼者たちがそこへ行きたくなるように。もっとも、プルースト的ダンディーのモデルが定期的にファッション雑

(7)　肉体的にも精神的にも、アルマン・ファリエールはこの時代の優雅な「政治的人間《ホモ・ポリティクス》」の典型である。共和国大統領選挙（共和党左派の候補として）のあと、彼はけっして政治的権勢をふるおうとしなかったので、彼の仲間であるブルジョワたちは彼を高く評価した。

誌の「ピープル」欄を飾るのは、おそらくもっとわかりやすい理由からだろう。

しかし、パリのブルジョワジーの精華であるマルセル・プルースト自身は、キュイジーヌ・ブルジョワーズの愛好家にはなっていない。彼が小食なことはよく知られていた。母親の家で晩餐会があったときも、自分の家の寝台のそばの小さな食卓に（ただ一人の）客を迎えたときも、「クリヨン」や「リッツ」や「ラリュ」の店に招待したときも、彼自身は何も食べていなかった(8)。

とはいえ、彼が毎日一度だけとる食事のほとんど変化のないメニューは、わずかしか食べないとはいえ、グルメが高く評価する簡素でおいしいものについての興味深い情報をもたらしてくれる。また、作家の書簡や、彼に忠実に仕えたセレスト（主人のライフスタイルから考えると、女料理人とよぶことはできない）の『回想録（Mémoire）』のおかげで、一九一四年前後に推奨されているパリの行きつけの店の名前を知ることができる。

一九〇四年にプルーストは自分の一日のすごし方を打ち明けている。「卵のクリーム添え、ローストした若鶏の手羽肉、クロワッサン三個、フライドポテト一皿、レーズン、コーヒーとビール一本（中略）、寝るときにヴィシー水コップ四分の一」。卵のクリーム添えは、ラムカンに入れてオーブンで焼いた卵に生クリームをそえたものだった。彼のお気に入りはフライドポテト添えの舌ビラメだったかもしれない。セレストは、現在はモノプリになっている場所にあったサン＝オーギュスタン広場のフェリクス・ポタンの店で、新鮮な魚を手に入れていた。あるいは、病人がキッチンの匂いに耐えられなかったとしたら、マドレーヌ広場のレストラン・ラリュで焼いたものを買っていたかもしれない。ラリュではベル・エポックのごちそうであり、マヨネーズを混ぜたゼリーでつねに美しく成形されるロシア風サラダも提供していた。あるいは、とろ火でゆっくり煮こんだ牛肉の「小さなマルミット」かもしれない。あるいは、ブルダルー梨かもしれない。プリュニエは一度、

(8)　ロベール・ラフォン社の「古書」コレクション、『失われた時を求めて』を理解する手がかりとして、フィリップ・ミシェル＝ティリエの好著『マルセル・プルーストについてどう考えるべきか（Quid de Marcel Proust）』を参照のこと。感謝をこめて。

思いつきでヒメジ《ルゲ》を提供していたことがあり、またナプキンでよく油をきったニシキュウリウオ《エペルラン》のフライも出していた。ビールはリップの店から、アイスクリームはリッツかポワール＝ブランシュから調達していた。

ブルダルー梨は、四旬節の有名な説教師ブルダルーの好みとはまったく関係がない。当時流行のこのデザートの考案者であるパティシエのラカンが、同じ名前の通りに店をかまえていたからである。ラカンはラリュのレストランと協定をむすんでいたのだろうか？　いずれにしても女性誌『エヴ』が、ひじょうに簡単でおいしいそのルセットをのせたのは、一九二八年になってのことだった。ヴァニラで香りをつけたシロップでゆで煮したウィリアムス洋ナシ半分を、アーモンドクリームにのせて、つぶしたマカロン、スライスアーモンド、砂糖漬け果物を細かく切ったものでおおい、一分間オーブンで焼き色をつける。

最後に親愛なるマルセルと別れるにあたり、彼が一九一四年から一九一八年にかけて、朝食のクロワッサンを減らして戦争のために協力していたことをあらためて言っておこう。

大戦

ベル・エポックの終わり

そしてついにそのときがやってくる。世界全体が、熱狂とともにはじまった「大きな」戦争の恐怖の場に飲みこまれてしまうのである。さらばベル・エポック。良き時代は一三〇〇万人以上の死者とすくなくとも一一〇万人の戦傷者や傷痍軍人を見放して逃げ去っていく。フランスの資産は二五パーセントそこなわれ、国民生活は軍事行動を援助するために実質的にストップし、民間人は疑いようのない肉体的疲労と精神的疲労に押しつぶされた。たくさんの恐怖と、たくさんの涙があった。そのうえスペイン風邪が猛威をふるう。

ひどい五年間だった。一部の消費財の欠乏、配給、生活費の高騰、作業場や工場の軍需への応急転換があった。たとえばセルロイドの赤ちゃん人形を作っていた製作所は、火薬工場に変わったのである。女性たちは男性の代わりに戦場でも工場でも、行けるところはどこにでも行った。それでも、すべての女性というわけではなく、ブルジョワ女性はその中にほとんどいなかった。とはいえ多くのブルジョワ女性は、男性たちがみな戦争に動員されてしまったので「商売」を引き受けていた。救急看護隊員としてハンドルをにぎったり、負傷者の手あてをするために白いヴェールをかぶったりする女性たちもいた。

私のおばであるシュザンヌ・ルフランが、評判のカメラマンに写真を撮られたとき、そばにいた負傷者にたくさんのお菓子をもっていったところだったかどうかはわからない。家族のアルバムには、赤十字の長くて白いヴェールに縁どられた、ラファエロの聖母マリアのような美しい顔が写った写真がある。当時は負傷者のためにお菓子を作るのが習慣だったが、私はおばがそれを自分で作ったとも思えない。彼女の母親はまだ料理を誰かにまかせられるだけの使用人をかかえていたからである。同様に運転手もいて、シュザンヌがヴァル＝ド＝グラースの病院で義務を果たせるように、リムジンで送り迎えをしていた。

いくらかの利益と多くの損失…

占領された北部地方にはもう石炭が届かなかった。民間の列車ももう多くはなかった。一九一四年九月、パリのタクシーが援兵を送った最初のマルヌの戦いのあと、首都には飲み水がなくなってしまった。戦場にたえまなく降った雨で数多くの人馬の死体が泥に浸かり、その血に染まった汚水によって、パリに水を供給していたアルトワ地方の水源がひどく汚染されてしまったのである。

「短期で歓喜」と予告されていた戦争が長引くにつれて、政府は武器や弾薬の調達計画に必要な資金を得ようとした。だが歴史家ピエール・ミケルによると、実際には「一九一四年七月に可決された所得税が、一九一六年一月一日まで施行を引き延ばされたが、一〇億フランしかもたらされなかった[9]」。一九一六年に制定された「例外的収益への特別税」は徴収に手加減がくわえられた。なりあがり者、つまり戦争成金は一〇億五〇〇〇万しか支払っていない。その年からすでにブルジョワたちは手腕を発揮していたのである。

しかしフランス人は小口投資家であり、蓄財家でもあった。ためこんだ資金をふたたび投資したくてうずうずしていた。その機会はたくさんあった。兵士を描いたポスターには「私は命を捧げる。あなたは資金を提供してください」と書かれていた。そしてそれができる人々のへそくりが流れこんだ。「国防債」は、五パーセントの利子の前払いを提示し、二二〇億フラン分が購入された。ピエール・ミケルはこう述べている。「ブルジョワたちは少なからぬ額に思われる利子を受けとることで自己の行為を正当化していた。（中略）彼らは戦争が終わったら、公式にはまったく打撃を受けていないフラン・ジェルミナル[10]との交換可能性が回復するだろうと考えていた」。しかし一二〇億フランが使い果たされてしまったつらい記憶であるロシア債のことは話さないでおこう。ナポレオンがベレジナでこうむったのと同様の大惨敗であった。

⑼　『大戦（La Grand Guerre)』、ファイヤール社、パリ、1984年。
⑽　フランス革命以後の、「ジェルミナル」とよばれるフランは、純金0.29グラムに相当した。

しかし、すべてのブルジョワが「国防」のために働く機会を得ていたわけではなかった。そのためベルシャス通りにある使用人の紹介所には待合室の壁に沿って行列ができていた。失業した上流家庭の女料理人たちは、料理長が召集されて欠員となったその地位が自分に舞いこんでくるのを必死になって待っていた。

順応するキッチン

勝利の満足はあったものの、死者の数を考慮すると戦後のブルジョワジーには苦い味だけが残っていた。資金を考慮してもそうだった。一九二〇年代のブルジョワジーは、悪夢にうなされてはいたが、それでもいつもそうだったように「それらしく」ふるまって、果敢に転身する。自分に残されたものを使って逆境に立ち向かったのである。そして、貧富の不均衡はさらに拡大したものの、社会的格差は縮まった。人々は、不幸の共同体とさえよびたいような共同体の中にいた。一方、男性たちは前線で兄弟のように交流していたのだった。

「戦前」の料理雑誌や手引書が、その時代を網羅するものを扱う内容に変わったことで、新しい世紀になったことが実感された。それが両大戦間の時代にすぎないことに人々はまだ気づいていない。考え方や産業の発達、輸送の改善、かつてのぜいたく品の大衆化、他者への関心の喪失、支出削減の必要性、生活の簡素化といったものが、ルセットの材料の省略、合理化、むだな体裁の削除となって現れることになる。

どの階層でも家庭的といわれる料理の標準化が認められるが、その基本信条はほとんど変わらない。両大戦間の時代はいってみれば、昔からの秘伝や、もはや無視できなくなった地方に伝わる美味や、忍耐と節約と良識という典型的なブルジョワ的美徳から作り出されるフランス料理というものをいわば「明確化した」のである。

社会のあらゆる階層に手のとどくこの美食哲学をもっともよく示しているのが、Ｊ・カマンタレーによる当時の卓越した著書の序文である。しかしそのタイトルは『ジャネトンの料理、経済的でおいしい料理を作るための一〇〇一のルセットと一〇〇のメニュー（La Cuisine de Jeanneton, 1001 Recettes et 100 Menus pour faire de la Bonne Cuisine économique)』[11]といういきわめて時代遅れなものだった。「編者の所信」は一七七四年に出版されたムノンの『ブルジョワの女料理人』を彷彿させる。覚えておいでだろうか。「(著者は）もはや貴族のためではなく、ブルジョワのためにこれを書いた。だが味つけの工夫によって庶民の料理に気品がくわわったといえる…」『ジャネトンの料理』は、「食卓にかんすること」への興味が失われているという失望させるような指摘にもかかわらず、今でいう「動物性蛋白質」をさらに増やして、メニューの重複にまだ時間をついやしていた。日に二回の食事で、もう三品ではないが、魚と肉、あるいは二種類の異なる肉で二品の料理を連続で出している。「ブルターニュ風舌ビラメと牛ヒレ肉のロースト」や、「子ウサギのシヴェと肥育鳥のロースト」、あるいは「グラ・ドゥーブル［ハチノス］のリヨン風とヤマウズラのキャベツ添え」などである。こうした習慣はとくに晩餐会では、一九四〇年まで続くのである。これに反することは「ありえなかった」。

ところで『ジャネトンの料理』の序文は以下のようなものだった。「なんでもそうであるように料理書も古臭くなる。原理は同じでも、好みや習慣によって材料も驚くほど変わるものである。なんでも迅速に、そして電気を使って、食卓にかかわることにできるだけ時間をかけないようにし、食事に豊かさや繊細さよりも簡単にすぐできることが求められているこの時代に、役に立つ料理書を出版すべきであると考えた。本書が毎日の必要にこたえるものであることを願い、第一に、主婦

⑾　アルバン・ミシェル社。

や女料理人の悩みの種であるメニューを、まったくの初心者でもすぐに組み立てられるように、全体の構成を実用的なものにしている。第二に、六人分を基本としたそれぞれの料理の材料に必要な費用を示した簡単で確実なルセットである。第三に、より多くの役立つルセットを押しのけて古い料理書につめこまれていた余分なルセットは削除した。（中略）著者は古典的なルセットを尊重しつつも、すぐれたキュイジーヌ・ブルジョワーズの列にくわわるに値するルセットを増やした[12]」

「料理法」にかんしてはまだ食餌療法学を気にかけてはいない。これについてはあとのところで述べることにしよう。食餌療法学は一九二五年の『マグおばさんのお手頃料理、料理の重要性に関心があるすべての主婦が健康的で豊かで経済的な食事を作るための新料理書（La Cuisine pas chère de Tante Mag: Nouveau traité de cuisine permettant à toute ménagère soucieuse de ses intérêts de realiser une alimentation saine, abondante et économique）』とともにはじまったといえる。それにしても息ぎれしそうなタイトルである。とはいえ著書の内容とはあまり関係がない「主婦」という言葉を扇動策で使っていた一九二五年のマグおばさんは、理解不足のためにやや不明瞭な言い方をしている。「われわれが使う食品は単純または複合蛋白質である。単純蛋白質は卵の白身、油脂、甘い食品、ミネラル、塩分など（原文のまま）のアルブミンに再分割される。複合蛋白質は肉屋の肉、家禽、猟獣肉、魚、牛乳、チーズ、卵、穀物、小麦粉、パンなど実際にわれわれの栄養となる物質である」

節約のためのルセットであるにもかかわらず、昔からの習慣が優先している。マグおばさんの場合も、ジャネトンの場合も、シンプルで費用のかからないはずの料理の豊富さや冗長さをほめちぎっている。

⑿ 前掲書。

メニューにのったチーズ

ここに掲げたメニューは、アローズと牛肉の連続ではなく、またスイバ、ホウレンソウ、チコリという生野菜の並置でもなく、チーズがのっている点で興味深いものがある。これは本書のメニューすべてに共通するものであり、ついに市民権を得たチーズは、もはや行商人の弁当の中や、独創的で予言者的な美食家の家に恥ずかしそうに隠れていたりはしない。さらにここではイングランド式に、チーズがデザートのあとであることにも注目しよう。

そもそもチーズはすでに一九世紀の終わりに、たとえば料理長ギュスターヴ・ガルランがロシア大使のために用意したような、豪華な食事のいちばん最後に出されていた。このときは、ディナーに列席した淑女たちの鼻にしわを寄せさせた。字義どおりにも比喩的にもである。まだあることが行なわれていなかったのである。クロミエやブリー、カマンベール、リヴァロのような軟質チーズは、できればそのときチーズの外皮を削りとって、パン粉でくるんで出したほうが上品だった。フランス人は国土解放の直後まで、このやり方を続けることになる。

食べることが喜びになる

一九世紀のブルジョワ家庭では、食物との関係はつねに矛盾をはらんでいた。才能によってやっとの思いで高い地位についたものの、昇進への困難な年月を忘れてはいないプチブルジョワの家庭ではとくにそうだった。「晩餐会」への出費が周囲からの敬意を維持するために必要な戦略であることに変わりはなかった。だが、私的生活の表に現れないところでは、ためらうことなく食費を節約した。ゾラやバルザックの小説にそういう場面が出てくる。

先祖代々のブルジョワ家庭では、証明すべきことは何もなかった。だからおのずとひかえ目にな

4月第3週の晩餐
スカンポのスープ／アローズ［ニシンの一種］のオランダ風／牛タンの蒸し煮／肉汁で煮たホウレンソウ／チコリのサラダ／チョコレートクリームのつぼ／クロミエ［イル＝ド＝フランス産の軟質チーズ］

り、浪費を嫌った。そして、社会のさまざまな儀式を記念する祝宴が、代々すぐれた性質を受け継いできた人々にごちそうの機会を提供したが、彼らはおいしいものをたらふく食べて舌と胃袋を喜ばせるためだけに食卓のまわりに集まっていたのではなかった。肉体は食事とそれほどかけ離れているわけではないが、グルマンディーズが大罪のひとつであることは念頭に置いておかなければならない。

その後、一九一四年の悲劇はその痕跡をいたるところに残し、人心は大きく変化した。たとえばグルマンディーズはもはや罪ではなくなった。さらに戦後のこの時代に、グルマンディーズは一般に広まっていった。マルヌでの最初の戦いから一〇年がすぎ、あの変わり者マルセル・ルーフが『グルメのドダン＝ブーファンの生涯と情熱（La Vie et la passion de Dodin-Bouffan,gourmet）』(13)を発表する。言葉のあらゆる意味において、夢の生活である。ドダン＝ブーファンとは誰だったのか。二〇世紀の人々にとって一九世紀は失われた楽園であったが、美食で知られた人々を輩出したこの時代における完璧な美食家の象徴が彼なのである。親愛なるブルジョワ諸氏、もしそれがあなたでないなら、あなたの兄弟である。

新たな料理の伝統

しかしとくに料理では機が熟するのを待たなければならない。一九三九年の未知の激動を目前にしてフランス料理の新たな伝統が確立するには、一〇年あればじゅうぶんだった。二一世紀を迎える前に、四分の三世紀も続けば、もう永続するといっていいのではないだろうか？　生きている者のために作られる料理は生きつづけるはずだから、化石になることはないだろう。

カレームは一九世紀に料理の手本を示した。王侯や外交官の料理人として、次いでロスチャイル

(13) マルセル・ルーフ、『グルメのドダン＝ブーファンの生涯と情熱（La Vie et la passion de Dodin-Bouffan, gourmet）』、ル・セルパン・ア・プリュム社、1995年。

ド家で新たな経済的権威の料理人として。その後、ベル・エポックの超高級国際ホテルのレンジから、フランスのグランド・キュイジーヌが広まった。その結果、戦後になってエスコフィエの後継者であるフランスのシェフたちが世界中の最高級ホテルのレストランをつねに完全に支配するようになった。二〇世紀の新たな宮廷料理を供していたともいえる。なぜなら、政治が大きく変化しても、お金が世界の主人であることに変わりはないからである。

概して、こうした国際色豊かで移り気な世界とは無縁だった一九二〇年代の「良き」ブルジョワたちは、「良き」レストランにだけかよっていた。それが彼らの楽しみのひとつだった。「良き」ブルジョワどうしで商談のための食事をするのである。あるいは婚約や結婚や洗礼を祝う家族の集まりのこともあった。だが、聖体拝領やバル・ミツバ〔一三歳の少年をユダヤ人共同体の成員として認める儀式〕はむしろ家で祝うのを好んだ。もう昔のようには行なわれなくなっていたので、それが現実的なやり方だったが、「戦前」なら良識に反することだったかもしれない。パリでは、シャンゼリゼやボワのレストランが繁盛していたとはいえ、創作料理が花開いたのはそういった場所ではない。そこでは客を大盤ぶるまいによってもてなしていたのである。

たとえば以下にあげるのは、一九二五年五月二四日に行なわれた、私の小さな従妹ジャニーヌの洗礼式のメニューである。

盛りあわせのオードヴル
オマールのマヨネーズあえ
ポイヤックの鞍下肉のプリンセス風
ル・マンの肥育鶏のクレソン添え

ローマ風サラダ
コーヒー・パフェ
プチフール
フルーツコンポート
コーヒー、リキュール
ボジョレー、ソミュール
シャンパン

ごく典型的なこの上品なメニューが、（ポイヤックの）子羊の鞍下肉と（ル・マンの）肥育鶏という「必須のもの」のまさに二重奏であることに注目しよう。高貴な「プリンセス風」という調理は、昔も今も、トリュフ入りベシャメルソースをかけたアルティショーの芯にアスパラガスの先端をそえたものである。今も忘れられてはいない。

「アスパラガスはディナーの代表的な野菜である。シーズン中はアスパラガスの出ない宴会はない。（中略）アルティショーもきわめて名誉ある地位を占めている。だが葉を落として芯だけにして供される…」と当時の新聞に書かれている。

デザート、確かな価値

偉大なシェフたちの威信のあるルセットは、かならず「大盤ぶるまいする」店を経由し、大衆化するために手なおしされ、雑誌や料理書をとおして家庭の食卓にのぼった。たとえば、クレープ・シュゼット、ピーチ・メルバ、コーヒー・パフェといったいまもレストランで高く評価されているデザートは、見なおされ修正されたベル・エポックの豪華絢爛さの名残りである。シンプルだが人目をひく飾りつけで客を満足させようと、あまりにも見なおされ修正されたので、真の考案者であるエスコフィエを怒らせてしまうようなものになっている。プリンス・オヴ・ウェールズを魅了するために作られた本物のクレープ・シュゼットの繊細な生地は、マンダリンジュースとオリーヴオイルで作られていたはずである。「けっして」フランベせずに、ゆっくりと温めなければならない。エスコフィエは一九二五年にピーチ・メルバについて説明しているが、それによるとクレームシャンティイをくわえることは「けっして」認められてはいない。

「食通のプリンス」キュルノンスキーことジャーナリストのモーリス・サイヤンが、一九二六年にフランスを旅しているときに発見した、古くからのソローニュ地方［パリ盆地南部］の特産がある。これについてはまたこのあとで述べることにするが、二人の老嬢タタン姉妹が経営するラモット＝ブヴロンのレストランで彼が見つけたのは、カラメルを塗ったフルーツが下で、パイ皮が上になったさかさまのタルトだった。キュルノンスキーはジャーナリストのしゃれで、姉妹の一人ステファニーがへまをした話を作り上げ、タルト・タタンをマキシムのパティシエに作らせた。彼の記事によって、このおいしいデザートの名はすぐに広まった。つまり伝統的なルセットがお菓子の黄金伝説にくわわるために、本当の生い立ちを忘れなければならなかったのである。

カクテル

さまざまなリキュールと食前酒を好みで冷やして混ぜた、とりわけ上品な飲み物であるカクテルは、大戦末期にアメリカ人によってもちこまれた。もっとも『クリナ』誌の読者たちは、一九一〇年にはすでにその情報を得ていたのである。しかし、午後の遅い時間に開かれる社交界のパーティがその名を冠するほどカクテルが広まるには、浮かれ乱れた一九二〇年代を待たねばならなかった。「新たな流行が五時から七時のあいだに供されるお茶の習慣を変えてしまった。それはカクテルの流行である。カクテルの魅力、それは多種多様な調合の仕方によってその場で作れることである。各人が独自の調合を見つけて、それに趣のある名前をつけることもできる。ときたま少し飲むなら、カクテルは害を与えることはないと思われる。かなり陽気にしてくれるし、あきらかに楽天的になる…[14]」それ以来、おしゃれなブルジョワの客間にはバーがそなえつけられ、そこにさまざまなボトルやシェーカー、氷入れ、背の高いグラス、長いスプーン、そして炭酸入りの飲み物を作るために再充填される炭酸水用のサイホン瓶が、これ見よがしに置かれている。

両大戦間

地方料理

一九一四年から一九一八年にかけての戦争が終わり、いったん平和がもどると、たとえばヴィシーのように、病院に転用されていた上品な温泉施設や超高級ホテルはその役目を離れ、負傷者たちは家にもどった。人々は自分の国をゆっくり楽しもうとしていた。世界的な保養地や療養地がブームになり、その後、自動車のおかげで観光旅行がはやった。バカンスは以前より期間が短くなり、年金で生活する人はだんだん少なくなっていた。

家庭的な地方の宿屋《オーヴェルジュ》は、短期滞在の客をひきつけるために料理を創作する場となったが、高級

⒁ 前掲書。

ホテルはまだ外国人客のために、浮世離れしたお決まりの豪華な料理に時間をついやしていた。それは中流階級にとっては財力の範囲外だった。一方、アメリカでは経済危機が最高潮に達していたが、フランスの実業家ブルジョワジーはそれほどひどい状況にはおちいっていなかった。なぜなら一九三三年まで、工業生産と農業生産が穏やかに増えていたからである。クラブ・デ・サンも体力と活力をとりもどしていた。クラブ・デ・サンは一九一二年に、企業家や俳優、作家、行政官、医師など、あらゆる自由業についている良きブルジョワによって創設された団体で、誰もがガストロノミーに情熱をいだいていた。そもそも、フランス・ツーリング・クラブのようなほかのグループの手本とされるこのクラブは、ガストロノミックな出合いを活動の要としていた。

ガストロノミックなフランス一周

おそらく時代の空気に敏感だったリヨンのオスタン・ド・クローズは一九二三年および一九二四年の「サロン・ドトンヌ」〔毎年秋にパリで開催される新進美術家の展覧会〕の期間中、「郷土料理デー」を開催して、地方料理の推進運動をはじめた。大衆的で日常的かつ伝統的な料理によって、かまどのジャコバン主義におちいることなく、彼とともに起源に立ち返り、フランス料理の源を再発見しようというのである。『ラルース・ガストロノミック（Larousse gastronomique）』には、「彼の主著は一四〇〇の特産物を列挙した『フランスの地方料理（Plats régionaux de France）』（一九二八年）である。それはつねに規範となる伝統的遺産である」とある。

同じころ、もう一人の美食家シャルル・ブランは、二世代ののちに基本原理となる考えを表明する。「人はじつは地方でしか食べていない。わが国の料理や特産物の美味の多様性は、民族の気質の多様性、健康的な地方の食物の誠実さ、宗教とともに伝えられたおいしいルセットの現れである。それはまさにフランスの各地方に住む一人一人の宝物であり、その途方もない豊かさを疑う者はいない[15]」

一方キュルノンスキーは、一九二一年からフランス中をくまなくめぐり、『美食の国フランス（La France gastronomique）』二八巻を完成させた。彼はこの本に人生のうちの二八年をかけることになるが、そのあいだマルセル・ルーフとともに、洗練されたパリの高級レストランに対抗して、地方料理の威信をとりもどさせた。

一九〇〇年には今日でもよく知られている美食ガイドの最初の版が発行された。この小さな赤い本の表紙には、「ドライバーとサイクリストのためのミシュランガイド」と書かれていた。

預言者的なゴム製造業主のミシュラン氏は、まもなくタイヤに乗った美食家の新しい人種のためにこのガイドを発行した。ほどなくして「美食放浪民《ガストロノマード》」とよばれるようになった人種である。ミシュランガイドは読者に、本の中で推薦したホテルやレストランの宿泊や食事やサービスについて評価を求めていた。またその他の看板についても知らせてくれるよう求めていた。

こうして一九三〇年以前から、新しいタイプの巡礼者たちが、『ミシュラン』や、キュルノンスキーの美食雑誌『良い宿と良い食卓（Bon Gîte et la Bonne Table）』にのっている場所を見つけては立ち寄りながら、コート・ダジュールや南仏に向かう国道七号線を行ったり来たりしていた。郷土料理にこのうえなく深くて繊細なアクセントをくわえたブラジエおばさんやビーズおじさんの店が、こうしたガイドによって大人気になった。

自動車旅行者が縦横に走りまわるフランスの主要道路では、裕福だが慎重なこの新手の客に、レ

⒂『食卓の心理学（Psychologie de la table）』、1928年。

ストラン経営者たちが地方の最高の料理を提供する。フランスでも指折りのシェフたちは、豪華ホテルを断わって出身地（ピックはパンとヴァランス、ポワンはビエンヌ、デュメーヌはソーリュー）で、美食という新興宗教の王、司祭、預言者、神に任ぜられた。

母から娘へと秘伝が伝えられていた地方料理には、それまではほとんど料理書がなかったが、こうしてブルジョワの食堂でも作られるようになった。ブルジョワはパリ人の典型になったつもりでいたが、パンのいいにおいがしておばあちゃんがまだ熱い卵をエプロンに入れてもってきた、子どものころのグルマンの幸福に心を動かされていた。

傑出した美食家として、気どらない食事にキッシュ・ロレーヌやフラミッシュ・ピカルド、カステルノダリーのカスレ、アルザスのシュークルート、グラタン・ドフィノワ（この料理の権威者はチーズを入れないと明言している）、カネローニ、リビエラへの新婚旅行を思い出させるタマネギのピサラディエールを堂々と楽しむようになった。

原点への回帰

倹約

一九三〇年代になると時代はさらに厳しくなった。給料や収入は減り、物価は上昇し、失業にみまわれるようになる。中流階級は出費を抑えざるをえなくなり、二〇世紀初めにはパリの人々がやや見くだしていた、元気の出る煮こみ料理にすがるようになった。出世するにつれて稼ぎの少ない人の料理として扱うようになっていた料理だが、想像するだけで食欲をそそった。有名なブルジョワ料理は、それ以後あらゆるフランス人の胃袋におさまったのである。下等肉の煮こみや蒸し煮、

いかにして特産物を食べるか

「地方で昼食をとるとき、メニューとしてまずはじめに土地の名物料理を注文するのが大切なルールである。あなたの食事はその料理から貴重な意義と、魅力的な陽気さを得ることになるだろう」というアドバイスが『招待客の迎え方』(16)にある。

(16)　ピエール・トレヴィエール著、『招待客の迎え方（Comment recevoir ses invités）』、パリ、リブレリ・ガルニエ社、1929年。

セットになった料理、忘却という煉獄からよびさまされてていねいに皿に選り分けられた豆類など、かつて貧しい小売店がふだんの献立にしていたものが、経済的な豚肉屋にならべられるようになった。

戦前の料理書や新聞雑誌の切りぬき、そして料理名人《コルドンブルー》が残した手書きのノートをとおして、カーンのトリップ・ア・ラ・モードが、圧倒的支持を得ていたことがわかっている。若い女性たちは、前世代の「奥様方」によってそれまですみに追いやられていた、あまり複雑ではない料理を見いだしたのである。

マカロニは二〇世紀前半には主要なパスタだったらしい。いずれにしても、作られたほとんど唯一のパスタではあったが。またテュルバンもしくは「型づめ料理《パン》」の二つはマカロニがよく使われる料理だった。テュルバンは小エビやキノコ、火をとおした鶏肉か子牛かタラと合わせられた。あるいは、残ったものを別の形にして出すときには、威厳を保つためにデセルトとよんでいたが、そうしたデセルトと合わせられることもあった。

残り物を調理する庶民的な技術は、ほとんどがイングランド料理の伝統に属するものであるが、ファシズムの台頭をともなう不安な時代が待ち受けていたために、上品なフランスの美食の習慣に堂々とくわわることはできなかった。一九世紀にはポトフの最終的な変化形であるあのミロトンがすでによく知られていたが、おいしい料理でありながらブルジョワからは「門番の料理」としてつねに軽視されていた。パルマンティエ風ひき肉料理が「下品」とみなされていたのと同じようなものである。南フランスでは同じような考え方で、冷たい肉のミンチと香草をパイ皮につめた小さなパテを揚げるかオーブンで焼いたリソールが、ずっと以前から知られていた。しかしブルジョワ女性やプロヴァンスの農家の女主人たちは、「もったいをつける」こともなく、それが美味で経済的なことを知っていた。

ブランケット

ところで、現在では高く評価されているフランスの伝統的な料理の経歴を調べてみると、祖父母たちの暖炉の灰から熱い状態でそのままわれわれの食卓にやってきたことがわかって、懐かしい気持ちになる。たとえばブランケットがそうであった。

われわれがよく知っているのは子牛、子羊、鶏のいずれかで作るブランケットだが、このように体系化されたのは一九二五年から一九三〇年までのあいだだったといえるかもしれない。魅力的なサン＝タンジュ夫人は、やはり魅力的なその著書(17)で、四ページにわたってブランケットの説明をしている。「ぶつ切りにした白身の肉［子牛、鶏など］をひたひたの水とニンジンと香辛料といっしょに一時間半とろ火でことこと煮る…（途中は割愛させていただく）さらに小さなキノコと小タマネギを煮る。プーレットソースと同じように黄身でとろみをつけた煮汁で作った、クリームとレモン汁入りホワイト・ルーに肉を入れて供する」。それが「本来の」昔風のブランケットであり、思ったよりももっと古いものである。現代のブルジョワ料理の調理法は、73ページで述べたように、鶏肉のブルエとともにブルジョワジーの初期の時代から存在していたのである。

そしてここ一五〇年のあいだに出版されたそれほど上品ではない料理書を参照すると、ローストだったかもしれない残りものの肉の薄切りをホワイトソースで温めなおすブランケット料理は、ミロトンの調理法のひとつであるといわざるをえない。サン＝タンジュ夫人は一九二七年にそれをよみがえらせたのである。

(17)『E・サン＝タンジュ夫人の料理書（Le Livre de cuisine de Mme E.Saint-Ange)』、ラルース社、1995年。

台所仕事の進歩

母親たちがそうしたように、「きちんと」料理を出すことに上流婦人たちは困難を覚えるようになっていたが、あたかも神が助け船を出してくれたかのように、気だてのよい娘たちがやってきた。なんでもする女中はもともと何も知らなかったが、インフレーションが進むにつれて中流ブルジョワにのし上がったブルジョワ家庭において、しだいに実力ある使用人になっていった。とはいえモンパルナス駅のホームには、ブルターニュ《ブルトンヌ》の娘たちの一団が毎日降りてくる。娘たちはブルジョワ家庭にあいついでやってきては、「教育」がすむとすぐに、生活のために土曜日のダンスのパートナーの腕の中に、あるいは急な結婚のためにプルガステルへの列車に乗って消え去っていった。

家庭用器具の見本市

国立科学研究発明局の元局長であるジュール＝ルイ・ブルトン――偶然にも同じブルトンである――が、一九二三年に家庭用器具の見本市を創設したことも助け船にはなった。フランシス・ベルナールのポスターに描かれているように、機械仕掛けの女中が働きだしたが、スピードは遅かった。おそらくこれから起ころうとしていたできごとを考慮したのだろう。「家庭電化製品」が家庭に大量にそなえつけられるのは、一九七〇年以降のことである。

パリのシャン＝ド＝マルスの大テントのもと、公共教育省や『プティ・パリジャン』紙の後援で開催された最初の家庭用器具見本市は、一〇万人もの人々を集めたので、次回はグラン・パレで開かれることになっていた。とはいえ高価な器具は、すでにじゅうぶん使用人をかかえているごく少数の金持ちにしか手がとどかなかった。

当時の労働者の家計の半分以上（六〇パーセント）は、まだ食費に充てられていたので、この階級はおそらく見本市を活用することはなかったが、社会的優先権をもつブルジョワジーもあいかわらず「打算的」だったので、法外な出費をすることはほとんどなかった。

台所用具

とはいえ、オーブンつきガスレンジが、こんろにとってかわりつつあった。都市ガスがなくても、フランスが一九二七年から生産していたブタンガスが、競争に耐えうる器具をそなえさせていた。オーブンつきレンジ、電気こんろ、オーブン、湯沸かしといった電気製品が徐々に広まっていた。とはいえ、炭や薪のレンジを有終の美で飾って厄介ばらいできたと思っていた家庭の主婦は、数年後にそれを苦い思いで後悔することになる。

アメリカ製食器洗い機（熱水栓から分岐したシリンダーに内蔵された、仕切りつきの回転式バスケット）や、氷塊を使う冷蔵庫に代わる、電気か都市ガスかブタンの冷蔵庫は、ごく少数の恵まれた者だけしか使えなかったが、壁にとりつけるコーヒーミルはそれほど高価ではなかったので、キッチンに「アメリカ式ライフスタイル」の小さな刻印を与えてくれた。

電動おろし器《ムリネット》は一九三九年には家庭の主婦にとっての大勝利となった。残念ながら唯一の勝利であったが。掃除機、アイロンその他のさまざまな器具については、本書の話題からそれるので省略する。だが数年前からガラス製の料理器具がみられるようになり、また若い世帯では銅や鉄の代わりにアルミニウムが使われるようになったことは記しておく。

女性雑誌

女性雑誌や料理書のルセットはいつの時代にも、それを実践していた社会を測るすぐれた地震計だった。イラストは必要ない。そのルセットに示される生活様式や経済的配慮から、確実に出版された時期を推定することができるからだ。

中流家庭にあった女性誌といわれる雑誌は、たいてい質の悪い紙に印刷されていて、ファッションや編み物や刺繡、時節にあった料理のルセットと恋愛話が紙面を分けあっていた。すでに料理書で知られているありふれたものではあっても、レパートリーに欠かせないようなルセットがのっていた。だからそれを切りぬいてノートに貼りつけたり、料理書のあいだにはさんだりしたのである。それが、『モード・エ・トラヴォ（ファッションと仕事）』、『ル・プティ・エコー・ド・ラ・モード（ファッションの小さなこだま）』、『レ・ヴェイエ・デ・ショミエール（わらぶき屋根の家の団欒）』といった雑誌であり、『レ・ヴェイエ・デ・ショミエール』の料理欄には、一八七七年からつねに代々「アンジェリクとジュリエンヌ」と署名されていた。（私もあとで署名するつもりである。）そして一九三七年に『マリ・クレール』が現れる。この雑誌は今世紀も大量の雑誌に囲まれながら存在しつづけている。しかし当時はひかえめなところが読者の好みに合っていた。

花嫁学校

母親たちよりはるかに「能力を十分に発揮させている」年頃のブルジョワ娘には、アドバイスも必要なかったかもしれない。というのも一七歳くらいになると「女性らしい」といわれる職業につくか、どこから見ても立派な青年と結婚するか選択する前に、いわば市民の義務であるかのように、身分に応じた花嫁学校で二年間学ばなければならなかったからである。

そしてレーヌ＝マリー・モヴェ（まだアルベールではない）がパリのアベー通りにある家政術学校に、そしてジャンヌ・シャブリヤージュ（まだジャンではない）はジネット・マティオが教鞭をとるプレーヌ・モンソーにかよったように、素晴らしい将来を約束されている無名の女性は、ボタン穴やシャツの袖口に上手にアイロンをかける方法や家計管理のほかに、おいしい料理の基礎知識も学び、それをノートに書きとめたり、お気に入りの出版物でそれを見つけて切り張りしたりしていた。

だからもし、経験的に多くの人々が警戒心をいだく戦争が勃発していなかったら、こうした良家の若い娘たちは一九三九年以後、世界一の料理名人《コルドンブルー》になっていたかもしれない。

二度目の災厄

最後の戦争（そう願いたい）で生き残ったフランス人の一人に、あのひどい時代のいちばん思い出は何かとたずねてみていただきたい。たいていの場合その答えはきっとあなたを驚かせるだろう。それは誰かの英雄的行為などではない。思い出すといまも心が痛むのは、あのころの最大の関心事だった配給という言葉であり、それ以前の時代にはまったく知られていなかった概念である。

「もうひとつの」戦争の日常生活は忘れられてしまった。ドイツの占領下で待ち受けていたのは、比べようもないものだった。われわれは餓えていた。とても餓えていた。凍えてもいた。そして恐れていた。恥じてもいた。辛かった。われわれは勇気をもってそれをのりこえた。しかし食糧不足によって受けた打撃は深かった。打撃は胃袋だけでなく、心の中にまで達する。「空腹に耳なし」

というが、まさにそのとおりであった。

アンリ・アムルー(18)はこの時代をみごとに言い表している。「それは欠乏の時代、物資の監督官たちの時代である。刑務所や学校では食糧が強迫観念となり、家庭では何百万人という母親たちが食糧のことだけを考え、突如として食料品屋や肉屋、パン屋、乳製品販売商といったあらゆる権力者たちに隷属することとなった。体を震わせ、憎悪に満ち、屈服させられて憤激した人々の生死を彼らがにぎっていたからである。(中略)子どもたちが食べるために盗みをすることを学び、父親たちが家庭の食卓にパンとワインを調達するあきれた離れ業を自慢する時代である。(中略)豊かなフランスの大地で、何百万人という男女が、数週間にわたってヒンズー教徒の境遇におちいったのである」

ヒトラーがオーストリアを併合したとき(19)に、元航空大臣モーラン将軍が一九三八年二月一九日の『ジュルナル』紙で緊急に要請した戦闘機は製造されなかった。当局や市民の無定見――家庭の多少の蓄えやフランス人の習慣となっている砂糖の備蓄は別として――、つまりフランス人のガリア的な先見の明のなさから、敗北後数週間分の資源しか残らないであろうことも考慮に入れていなかった。

欠乏と物資統制

配給

ドイツ人がフランス人の代わりにそれを考えてくれた(「そのとおりだとも、君」と言われそうだが)。彼らはフランスから組織的にしぼり上げることも考えていた。そして一九四〇年六月二四

(18) 『占領下のフランス人の生活(La Vie des Français sous l'Occupation)』、ファヤール社、パリ、1961年。

(19) 同じ『ジュルナル』紙の一面に、レストランで驚いているフランス人を描いたゲランの予言的なイラストがのっている。「ロニョンのソテーに20分もかかるって? ヒトラー殿の許可を求めるために電報でも打つのかね?」

日以降、フランス駐留ドイツ軍総司令官の特別通達第六号附録第二号によって、北部と東部からの避難民に対する食糧配給率が定められた。避難民たちは道路から南仏の空になった戸棚にまで押し寄せてきていた。「週に五三〇グラムの肉、二キロ四〇〇グラムのパン、一七五グラムのバター、一〇〇グラムのジャム、二五〇グラムの砂糖、六二・五グラムのチーズ（ウィ、ウィ、ウィ、フランスは居心地がいい）、九三グラムのコーヒー」。というのもフランスが二分されていただけでなく、植民地の消費物資も分けられていたからである。この配給量はやがてすべての人にとって伝説となる。

占領軍は価格も定めたので、小売商はすぐに店を空にして店舗の奥の部屋にしまった。一九四〇年七月からはなんでも探してきてストックするという、まさに強迫観念が生じたが、もうたいしたものは見つからなかった。九月には食糧補給閣外大臣の事務局が創設された。その活動は配給制を敷いて最低限必要な食料を禁じるだけのように思われた。まず最初は八月にパンとパスタと砂糖の割りあてが定められた。それは二〇世紀のもっとも寒い冬を耐えしのぶ助けにはならなかった。冬のあいだにバター、チーズ、肉、コーヒー、豚肉加工食品、臓物、牛乳、ワイン、卵、油、チョコレート、鮮魚、ジャガイモ、豆類、そして一時期は野菜と次々になくなって、ほとんど味覚も失った。

だからスウェーデン赤十字はおそらくすばらしい贈り物をしてくれるよい妖精だった。オートミールの配給は、太陽ではなく自然資源を奪われたニース伯爵領とモナコ公国の、V切符（287ページ参照）の人々から大歓迎された。肉が完全に禁止されることはますます多くなっていたが、ある地方新聞は肉のない日々について楽天的なルセットをのせていた。六人分で卵一個、「脂肪食品」にオートミールのステーキ（306ページ参照）とある。

一九四三年の終わりに、ニースに避難してきたタシェ・ド・ラ・パジュリ家の老嬢たちが、私と、私の二人の男友達ジェラール・フィリップとポール・ルノワールをもてなしてくれた紅茶――使用ずみの茶葉の「エッセンス」だが、ていねいに保存して大事なときに何度も沸かしなおされた――を思い出す。彼らのことは耳にたこができるほどくりかえし話題にしていたのだった。体が不自由な老嬢の一人はほんとうにナポレオン一世妃ジョゼフィーヌの姪の孫娘だった。もう一人は彼女の年配の女家庭教師で、話題のオートミールの恩恵にあずかりにきたのだった。彼女たちはそれで魅力的な二人の男性を喜ばせようとしていた。「お気の毒な方たち」といわれたジェラールはグラースのホテル経営者の息子であり、ポールの父親は将来ルノワール美術館となるレ・コレットの大庭園を所有していた。

二人の青年は大きな足を紫檀の家具のあいだにどっかりとおろして、水で煮たオートミールのプディングを賞味していた。レーズンの砂糖で味をなめらかにしていたので、歯が真っ黒になった。シミエの自生オレンジの皮で香りづけもされていた。アパルトマンは狭かったが、若い者もそうでない者もみな非の打ちどころのない良きブルジョワだった。それが階級意識というものである。だが私は二人の老嬢がほんとうにこのごちそうを味わったのかいまもってわからない。

配給切符

人々は八つの消費者カテゴリーに分類され、市区町村から食糧品という名目上の券を受けとる。

券には文字が明記され、証印が印刷された多彩な色の紙片がついていた。それが有名な配給切符である。各カテゴリーの人々は年齢や仕事によって異なる割あて量を受けとった。店の前で長い行列を作ったあとで、客は配給切符を差し出し、店主は定められた量をわたす前に切符を切りとった。レストランでもそれをわたさなければならなかった。原則としてであるが。

配給切符は繊維や履物、タバコ、さらには新婚夫婦用の鍋も規制していた。そういうわけで私は一九四四年にあらゆる家庭の基盤である鋳鉄製の鍋を受けとる権利を得た。戦前の頑丈な素材なので、いまも役立っている。さらに食糧配給券の恩恵に浴するには、公明正大かつ清廉潔白でなければならない。配給切符はテロリストやコミュニスト、対独協力強制労働（STO）拒否者、そしてとくにユダヤ人を狩りだすための実際的な管理手段でもあった。

配給券の割あてのために、人々は次のようなカテゴリーに分けられた。

E　――三歳までの子ども。
J1――三歳から六歳まで。
J2――六歳から一三歳まで。
J3――一三歳から二一歳まで、および妊婦と授乳中の母親。特別待遇の配給量。
A　――二一歳から七〇歳まで。ただし軍務（T）もしくは農作業（C）に従事している者は除く。
V　――七〇歳以降。割あて量はきわめて制限される。
TおよびC――パン、肉、ワインの割増し。

したがって働き盛りのブルジョワはもはや銀行家でも医者でも弁護士でも役人でもなくAで

あり、ただの人としてふさわしい取り分を受けとる。農民はTかCで、自分の菜園、塩漬け貯蔵室、地下室、屋根裏部屋をもっているが、規定どおりに「割増し」もある。そして栄養失調を定められたVは、より早くこの涙の谷を去る幸運に恵まれた。

消費者をますます幼児化させるため、パン屋ではポスターがよく見られるようになった。もっともパン屋は一九四〇年から焼きたてのパンを売ることが禁じられていた。「パンをむだにしないで！　薄く切って、パンの皮はスープに使いましょう！」。しかしますます黒く粘つくようになり、それを薄く切るのは不可能になる。

それまで食べられるとは思われていなかったあらゆる食材をリストにすると長いものになる。「コーヒー」用に煎じられたドングリ、カボチャの種。「カンコワイヨット」チーズのための紙用の糊。野菜や塩漬け魚の骨、ヒバマタのアントルメ、シダ類の渦巻き型の先端のサラダなど。私の知るかぎり、一八七〇年のようなネズミはなかったが、ウサギの代わりにネコが使われたのはまちがいない。

したがってもっとも不幸なのは都市のブルジョワだった（冗語法をお許しいただきたい）。彼らはふだんの食事を改善できるような耕地をまったくもたず、農村とのつながりもなかった。目端がきいて財産にも恵まれた者は、一九三八年九月末には農園や田舎の拠点を買ったり借りたりして、予防策をとっていた。ミュンヘン協定が自覚のない者にもたらした安堵を、当然のことながら信用していなかったからである。私の両親のように計算の下手なその他の者たちは、人手がなくなることから農地を清算してしまった。上品な手で老いぼれヤギの乳をしぼることはできなかったし、馬が（徴用されて）いないので土地を耕作地にするのはむずかしかった。母のような社交界の女性が、ジオノの小説『復活（Regain）』のアルシュルのような苦しい生活をどうして受け入れられただろう。

フランスの北半分は南半分より二年早く完全に占領されてしまったが、それでも昔から気前がよかった田舎から、多少なりとも合法的な物資が届く機会に恵まれていた。たしかに楽ではなく、苦況につけこむ農民も多かったが、食料資源にとぼしかった南部よりもうまく切りぬけていた。その地できちんと栄養をとるのは、毎日の奇跡的なできごとだった。

プレシュール広場のエクス女子高等学校の前で、市場が週に二回開かれた。私は市場が開かれる日の七時きっかりにかけつけて、野菜をいくつか買うために行列を作った。一九一四年の戦争によって傷痍軍人となった父は、私の弟が押す車椅子で八時前に市場に着いた。弟はリセに飛んでいき、行列にならぶのを父に交替してもらった私も授業にかけつけた。一一時になると私は父と野菜と車椅子を迎えにいき、昼食のために家にもどった。冬になると父は膝の上に暖めた煉瓦をのせていた。雨が降っているときは、フランス人がみなそうしたように、傘をさして行列を作った。

闇市

私はいつも同じ憤りをもって、リュベロン通りでフランス憲兵に逮捕されたときのことを思い出す。ティーン・エージャーだった私は、自転車にフダンソウの株とベッチ豆の袋、もっと消化しやすければレンズ豆のつめ物に近いもの《ファルス》ができたかもしれない、いわゆるスイートピーの種を積んだ自転車を押して上り坂を上っていた。全体的に物が不足していたので、つねに創意に富むフランス人はちょっとしたやり方で対応しようと考えていたのである。この事件以来私は、憲兵隊が買い物をするかわりに権力の濫用によって、私から全部没収したのだと思っている。

一九四三年に、エクス＝アン＝プロヴァンスで粋な結婚式をあげたとき、招待客は新婚夫婦への乾杯でウィスキーを飲むことができた。やや変質してはいたがこくがあり、自然史博物館の広口瓶の中で繊細さを増した液体であることがわかった。誰も気分が悪くなったりはしなかった。恐怖以外は。年配のエクス＝アン＝プロヴァンスの人に聞いてみていただきたい。その話でいまも大笑いするのである。

大都市の中流あるいは下層ブルジョワ、つまり年配者や金利生活者、インテリ、事務員、芸術家といった人々だけでなく、さまざまな理由で社会的地位に見あう心の平安を得ていなかった上流社会の一部の人たちなど、周囲から尊敬されていたこうした「グループ」は、とくに田舎の人々との関係を保っていない場合、もっとも厳しい生活環境におちいった。彼らの伝統や信条、誇り、教育、それとわずかな財力は、高くつくだけでなく詐欺的な「闇市[20]」への関与を許さなかった。しかしいずれにしても最後には多少屈することになった。

あらゆる種類の密売人たちが徴用をまぬがれたものをまきあげていたが、彼らはどんな物でも、どんな値段でも買った。闇市によって、物資統制をまったく無視して「以前のように」生活することができた。とるにたらないはみ出し者でも、無尽蔵で出所を特定されない資金さえあれば、食糧だけでなく織物、ガソリン、タバコ、履物、車などを手に入れることができた。飢えに苦しむフランス都市部のささやかな「不正」行為は、いわゆる偽切符、物々交換、代用品、嫌味な農家への自転車や列車での屈辱的な買出しなど、概して家族でできる程度のものだった。今でもその記憶が私の心、そしてふくらはぎに残っている。

(20) 「闇市――品物が公定価格よりも高く売られる違法の市場」、『プチ・ラルース・イリュストレ』、1942年版。

私の家族の奇跡は友人のピエール・Dだった。インドシナから家族や召使いの少年少女とともにひき揚げてきた植民地行政官で、すぐにエクス近郊の城館にひきこもった。かなり荒れ果ててはいたが、付属の土地があり、薪も松林もいくらかの畑もあった。

ところで子ども（EまたはD切符）か老人（V切符）しか牛乳の補給を受けられなかったので、わが屋は四分の一リットルの二人分だけだった。だがひそかに「不正取引」をして「クリームを分離」した。この友人の家で私の両親は大喜びで、「闇市」で手に入れるのが困難な雌牛の分け前にあずかった。父の小説によると、ヴィヴィアーヌ・ロマンス［「地下室のメロディ」などに出演した女優］と映画を撮影したカマルグで、機材をひそかに運びだしたあとのことである。雌牛を牛の群れに一時的にいったんもどさなければならなかった。そしてガス発生装置つきのトラックでまたひそかに運び出して、若い雄牛（もちろんおいしくいただいた）と非合法の結婚をさせ、数カ月間乳を出すのに必要不可欠な状況に置いたのである。誰も思いつかないことであり、コード化された言葉での手紙のやりとりが必要だった。なにしろ黒い雌牛で非合法だったからである。エクス＝アン＝プロヴァンスの当局はまったくこの牛の存在を知らなかったし、そもそもこの不吉な色は乳牛より闘牛向きのこの品種の特性だったのである。まだ学校に行っていないDの勇敢な子どもたちは、健康のための散歩をするときに、棒と小さい笛をもってこの雌牛のまわりで歩哨に立つのをみずからの任務としていた。カマルグ種のこの雌牛は牛小屋があまり好きではなかったのである。

半野生の牛乳はあまり豊富ではなかったが、異国の水牛に慣れたインドネシア娘にたやすく乳をしぼらせてくれたので、私の両親は分け前を週に二回受けとりに行かなければならなかった。私にその当番がまわってくると、あのリュベロンでの憲兵隊との不愉快な遭遇の教訓から、Dの家に行くときは、自転車のかごにリセのかばんをすえつけ、目を皿のようにして音を立てないよう靴下に押しこんだホウロウ引きの金属製ポットを勉強道具一式の中に入れていった。チェーンのついたこの種のポットは、今の古道具店ではかなり高値がついている。弟はボーイスカウトの制服を着て、ミルク用ポットをリュックサックに入れていた。どちらも、誰にも知られることがなかった。

牛乳はもちろん沸かしていた。そしてプロヴァンスの伝統で、家庭の母親は宗教的にミルクを貯蔵しておかなければならなかった。被膜層ができるごとにこのクリームは固くなり、最後はブリーチーズに似たものになる。すりおろしたグリュイエールチーズを使わずにグラタンのベシャメルソースを作ったり、菓子を作ったりするときにそれを使う。というのもかつてプロヴァンスは乳製品以外の資源にとぼしい地方だったからである。つまりプロヴァンス地方の人々は、どの階層であっても、粗食の習慣をもっていたということである。だが一九四〇年代に経験した耐乏生活はあまりに厳しいものだった。わが家でも牛乳をかきまぜて水分をきり、塩を入れマンネンロウをまぶした小さなチーズの一種の作り方を教わった。肉屋で手に入る骨やくず肉のブイヨンの表面に浮かぶほんの少しの脂肪もとっておいた。この脂肪の塊を茶碗にストックしておいて、野菜やパスタを調理することができる。長い年月をへた今も、私はなかなか脂肪をすてられない。ラディッシュの葉、カブ、インゲン豆はポタージュにして食べていた。もうひとつの南仏の古くからの伝統料理はイラクサの柔らかい葉のスープである。二〇世紀の終わりに美食雑誌がこれを発見して感激することになる。スープやサラダになるスベリヒユは、ヨウ素とカリウムがきわめて豊富な肉厚の葉で、田舎の道端に生えている。野バラやニワトコやクワのジャムもある。もちろん歯を真っ黒にしたあのレーズン糖もある。どれもお腹をふくらませてくれた。

田舎に家をもっていたブルジョワは芝生と花壇を耕作地にしていた。都市にとどまったブルジョワは、門番に知られることなくお湯の入っていない浴槽でインドの豚を飼い、近郊の土手の草を与えていた。やや張りがなく「脂肪性物質」を含まないがタイムの香りがする、この「都会のウサギ」で煮こみを作った（幸いにも割あて量を決められることはなかった）。ノルウェー式といわれる鍋のおかげである。この鍋は調理の途中でおがくずとカポック（客間のクッション）をつめた容器に入れるので、火を使わずにとろ火で煮ることができる。

「あの」戦争後

新たな習慣

国土解放

物資統制は国土解放によってすぐに終了したわけではなく、配給切符が徐々に存在理由を失うのは一九四八年になってからのことである。『プティ・エコー・ド・ラ・モード一九五五年の年鑑』は、次のような題辞とともに、「夫のお気に入り料理」の調査結果を発表した。「彼らを満足させるのはあなたです。なぜならクレマン・ヴォテルが当意即妙に書いているように、おいしい料理はたいていの場合よい家庭をつくるからです」

この好みを第二次大戦前の数字や、四〇年たった今世紀最後の年代、つまり一世代と少しあとの数字（シェ・マルゴ＝イプソスの調査）と比べてみるとおもしろい。ところどころに職業別の問題がないわけではないが、国立統計経済研究所が的確に指摘しているように、コティ大統領時代のフランス人と、シラク大統領時代のフランス人は同じような好みの料理を示している。

一九五五年の夫はまず「じゅうぶんだったことがない」（原文のまま）フライドポテトに投票している。羊の腿肉はポトフと引き分けていて、そのあとにワインソースで煮た肉である。「ブーケがある」ワインはチーズにそえられる。そして忘れてはいけないのが、「こうした殿方たちはアントルメや自家製のタルト・オ・フリュイ、シャルロット、サヴァランなどの菓子が大好きである」ということだ。

残念なのは、今世紀初めに家族の食卓から実質的に日曜日のサヴァランが消えてしまったことである。パティスリーでもほとんど売られていない。日本風の華麗な写真広告を見ても、今の美食雑誌は手のこんだ目先の変わったお菓子を重視している。それを個人的に作るのは困難である。伝統的なガストロノミーへの熱狂を利用して、編集者が子牛の頭肉《テート》や豚肉の甘塩漬けとレンズ豆の煮こみに夢中になるのと同じように、ババやサヴァラン、サントノレを再評価するのは悪いことではない。

たしかに、一九九五年一一月のシェ・マルゴ＝イプソスの調査では、現代のグルマンディーズについては説明がない。それ以来低カロリー症候群が一般化したのでたぶん興味がないのだろう。ステック・フリット、ハンバーガー、ピザ、クスクスは子どもたちの大のお気に入りだが、その反面流行か愛着か、それとも本能的というべきだろうか、大人たちはあいかわらずポトフに七八パーセント、羊の腿肉に七六パーセント、そしてもちろんブランケットに七二パーセントが投票している。狂牛病の不安があるにもかかわらず、まだそうなのである。

フランス人の半数以上がワインを飲み、なかでも祝い事では、「テーブルワイン」とよばれるふつうのワインではなく、ＡＯＣ（原産地呼称統制）やＶＤＱＳ（産地限定上質ワイン）の上等なワインを飲む。だが四〇年前にはほとんど考慮の対象にならなかったのが、ミネラルウォーターの消費である。一九九五年には年間一人あたり一〇八リットルを消費しているが、水道供給網のさまざまな汚染のために消費量は年々増加している。

朝食

過去の物資統制の影響か、アメリカの影響か、正常な変化か、それともとどまることを知らない「食餌療法」への関心のはじまりだろうか。フランス人の食習慣のもっとも顕著な変化は朝食、すなわち戦争直後の田舎の一杯のスープからはじまった。そしてそれは近代化によりいっそう敏感な、社会の「上流」といわれる階層を起点とするものであった。

人々はインスタントのシリアルにも慣れはじめていた。配給量K（余命）のグループが国土解放のときに親切なアメリカ人兵士からもらったり、闇市で買ったりしたシリアルは、一人前が入っていたのでオートミールより便利だった。朝に飲むオレンジジュースや、フロリダのグレープフルーツも好まれた。戦前にもあったが忘れられていたヨーグルトも見なおされた。この時代には容器が炻器《せっき》で作られていたので現在はコレクションされているが、それ以後はガラスや紙で作られている。多少なりとも「ダイエット」タイプのさまざまな特産品が入っていて、今日ではフランス人の九五パーセントに消費されている。

『エル』の料理カード

よく知られた雑誌『エル』の第一号は一九四五年一一月二一日水曜日に発行された。二〇世紀後半に隆盛をきわめた一二の女性雑誌の第一号である。この雑誌を創刊したエレーヌ・ゴルドン＝ラザレフが希望した大部の「料理」記事は、たとえ短い前書きだけであっても、マピ・ド・トゥールーズ＝ロートレック伯爵夫人、旧姓マリ＝ピエール・ド・ヴィルモランにゆだねられた。この社交界の女性のルセットは常識はずれのものではなく、飾り気がなく完璧で、多くのフランス人から代々伝える料理として選ばれていた。読者は大西洋を越えた。

大きなできごとが起こったのは一九六八年である。この年に多くのことが変化した。『エル』の記事の中でマピが引退して、もう一人の貴婦人マドレーヌ・ペテルに代わった。この傑出したブルジョワ女性はそもそも英雄的レジスタンス活動家であり、ナチの強制収容所で何度も飢えに耐えて、すぐれた料理の達人《コルドン・ブルー》になった。伯爵夫人の料理は質問をざっと検討して、伝統的であると同時に革新的な、いわば情熱で風味づけされた魅力的なものになっていたが、マドレーヌの「料理」は、伯爵夫人の料理よりたぶんやや上級者向きだろう。

そしてまだ若いながらも申し分のない女性ジャーナリスト、マリ＝ポール・ベルナルダンは、砂糖活用のための資料研究所（ＣＥＤＵＳ）でその才能を発揮した。一九六五年には砂糖活用法をさらに広めるために、ジャーナリストたちに折りたたみ式パンフレットを配ることを思いついた。切り離して「コラム」として使うこともできるものであった。

マドレーヌ・ペテルはこれを見て、ルセットを雑誌から切り離せるカラー刷りのカードにしようと考えた。これが有名な「『エル』の料理カード」となり、ほどなく競合誌から模倣されるようになった。カードは深紅色の金属製ファイルにきれいに保存しておくことができた。最初の料理カードが出たのは、一九六九年二月二四日のことである。「カスタードプディング、プラムのフラン、牛のあばら肉のロースト、練りこみパイ生地、トゥルト、フリヤン、ポム・シュルプリーズ、鳩のグリンピース添え」である。親愛なるマドレーヌの天才的なアイディアは、二〇〇〇年より以前に後継者たちによって継続され、三世代にわたる主婦たちに五千種類以上のカードを提供することになる。つねに新しいルセットであるが、今後はレストランからも多くの着想を得ることだろう。

テレビの料理

テレビの当局者たちは一九五六年からすでに、料理がれっきとした芸術になり、そして新たな「ショービジネス」のスターである偉大な料理人たちが、たちまち人気者になるであろうと気づいていた。彼らは昔も有名ではあったが、かぎられたグループの中でであった。そして一月のこと、テレビの小さな画面に当時雑誌でよく知られた白い縁なし帽が現れる。パリのレストランの中心に位置するグラン・ヴェフールのシェフ、レイモン・オリヴィエだった。彼は、人気者の女性アナウンサー、カトリーヌ・ランゲを進行役にすえて、カメラの前でものものしくふるまっていた。

番組は定期的に放送されて一九六六年六月まで続き、たいへんな人気を集めた。一般大衆がはじめて、ロスチャイルド家と同じようにすぐれた料理人を自分の家のキッチンにかかえ、上品で美味な料理を実現できたのである。なにしろ眺めているだけでその味を感じとり、今度は自分でできるのではないかと思えた。それがブラウン管の奇跡というものである。誰もが即座に理解できる「料理の技術と魔法」という番組のタイトルが、それをよく表している。このタイトルは紀元後はじめて現れた料理書で、紀元三〇年ごろのローマ人美食家アピキウスによるものとされている『アルス・マギリカ（Ars Magirica）』[21]を彷彿させる。

近頃の料理や美食の手ほどきは、ラジオ、テレビ、ＣＤ‐ＲＯＭなどによって急速に近代化した。しかしそれらが誰からも認められるものとなるには数年かかったのである。

(21)　ラテン語のmagirica（料理の）とmagica（魔法の）は単純な言葉遊びとみなされている。だが錬金術のひとつの形である料理は魔法ではないだろうか。アピキウスにかんしてはM・トゥーサン＝サマ、M・レール著、『料理の大小の歴史（Grand et Petite Histoire des cuisinieres)』、ラフォン社、パリ、1989年を参照のこと。

食餌療法の宗教

しかし、あらゆる点で風俗が大きく変化した一九六八年以後、新たな自由ではなく、逆にそれまでにはなかった束縛が現れる。良識ある人々は雑誌から、食品戸棚や最新式冷蔵庫のいわばありあまる資源を管理することによって、健康を最良の状態に保つために栄養をきちんととることを学んだ。こうして食餌療法は、現代の立派な宗教となった。現代社会は消費社会であり、豊かすぎる食料は墓場か、すくなくとも糖尿病、蜂巣炎、動脈硬化へと通じている。

栄養摂取のスペシャリストであるジョルジュ・デュシェーヌは、一九六八年以降、『エル』誌で福音をあまねく伝えようと、料理カードと並行する一週間の「バランスのとれた」メニューを紹介していた。もちろん日曜日はカロリー計算の対象外である。ミサに出かけることはもうほとんどないが、日曜日の会食はあいかわらず続いているのである。

世間一般のイメージではずっと以前から、権力者や資本家を太った人々として描いていた。だがこれからはでっぷりとした太鼓腹、脂肪のたるみ、上流階級の老夫人の背中のこぶは、もはや通用しない。奥様、最初の目的と最初の注意は、多少なりとも科学的でよく理解されたダイエットによって、余分なキロ数を減らすことからはじまります。でも企業経営者や小売店主に、高価なダイエット食品でたっぷり栄養を与えることになります。

かつて大金持ちたちは貧しい者たちの面前で、新鮮な肉や砂糖やスパイスや白パンを自分のためにとって、ぜいたくで元気の出る食品を食べていた。今、社会の上層にいる者たちは太りすぎに気をつけて、パンや砂糖やバターやクリームをいっしょうけんめい我慢している。だが警告がますます広まってきたことから、社会の最下層の人々もコレステロールの心配をするようになっている。「メディア」のおかげである。

画一化するダイエット

テクノロジーの進歩や経済の激動と同じように、大衆文化も、優位性を失った最上層と、かつて置かれていた状況より上にいる最下層とのあいだに押しこまれているさまざまな社会グループの変動要因となっている。

ところで統計上の平均的な食費は、一七〇〇から二〇〇〇キロカロリーを摂取するのに、一九六〇年には三三パーセントだったが、二〇世紀末には家計の約一八パーセントにすぎなくなっている。とはいえ日常的な料理にはまだかなりの不平等が存続している。大家族であることが多い労働者階級は、パン、ジャガイモ、パスタ、ありふれたワインといった経済的で栄養価の高い基礎食品を消費しつづけている。女性たちは「ダイエット」について知らないし、そのための出費もしていない。

裕福な市民はもちろん、甲殻類、お菓子、糖菓、果物、上質なワイン、調理ずみ食品など、ぜいたく品を買っている。同様にフランスでは、紅茶とコーヒーの関係と同じように、コメはパスタよりずっとエリート主義的である。多くの労働者家庭が豚肉加工食品を好むということも、つけくわえておかなくてはならない。それ以外の家庭では外国産食品への愛着がまだ概念的に存在している。スーパーマーケットやハイパーマーケットで、外国産食品が「ゴンドラケースに山積み」されていてもそうなのである。

二一世紀になって、政治、経済、知性、社会という権力の四本柱を支えるエリートを含めても人口の半数に満たない新たなブルジョワジーは、最後の二世代とまったく同じというわけではない。伝統的な権力者のうちで生き残った小さな核の部分である自由業、インテリ、軍人、経営者、上級管理職はほとんど威信を失ってしまったが、首尾よく成功した小売商、レストラン経営者、職工長、職人、大農業経営者、不動産所有者らがそこにくわわってくる。もちろんこれは財力の問題であるが、現代風の快楽主義と無縁ではない処世術も存在する。こうした人々は、グルメ、料理人、舌の肥えた通を自称する。だが動脈硬化の危険もよく知っている。

とはいえ若者がハンバーガーを選んでいるあいだに、きわめて裕福な家庭まで食事が簡素化され、メニューは必要不可欠な生野菜のアントレ、唯一の料理、チーズまたは乳製品および（または）果物[23]という必要不可欠なものだけになった。だが本書ですでに述べた洗練は、特権階級の現れであることに変わりはない。上質なものへの選択は、必要に応じて料理人にも向けられる。祝宴については、上品きわまりないが驚くほど簡素な料理を選択する。

今日の消費社会では、さまざまな階層で同じ祝宴のメニューを選ぶことが責務となっているらしいが、豊富な食品の中から、どんな価格の製品でも選ぶことができる。今は社会的亀裂や文化的・財政的相違にもかかわらず、各人が「らしくふるまう」には都合がよいのである。慈善団体が年末に多くの恵まれない人々に配る食事は、できるだけ白ブーダン、七面鳥、ビュッシュ・ド・ノエルのような儀式化された食物が選ばれる。それによって慰めも与えることになるからである。

食物によって聖なる時を祝福するクリスマスの時期には、まさに狂乱状態になり、キャビア、スモークサーモン、フォワグラはもはや、フォション、エディアール、ルノートル、ペトロシアンでしか買えなくなってしまう。だがその他のラベルを貼ったものは、どこのスーパーマーケットにも出まわる。模造品のキャビアはダンゴウオの卵でできているし、広告の養殖サーモンはトーチで燻製にされたもの、お買い得品のフォワグラの「ブロック」は、輸入品をくずれた断片に分けたものなので、財布がぺしゃんこでも問題はない。幸せとはみんなと同じようにすることである。ただし

「ネオブルジョワジーの出現はまず国家の都市集中化によって助長されたが（定義上ブルジョワは都市に住んでいる）、全体的な高齢化にも影響を受けている。なぜならブルジョワ的価値観は壮年期のほうが相性がよいからである…」
ジェラール・メリメ[22]

(22) 『フランコスコピ（Francoscopie）』、パリ、ラルース社、1999 年。

(23) 高級レストランでも観察される現象である。

支払い額を増やせば、料理のリストはより豪華なものになる。「どんなものを食べているか言ってみたまえ。君がどんな人であるかを言いあててみせよう」［ブリア＝サヴァラン『美味礼讃』］

しかし地方の上流家庭や活動的なエグゼクティブの家では反対に、これをきっかけに「本物の伝統料理」を再発見しようとする「傾向」があることを指摘しておかなければならない。それは、あえて名前を出すのもなんだが、まじめで洗練された『フランスの料理とワイン（Cuisine et Vins de France）』というガストロノミックの月刊誌が、二〇世紀の最後から二番目のクリスマスに読者や当時の料理人や経験豊かなグルメに向けて語っていることである。「時代遅れになることのないこの完璧な伝統料理には貴族叙任状がついている。そのルセットはこの国のグルマンディーズについて書かれた偉大な本の中に書きとめられている…」と編集長をつとめるイレーヌ・カルサンティは社説で述べている。

料理について参照すべき文献はまちがいなく『フランスの料理遺産目録（L'Inventaire du patrimoine culinaire de la France）』(24)であろう。私はこれを、はるか遠い将来に、飢えに苦しんで乾燥した惑星をのがれるときに、最後の地球人たちがもっていく唯一の蔵書だと思っている。さらにおまけと夢を与えるものをつけくわえるなら、これからは芸術のひとつとみなされるであろう料理について人々の好みに責任を負っている今世紀の雑誌の中から、むずかしい選択ではあるが、『味わい（Saveurs）』を選ぶ。人々はこの書をたずさえて地方のテーブルから外国のテーブルへと旅をしているからである。しかしこの遺言書をどこの隅石に封印できるだろう。フランスには真の料理博物館も、国立料理図書館もないのである。

フランス料理の原点への回帰を有効なものとするには、何世紀もかかるだろう。ブルジョワ家庭から生まれた料理はある時期、改善され豊かになるために王侯貴族の宮廷に身を置いた。その後エ

(24)　アルバン・ミシェル社、国立料理術評議会、パリ、1922 年からクロード・ルベの監修のもと、22 巻が出版されている。

キゾティックな香りと親しくつきあい、起源のものより楽しくて味わいのある混血のルセットを考え出した。受けとったものもあったが、与えたものも多かった。その名は完璧さの象徴であり、その文化的遺産と多様性は世界で唯一のものとしてたたえられている。そして外国でも、わが国の言葉だけがこの傑作を表す言葉としてふさわしい。

マグロンヌ・トゥーサン＝サマ

追伸　私が「ガストロノミック」という言葉をあまり好まないことがおわかりになっただろう。

昨日のルセットを今日のメニューに

何か召し上がりませんか？

仁のリキュール（アンズまたはプラム全般）

「セ氏四〇度のブランデー二分の一リットルが入っている広口瓶に、新鮮な仁をティーカップ一杯分ほど入れる。広口瓶の蓋を閉めて、三カ月間太陽にさらす。三カ月たったら仁を取り出して、三〇〇グラムの粉糖と、可能であれば四つに開いたヴァニラの実を少々くわえる。さらに一カ月待ってからほかの容器に移し替えて、会食者に出す」

赤いポワール・ウィリアムスのリキュール

「広口瓶にあらかじめよく洗った洋ナシの皮と種を入れる。わき水三〇センチリットルと、カルヴァドス三〇センチリットルもしくは、より適した洋ナシの蒸留酒を混ぜあわせたものを注ぎ入れる。広口瓶の蓋を閉めて、ときどきかき混ぜながら一〇日間ひなたにおいて漬けこむ。濾してから炻器の壺に移し替える。二五〇グラムの粉糖、レモン半個分の果汁、スープスプーン一杯分のカラメル、四つ割りにしたヴァニラの実少々を混ぜあわせたものをくわえ、かき混ぜる。おおいをかぶせて二〇日間地下倉に置いておく。ふたたびろ過して、ボトルに入れる。食卓に供する前に、さらに暗所に寝かせておくほうがよい。

オデットのサクランボワイン

これはじつは、サクラの葉のワインである。

「サクラの葉七五枚を、虫がついていないかよく確かめながら洗う。クルミ割り器でサクランボの種を砕く。葉と種を、角砂糖二四個と上質の赤ワイン一リットルといっしょに広口瓶に入れる。一五日間ひなたに置く。ろ過して、コップ一杯弱のチェリーブランデーまたは白色フルーツブランデーをくわえる。さらに三カ月間日陰におくか、炻器の壺に入れておいてからいただく」。オデットに感謝。

アニスのシロップ

アブサンがまだアルコール中毒による荒廃をもたらしていた時代に、このアニゼットは家庭に笑いを提供していた。コップ一杯の新鮮な水にスプーン二杯分のシロップを飲むと、のどの渇きがいやされるだけでなく、しゃっくりや胃の痛みも止まった。その場合は呼吸を止めて飲みこむべきである。

「わき水半リットル、アニスの実五〇グラム、シキミ一の実一〇個、粉末にしたナツメグ少量、フェンネルの実五グラム、縦割りにしたカンゾウ一片で濃い浸出液を作る。すくなくとも一二時間寝かせておく。濾して赤砂糖（粗糖）一キログラムをくわえる。火にかけてよく混ざるようにかきまわし、泡が出てきたらすぐ火から下ろす。冷まして冷所に置く」

カクテル

「カクテルを作るにはまずシェーカーが要る。つまり蓋のある金属製のゴブレットで、その中にアルコール飲料とリキュールの混合物と氷を入れるのである。速いテンポで全体をふって混合物を攪拌する。蓋をとって飲み物をグラスに注ぐ」と、『招待客の迎え方（Comment recevoir ses invités）』は新米の接待役にまだ説明している。

以下が「キッカー」もしくはカンヌの豪華ホテルの名を冠した「マルティネ」の配合である。カクテルについてはルセットとはいわない。

「コップ三杯のジン、コップ三杯のフランス産ベルモット酒、ビター一匙、キュラソー二匙。強くふる。サクランボのブランデー漬け、レモン一きれをそえて出す」

伝統的な料理

カーン風トリップ

雑誌の写真にある夢のような調理にためらいもなく挑戦する現代の主婦たちは、豚肉屋で売られている缶詰やジュレの臓物料理《トリップ》をほとんど知らない。参考までに曾祖母が鉛筆で書きとめたルセットをのせておくが、このようにすばやく書かれているのには、この料理がまちがいなく成功し、しかも簡単にできるという二重の意味があることがわかる。そもそも伝統的な料理というのはすべてそういうものである。

「ココットに入れるもの。切り分けた牛の胃五〇〇グラム、切り分けた腸間膜五〇〇グラム、四つに切った子牛の足二分の一本、四つに切った豚足二分の一本、切り分けた燻製の薄い脂身一〇〇グラム、輪切りにしたニンジン二〇〇グラム、薄切りにしたタマネギ二個分、ニンニク二かけ、薄切りにしたエシャロット四本、ローリエ、タイム、クローヴ、コショウ、塩。白ワインを具が隠れるまで入れる。一時間煮る。そのあと一分間蒸発させる」

ナポリ風テュルバン

一九三〇年代の家庭の主婦によって書きとめられたルセットには、マカロニのテュルバンも多く出てくる。それは戦前の母親たちの優雅な夕食の思い出であり、メニューから消える前は、ブルジョワたちのテーブルにはどこにでも登場したが、トリュフたっぷりの気どったものではなかった。当時はおしゃれだった角ばった格調高い書体で書き写されたルセットは、次のようなものである。

「八人分。ゆでたマカロニ一〇〇グラム、おろしたグリュイエール一二五グラム、燻製にしたハム一五〇グラム、生クリームカップ一杯、塩、コショウ、卵四個。マカロニをザルに入れる。ハムを細かくきざみ、マカロニ、クリーム、ハム、グリュイエールを混ぜる。卵をくわえるが、卵白は泡立てたもの。バターを塗った焼き型に入れてパン粉をふる。湯煎にしてオーブンで一時間強焼いたら、ベシャメルソースかトマトソースをそえて出す」

フランス占領期のルセット

オートミールのステーキ

この有名なルセットは、上品な筆跡で封筒に書き写されていた。それによるとこうである。

「このステーキは脳みそのステーキとよく似ている。前日に二五〇グラムのオートミールを同量の水と牛乳に浸けておく。当日に小麦粉二匙、塩、コショウ、きざんだパセリ、タマネギを細かいみじん切りにしてバターで炒めたもの、卵黄、泡立てた卵白をくわえる。粥が完全に均質になるまでよく混ぜあわせる。スプーン一杯分ずつとって、熱した「揚げ油」に落とす。油をきってすばやく出す。分量は六人分」

タシェ・ド・ラ・パジュリ嬢（286ページ参照）の女性家庭教師からいただいた——そのころから私はルセットのマニアだった——次のような、だが判読がむずかしい二つの感動的なルセットを今だにもっている。

グリルで焼いたパン皮のケーキ

「たっぷり砂糖を入れた二分の一リットルの牛乳（に）浸けて、（？）コリントスのレーズンを入れ、型を冷やし（？）、オーブンに入れる」

ビールの作り方

「ホップ一二五グラム、砂糖五〇〇グラム、白ワインヴィネガー二分の一リットル、オレンジの葉。上から熱湯三リットルを注ぎ、四八時間浸しておく。濾して、七リットルの水をくわえる。瓶に入れ、六日間寝かせておく」

ホップはもしかすると薬草販売所で手に入ったのかもしれない。砂糖については、来客に何も出せないことで、みじめさがつのったものだ。公証人ドルーの母であるB夫人は、おそらく砂糖のつてをもっていたのだろう。だがオレンジの葉がないので、別の方法で宴会の飲み物を作るために、土手にトネリコの葉を摘みに行ったのである。

フレネット

「一〇リットル分の材料、トネリコ（乾燥した葉）五〇グラム、スープスプーン一杯分のルー・チコリ、結晶化した砂糖一キログラム、パン屋の新鮮な酵母二・五グラム（二度下線をひいてある）、コーヒースプーン一杯分の酒石酸。チコリとトネリコを三リットルの水に入れて沸騰させる。それを冷ましておく。砂糖のシロップを作る（砂糖が溶けるのに十分な水で）。酵母と酒石酸を溶かす。チコリとトネリコを煎じたものを濾す。葉をすてる。浸出液とシロップ、酵母と酒石酸を樽に入れる。三、四日後、水分量を調整する。一五日間休ませる。瓶に入れる」

トマトピュレの瓶づめ

何世紀も前からブルジョワは、家庭で作る保存食を高く評価していた。中世のあの『メナジエ』を参照するだけでも、その気質が時代をへてもほとんど変わっていないことがわかる。だが戦争がはじまった当初は、何年間も攻囲に耐えなければならないなどとは思ってもみなかったのである。ほとんど料理の達人《コルドン・ブルー》といってよい私の母は、急いでトマトの瓶づめを探しにいった。トマトは南フランスの夏の主たるぜいたくだということは言っておくべきだろう。

「よく熟れたトマト一〇キログラムを用意する。塩、コショウ、クローヴといっしょに大きな鍋に入れる。ピュレ状になるまで、木べらでかきまぜながら煮る。こし器で漉す。ピュレ五〇〇グラムあたり一グラムのサリチル酸をくわえる。あらかじめ熱湯処理した瓶にピュレを流し入れる。表面にパラフィン油を数滴たらす。栓をする。栓を針金で固定する。冷暗所に立ててしまっておく。濃度が高いこのピュレはいろいろなものに使える」

母はサリチル酸と書いていたが、実際にはアスピリンを使っていた。どこの村にもある、日光にあてて乾燥させた伝統的な生トマトのピュレ「トマタ」を作るほうが簡単だったかもしれないが、あまり科学的ではなかった。ほかにも実際の体験による注意があった。瓶をいっぱいにして、今度はそれを空にするよう努めなさい。困るのは瓶づめのサヤインゲンを扱うこと…でも戦時中は戦時中らしくしなければならない！

味覚器官も胃も心も、こうした応急的な料理にガストロノミックなものは期待していなかったし、象徴的なスウェーデンカブや、上手に調理すればおいしいキクイモも高く評価してはいなかった。それはできるだけ子どもたちを優先させて「それらしくふるまう」べきときだった。もっとも、戦前のごちそうの思い出をもっているのはいちばん年長の子どもたちだけだったが。

デザート

ベル・エポックのニンフのガレット

「ひき割りカラス麦の粉を製菓台にのせ、そこに井戸状の穴を掘る。この井戸に生クリーム大さじ一と、精製塩ひとつまみを注ぎ入れる。生クリームができるだけ粉にいきわたるようにこねる。厚さが二ミリメートルになるように、ローラーで生地を延ばす。小さな長方形に切り分け、すりつぶして切ったレモンをこすりつけた砂糖を表面にまぶす。弱火のオーブンに入れる。生地に焦げ色がついたら、取り出して紅茶といっしょに出す」

『実践的料理のルセット（Recettes de cuisine pratiques)』、元講師G・シェーファー夫人、H・フランソワ譲による共著。一九〇一年から一九二一年までのいくつかの版より、ドラグラーヴ社。

コメのミラボー風

「レモンジュースを四分の一入れた大量の水でコメ四〇〇グラムをほどよく煮る。水をきってテリーヌ型にあけ、オレンジシロップを四匙ふりかける。ヴァニラ入りの砂糖シロップコップ四分の一、スープスプーン四匙分のマラスキーノ、同量のキュラソー、コニャックを沸騰させないように温め、水に入れてしぼったゼラチン四枚を混ぜあわせる。砂糖漬け果物と殻をとったピスタチオのみじん切りをくわえる。コメに混ぜる。型に流しこんで冷やす。型からはずすために型をお湯につける。冷やした皿にあけ、溶かしたフランボワーズゼリーで飾り、粉糖を少しふりかける」

ガトー・オ・ショコラ

一九二〇年代の料理書の中から、私はしおり代わりにはさまれた新聞の切りぬきを見つけた。持ち主である二人のパリジェンヌのうちの一人が忘れてしまっていたものだ。ポンプ通り二五八番

（電話番号も記されている）のＶ夫人だろうか、それともビヤンフザンス通り一七番のＣ夫人だろうか。Ｃ夫人は一九二三年には一六七フランの腕時計の保証書、一九三六年には壁紙の請求書もはさみこんでいた。

新聞の切りぬきは、『エクセルシオール』紙にのっていた「負傷者たちのための菓子」というルセットである。三月八日付けで何年かははっきりしないが、どうやら戦闘開始直後、おそらくは一九一五年だろう。裏の写真に写っている女性の髪形と服装がその頃のものだからである。今日では「伝統的」になったルセットだが、これから見ていくように、まったく現代的に見える。また年代順でいうと、私が大きなガトー・ショコラのジャンルで見つけた最初のルセットである。メッテルニヒのために考案されたウィーン発祥の傑作ザッハトルテの一種であるが、起源についてはあまりよく知られていない。同じころ、フランクフルトソーセージも無国籍化していた。

「キャセロールに水少々とチョコレート二〇〇グラムを入れて火にかける。チョコレートが溶けたら、あらかじめキャセロールを火からおろしてバター九〇グラムをくわえる。ゆっくりとかきまわして全体をよく溶かす。溶けたら生地をこねるテリーヌ型に入れ、粉糖二〇〇グラム、卵黄五個、ジャガイモのでんぷん九〇グラムをくわえる。全体をよくこねたら、イングランド粉ひとつまみをくわえて一五分間生地をふくらませる。そのあいだにケーキ型にバターを塗る。卵白を泡立てる。こねたものを焼き型に流しこむ直前に卵白をくわえる。弱火のオーブンで二〇分焼く。より食欲をそそるものにしたいなら、チョコレート五〇グラムと粉糖一匙を溶かして（調理の最初でしたように）バター七五グラムをくわえたものを焼いたケーキにかけることもできる。ナイフを使ってケーキに『グラッセ』を延ばす」

「イングランド粉《プードル・アングレーズ》」（ベーキングパウダー）は、地方で成功をおさめたあと、「アルザス粉《ルヴュール・アルザシエンヌ》」という名前になる。調理時間が短めであるもかかわらず、その背景を考えるとじつに魅力的なルセットである。おばのシュザンヌのところでこのケーキが作られ、素晴らしい美人によってヴァル＝ド＝グラースの負傷者たちのもとに届けられたかどうかはわからない（264ページ参照）。

サヴァラン

同じ理由で、一九四八年に配給解除を祝ってモード紙『ル・プティ・エコー・エブドマデール（Le Petit Écho hebdomadaire)』がのせた、このサヴァランのルセットは私の大のお気に入りである。「バターや砂糖はあいかわらず手に入りにくいけれども、ときどき食卓に祝宴のほのかな光をともしたくなるでしょう…」

「必要なもの、小麦粉一二五グラム、卵二個、バター五〇グラム、砂糖コーヒースプーン一杯、ベーキングパウダー八グラム、塩一つまみ、牛乳スープスプーン四杯。

小麦粉をサラダボールに入れ、小麦粉の中央にベーキングパウダーとぬるい牛乳を入れる。そこに卵を全部入れ、ほとんど液状になるまで生地をこねる。蓋をして、フライパンの端に入れる。ボリュームが二倍になったら、ポマード状に柔らかくしたバター、砂糖、塩をくわえる。力を入れずに五分間こねる。

生地をしっかりバターを塗ったサヴァラン型（この型はクラウンの形をしている）の半分の高さまで入れる。生地をつめた型をフライパンの端に入れる。生地が型の縁までとどいたら、すぐに高温のオーブンに入れる。二〇分でケーキが焼ける。焦げ色がついたら、黒くならないように大きな紙でおおう。すぐに型から取り出す。ケーキが内壁面にくっついていたら、ナイフの刃でそっとはがす。砂糖二〇〇グラムと水二五〇グラムを沸騰させて、すぐにスープスプーン四杯分のラム酒をくわえたシロップを、熱いうちにかける。じゅうぶんに染みこんだら、純粋なラム酒を何匙分かふりかける。

『プティ・エコー・ド・ラ・モード』第三八号、一九四八年九月一九日付け

二一世紀の快楽主義のルセット

ヴァニラ風味の大エビ

シンプルで風変わりだが美味である。

「調理時間二〇分。焼き時間四分。大エビ一八匹、ヴァニラのさや一本、バター三〇グラム、塩華、ひきコショウ。

大エビの頭部を切り落とす。それを縦方向に半分に割る。大エビを肉汁受けにならべる。塩、コショウで味つけする。バターをとろ火にかけて溶かす。溶けたら火からおろす。ヴァニラのさやを二つに折り、ナイフの先で種を溶かしバターの上にかき出す。混ぜる。大エビにヴァニラ風味のバターをふりかける。皿を冷所に置く。最後に肉汁受けを高温のグリルに入れ、約四分間焼く。すぐに出す」

人生の断面と断章

パンの配給切符

「小広場にならぶ商店にはどこも人々の行列にとり囲まれていた。とくに女性が多かったが、その人々は私がヴェラクでいつも目にしていた難民よりも気どった服装をしていた。行列の人々はパリなまりで話していた。いちばん印象的だったのは、近隣の乳製品販売所から歩道にあふれた人々だった。塗りなおされたばかりの生木の店頭には、チョコレートがまだあることを告げる手書きの大きな張り紙がしてあった。パン屋にも人々が殺到していた…

(中略)セレスタンは冬のあいだじゅう咳をしていた… 当時はキニーネを含め、すべてが不足していた。だから天気が良くなって彼が体力を回復し、しかも夜が明けるころに私たちのあいだにいるのを見て安心したものだった。アメリーは夫婦としての愛情だけでなく、彼女の目から見てもうひとつの利点がある夜の仕事への復帰にほっとしていた。セレスタンがふたたび製パン室にもどれば、店の客の相手をする機会は減るだろう。たしかにセレスタンは三〇代で年季が入っていたが、いつもの『パンは誰からも歓迎される』という流儀を変えることはなかった。私の父のこうした人のよさは両親のたえざる口論の種となっていた。毎月県庁に送ることになっている相当額のチケットなしには、一キロのパンも売ることができない時代に、その人のよさは危険でさえあった。

そのころ私は何度も、田舎の娘たちが店の前で足をもつれさせてふらついているところを見た。あるいは丸パンに興味があるふりをして、セレスタンが売り台の向こうに現れるまでこっそりと中のようすをうかがっていることもあった。母が一六時頃、たばこ販売所まで小麦粉の取引証書を買いにいくことに気づいていた者たちもいた。この時間になると、正面の石垣に黒っぽい自転車が大量に立てかけられるのである。私には、財力のない難民の女性たちに対する父のふるまいを観察する機会が何度もあった。すべての人にとってそうであるように、彼女たちにとってもパンは生命維持に欠かせないものである。周りの農場から供給される補足物がなかったら、私たちの店の前で行列を作っている人たちは飢えに苦しむことになるに違いない。それは占領地帯の多くの人々の運命であった。

なかでも、いつも威厳を保っていた小柄なパリの貴婦人、シモーヌ・デルペラを思い出すのである。捕虜になった夫からはなんの知らせもないまま村人とは距離を保ち、三人の子どもたちは母親の服にぶら下がっていた。デルパラは幸福だったころの名残であるカワウソの毛皮の上着に身を包んで店に入ってくる。疲労と苦悩がその顔に焼きついてはいたが、それを態度で示すことはなかった。私は何度も同じ場面に立ち会った。三個のパンを買い物かごにしまったあとに彼女が父に配給切符を差し出すと、父はぶつぶつとこう言うのだった。

『おや、デルペラ夫人、配給切符ならさっきもらいましたよ』

夫人は望外の僥倖を信じられずに父を眺めていたので、父はカウンターを一まわりして、低い声でこう言いながら夫人を外に押しやった。

『明日また来てください。でももう少し早めにですよ』

私はぶっきらぼうだが優しい父のまなざしを忘れないだろう。父は夫人を見送りながら、年長の子どもの肩に力強く手をかけていた。パン屋からロット県庁に渡されるパンの配給切符はいつも極端に少なかった。だが一九四二年からは物資統制が強化されたのだった。私たちは苦い経験からすぐにそのことを学ぶのである…」

ジャン＝ルイ・ペリエ、『思い出のパン（Le Pain de mémoire）』（オー＝ケルシー、一九四〇〜一九四五年）(25)

社交界のディナー戦略

（一九三六年ジュネーヴで、アドリアン・ドゥームとその母親は、国際連盟事務次長饗応のディナーを計画する…）

「ねえ、マミ、今夜のディナーはとびっきりしゃれたものにしたいんだ！　だから、ワインはS・S・Gにまかせよう！　さてと、とびっきりしゃれたというからには、ディナーには辛口のシャンパンだけを出す！　彼にとってもそのほうがいいだろうと僕はほとんど確信している。それが彼にいい印象を与えることになるんだ。そこで、ディナーがはじまる時、僕はごく自然に彼の方を向く。どちらがよろしいでしょうか、事務次長閣下、古典的にゆきますか、それともシャンパンだけでゆきますか？ってね。そうだ、そうしよう、これで決まりだ。もし彼がシャンパンを選べば、ボルドーとブルゴーニュはまた別の折に使えばいい。金に糸目はつけないぞ。反対しないよね？」

「私もそう思いますよ。こんな場合だもの！」

「全部シャンパンか、洗練されてるってのはこういうことをいうんだよ！　たりなくならないように、六本用意するぞ！　彼が大酒飲みってこともある。僕はそうは思わないけど、しかし、何が起こるかわからないからな。畜生、畜生、畜生！」

「一体どうしちゃったの、あなたは？」

彼は立ち上がり、窓の方に行き、また養母のそばへもどってくると、両手をポケットに突っこみ、

(25)　アルバン・ミシェル社、1999年。

誇らしげに微笑んで、彼女を見つめた。

「ひとつ思いついたんだ。僕はあえて天才的な思いつきというよ！」（中略）「僕の考えはこうだ」と彼は告げて、その考えの重要性をきわだたせるために立ち上がり、イタリアの独裁者がよくやるように両の拳を腰にあて、彼女の前に立ちはだかった。「僕の考えは、もう一度言う。シャンパンはいい、たいへん結構とさえいえる。しかし、結局決めるのは彼なんだ。けれども、僕が決められる事がひとつある、この僕が、それは、キャビアだ！（彼は、自分がほれぼれと見つめられているのを感じ、顎を前につき出し、鼻孔をうごめかした。）キャビアだ！」と独裁者とはほど遠い詩人がかけるような眼鏡越しに彼は言った。「キャビア、料理の中の超ウルトラ級の一品で、いちばん高いんだ！」（彼は音吐朗々と言った。）「A級職員であるアドリアン・ドゥーム氏が、その上司であらせられる国際連盟事務次長殿饗応のため、今宵もよおさんとする晩餐会にはキャビアが供されまする！」

「でも、恐ろしく高いわねえ！」と愛する男を前にしてか弱き女性の調子でドゥーム夫人は言った。

「かまうもんか！　S・S・Gとの友好関係を大事にしたいんだ！　それに、われわれの社会的な地位を保つ手段でもあるんだ。心配することはない。それこそ金の使いどころだ！」

「でもねえ、もうビスクからはじめることに決めてあるじゃありませんか。ビスクは魚のポタージュですよ！」

「かまうもんか！　ビスクをやめちゃえばいいんだ！　ビスクなんかキャビアに比べたらくそみたいなものさ！　キャビアがいちばんシックなんだ！　トマト、バター、レモン！　そして、大量生産されているんじゃないかと錯覚する程の大量のキャビア！　もう少しキャビアをいかがですか、事務次長閣下？　ジョン卿を別にすれば、いちばんの重要人物なんだ。孫直方を招待するのは毎日のことじゃないんだから」

「でもねえ、あなた、後からオマール・ゼルミドールが出ますよ」

「テルミドール」と彼は彼女の言葉を訂正した。

「英語では…」

「テルミドール、ギリシア語でテルメは熱さ、ドーロンは天の恵みとか贈り物。気をつけてよ、マミ。ねえ、今夜招待客の前でゼルミドールなんて言わないでよ！」

「それでは海の物が多すぎるでしょう、つぎからつぎへと出てくるんだから」

「キャビアは絶対に多すぎる物じゃない！　そうだよ、そうなんだよ、僕は意見を変えないぞ！後にはひかないぞ！　キャビア、キャビア、またキャビアだ！　ただのオマールのためにキャビアを見かぎったりはしないぞ！　ねえ、マミ、豪華な晩餐会では、どの料理もほんのわずかしか食べないんだよ。ポタージュをひと口かふた口、オマールもひと口というふうにね。思いどおりにやらせてよ！　キャビアはすごい効果があるんだよ！　ここに誰かそのことがわかっている者がいるとすれば、この僕だ！　しかも、彼が食べたくないと思えば、もちろん彼はオマールを断わるだろう！　ちょっとした冗談を彼の耳もとにささやいて、僕が承知の上でそうしたんだってことを彼に知らせる。海の物が少々豊富すぎるメニューかもしれませんが、事務次長閣下、って。趣向をじっくり考えてみることだ。キャビアだ、キャビアだ！　塩漬けじゃないもの、黒じゃないやつだ。畜生！　新鮮で、グレーで、真っすぐスターリンの所へ行くやつだ！」

キャビアという名の神のことで頭が一杯になった彼は、チョッキに手をあてがい、夢中になってサロンを大股で荒っぽく歩きまわった。（中略）

「くだらないよ、彼女のメニューは」臨時雇いはマルタに言った。「こんなメニューは今の今まで見たこともない。ビスクの次はオマールエビ、それにどうやらキャビアも出るらしいんだよ！　それから子牛の胸腺肉、その次にはコシギ、そしてフォアグラだ！　なんでもかでもぶちこみゃいいってもんじゃない。慣れてないってことがすぐわかる。ディナーは構成されるものなんだから、論理的でなくちゃいけない。それに会食者はたったの五人だというのに、メニューをわざわざ刷ったんだ！　ふざけてるよ、まったく！　それで八時からのディナーのために、俺を五時半に来させるんだからな！　いやはや、まったくひどい話だよ！」

アルベール・コーエン、『選ばれた女』(26)（紋田廣子訳）

一九世紀に予想された二〇〇〇年のキュイジーヌ・ブルジョワーズ

「ラコンブ夫人は、もっともな関心を示して引越しの作業を見守っていたが、（中略）賞賛に値すると思えばほめ、批判すべきところでは遠慮なく指摘した。だが未来の花婿の父親に、自分の意見を伝えるのは容易ではなかった。極端に時間をおしむフィロックス・ロリスは意見の聞き役を蓄音機にまかせたので、蓄音器が翌日答えてくれるのである…答えてもよいと思えばであるが。（中略）あることがラコンブ夫人を不安にさせていた。この家にはなんでもそろっているのに、キッチンが見あたらなかったのだ。彼女はある日思いきって学者の蓄音機に自分の驚きを伝えた。

答えが翌日返ってきた。

『キッチンだって！』と蓄音機は叫んだ。『そんなことを考えているのかね、マダム？　反動的な人物や進歩に逆らう反抗的な緩歩動物にふさわしい考えだ。今から二〇年もすれば、田舎の人里

(26)　ガリマール社、「フォリオ版」、1998 年。

離れた気の毒な集落でもなければ、キッチンつきの家はきっとなくなるだろう。社会経済は、いずれにしても中央キッチンで同じ料理を大量生産するより、必然的に料理作りの費用がかさんでしまう個別の小さなキッチンを追放したのだ。私の家にキッチンがないように息子の家にもキッチンはない。私たちは〈大食品供給会社〉に加入したから、食事はチューブと専用のパイプで調理されて届けられる。だから何もすることはないんだ。時間の節約は大事だが、お金の節約はそれ以上に注目に値するものなのですよ！』

『ありがとうございます！』とラコンブ夫人は言った。『そうしたければどうぞ私を反動的な人物扱いしてくださいな、でも私は好きなときにちょっとしたお気に入りの甘いものを組みあわせることのできる小さなキッチンが好きなんです！　あなたの〈大食品供給会社〉の料理は、そう、ただの既成品ですわ！』

『うけあうよ』と蓄音機は反論を予想していたように言った。『料理はおいしいし、メニューはバラエティーに富んでいる。私たちの食事を作っているのはね、マダム、その辺の見習いコックや無学な料理の達人《コルドン・ブルー》じゃないんですよ。学識の深い免許取得者であり、研究をさらに進めた料理の技術者だ！　彼らは、健康管理の法にしたがってわれわれの食事を命じ、合理的な食事を供給することのできる卓越した衛生学者の委員会の指導のもとにある…　医学的な責任をもたない料理長が、ひらめきに従って思いつくままに組みあわせた料理の代わりに、〈会社〉は皆の健康に良いと判断すれば、季節や状況にふさわしく、さわやかで元気が出る、じょうぶに育った肉や野菜たっぷりの食事を提供してくれる…　そして定期予約者のあいだでは、痛風や胃痛や消化不良などのはっきりした改善が認められている。（中略）いずれにせよ現代人にとって、胃袋を満足させることばかり気にしているようすを示すのは恥ずべきことなのだ！　このとるにたらない器官は、王たる器官である脳より優位を占めたり、脳を圧迫したりしてはならないのですよ、マダム！　そもそもこんな問題はどうでもいいことなのだ！　ご存知のように現代ではもう食欲などないのだから！』」

アルベール・ロビダ、『二〇世紀、電気生活（La Vie électrique ou la vie au XXe siècle）』（一八九二年）

年表

一〇〇七年　「ブルジョワ」という言葉の登場。
一一〇〇年頃　街路沿いに立ちならぶ初期のブルジョワの家。
陶製の皿や容器。
部屋の中央に置かれた開放式のかまど。
焼く、煮る、またはとろ火で煮る料理（ローストは貴族のみ）。
一一四一年　ルイ七世の特許状「ブルジョワは都市の自由な住民である」。
王がパリ中央市場を決まった敷地に建てる。
一二〇〇年　パンを自分のパン焼き窯で焼くこと求めるパン屋のストライキ。
一二九四年　奢侈禁止令でブルジョワに金銀の食器が禁じられる。
一三世紀末　料理のための壁つき暖炉。
一三〇〇年頃　ブルジョワがパン焼き税を免除される。
パン櫃とこね桶の発明。
一三六二年　あるパリのブルジョワによる『メナジエ』。
「タイイ」のルセット。
一三八三年　貧しい商人たちに鯨の脂身を売る特権が与えられる。
一四世紀末　イタリア製ファイアンスの食器セットが登場。

一四二〇年 深皿の登場。
個人用スプーンが一般化。
個人用ナプキンの登場。

一四三〇年 パリのパン屋に白パンと菓子を焼くことが禁止される（百年戦争）。
ジャンヌ・ダルクがワインに浸したパン（スープ）を食べる。

一四九二年 アメリカ大陸発見。

一五世紀末 裕福なブルジョワの家にロースト用回転器。
ダマスク風テーブルクロスの発明。

一五一六年 パティシエがパテにくわえて菓子を作る権利をもつ。
リヨンに最初のフランス製ファイアンス製造工場。

一五三三年 カトリーヌ・ド・メディシスがインゲンマメとアーモンドクリームをフランスにもちこむ。

一五五〇年 ミラノでメレンゲが発明される。

一五五五年 教皇ユリウス三世が四旬節にバター、卵、チーズを許可する。
魚用蒸し鍋（テュルボティエール）の発明。

一五七〇年 アンリ三世の宮廷でフォークが用いられる。

一六一五年 貴婦人のための『イングランドの主婦』。

一六四三年 マルセイユにおいてフランスではじめてのコーヒーが飲まれる。

一六五一年 ブルジョワ料理の品質をたたえる『フランスの料理人』。著者のラ・ヴァレンヌは「ブーケガルニ、クローヴを刺したタマネギ、小麦粉入りクールブイヨンのゆで煮、バターを使った料理、魚のミルク煮、「グリンピース」、ケベックでシャンプランによって発見された「キクイモ」を勧めている。

一六五三年 ブルジョワ料理で専用オーブンが使用される。

一六五四年 「食物に自然の味を残すこと」を勧める『田園の快楽』。

一六六〇年　ルイ一四世の宮廷にグリンピースが登場。
一六七三年　テーブルクロスとナプキンをくわえたテーブルセット。
一六九一年　モリエールの財産目録に円卓の記載。
一七〇〇年頃　ブルジョワ家庭の食堂について最初の記述。
一七四六年　『王家とブルジョワの料理人』（大ブルジョワ向け）。
いくつかの炉をもつ煉瓦造りのかまどの発明。
生産物の品質、産地の重要性、香草、卵やクリームのつなぎ、ブールマニエ、とろ火でゆっくり煮る調理、アイスクリーム製造器を勧める最初の近代料理書『ブルジョワの女料理人』の初版。
一七五〇年頃　銀めっきの発明。
一七八九年　携帯用レンジの発明。
一七九四年　ジャガイモに捧げられた『共和国の女料理人』。
一七九七年　クレイユの精陶器工場創業。
一七九八年　ウフ・ア・ラ・ネージュが『アカデミー・フランセーズ辞典』にのる。
一八〇〇年　ルボンがガスによる照明と暖房の特許登録。
一八〇四年　アペールが煮沸による食品の殺菌を発明。
一八一〇年　はじめてロシア風サーヴィスが行なわれる。
一八一八年　エスパニョルソースが流行しはじめる。料理書にポトフの最初のルセットがのる。
一八二二年　オイルサーディン缶詰の発明。
一八三〇年頃　ブルジョワ家庭の食堂に上下に分かれた食器棚がみられるようになる。
一八三二年頃　シュヴェが「ア・ラ・ナージュ」料理を考案。
一八三五年　最初のガスこんろ。
一八四二年　クリストフルが電気めっき法による銀めっきを発明。

一八四四年　フェリクス・ポタンが最初の店を開く。
一八四七年　最初の共和国の祝宴。
一八五四年　パリで毎年三五〇万「ヘクトリットル」の石炭が燃やされる。
一八五九年　フェリクス・ポタンが最初の支店を置く。
一八七〇年　パリ攻囲でブルジョワ（やその他の人々）がネズミを食べる。
一八八七年　コートレットのパピヨットの最初のルセット。
一八九〇年　若い娘たちのための料理学校創設。
一九〇〇年　『ミシュランガイド』。
　フランスに魚用カトラリーが登場。
一九一〇年頃　アメリカ式冷凍庫。
　アメリカ風の混合酒、カクテルが話題にのぼる。
一九二一年　キュルノンスキーが地方料理の地位を確立させる。
一九二三年　最初の郷土料理デー。
　家庭用器具見本市の創設。
一九二五年頃　チーズがメニューにのる。ただしデザート後。
一九二六年　タルト・タタン。
一九二七年　午後の遅い時間に開かれる社交パーティ「カクテル」の流行。
　昔風のブランケットが体系化される。
　ブタンガス。
一九二九年　アメリカで冷凍食品が発明される。
一九三九年　フランスに電動おろし器（ムリネット）が登場。
一九四〇年　フランス敗戦直後の食糧配給制。
　焼きたてパンの販売禁止。

一九四八年　食糧補給閣外大臣の事務局が創設される。
五年間にわたる全国的な飢餓状態と「闇市」。
配給切符の消滅。

一九五六年　パリに最初のセルフサービスの店が現れる（グレ＝テュルパン）。

一九五八年　最初の料理番組。

一九六三年　最初のスーパーマーケット（ドク・ド・フランス）。

一九六八年　最初のハイパーマーケット（カルフール）。

一九六九年　ダイエットへの関心の高まり。
最初の料理カード。

一九八一年　ダゴベルト王時代から続いていたパン焼き税の廃止。

一九九九年　ベルギーでセルフヒーティング食品の発明。

謝辞

この食事会に快く参加してくれた身近な人々に心からの感謝を述べなければならない。骨董の陶器や銀器のエキスパートである娘のマルティーヌ、古書や古文書に精通した娘婿のフランソワ・マニャン。そして息子のティエリー・アルベルニーとルノー・アルベルニーは、百科にわたる教養と献身的なコンピュータ作業で私の研究を助けてくれた。

いつまでも変わることのない友、王様のパティシエS・G・サンデルと「ル・グラン・ルーヴル」の総料理長イヴ・ピナールには、有能な「技術顧問」としてご協力いただいた。

料理の達人《コルドン・ブルー》のブルジョワ女性たち、とくにマリ＝クレール・アヴリーヌとそのお母様レーヌ＝マリ・アルベール、マリ＝ポール・ベルナルダン、クリスティアーヌ・カシウ、ルネ・ギュタン、ジャクリーヌ・マニャン、ジャニーヌ・エスカロンをはじめとする方々は、私のアンケートに親切に答えてくださり、あるいはまた家庭料理の資料を私の資料にくわえることを許してくださった。

『エル』誌（アシェット＝フィリパッキ社）の資料保管担当者アネット・ネビュ、国立視聴覚コミュニケーション研究所の保管係の方、リラダンのジョルジュ＝デュアメル図書館の司書の方、フィリップ・ヘイマン、メアリー・ヘイマン夫妻、そして私がメモやノートを見つけた名も知らぬすべての方々にも厚くお礼を申し上げる。

マピ・ド・トゥールーズ＝ロートレックとマドレーヌ・ペテルの功績をたたえつつ。

担当編集者クロード・ルベイのつねに変わらぬ忍耐と信頼、そしてロール・パオリの支援には深く胸を打たれた。そしてなによりも、本書に命を吹きこんでくれた小さな妖精エレーヌ・ブランジエに感謝する。

マグロンヌ・トゥーサン＝サマ

訳者あとがき

二〇一〇年一一月一六日、ユネスコの政府間委員会はフランス料理を、スペインのフラメンコや中国の京劇などとともに無形文化遺産に認定した。まさに料理は文化なのである。もちろん世界にはそれぞれの国の料理があり、いずれも後世に伝えるべき遺産とよぶにふさわしい大切なものであることはいうまでもない。だがフランス料理が美食の名に恥じないものであり、世界の多くの人々に受け入れられていることはたしかである。

フランス料理と聞いて何を思い浮かべるだろう。国賓を招いた晩餐会での格式高い料理、結婚式で次々と供される豪華なフルコース、街のレストランで食べるちょっと気どったランチ等々。オードブルからポタージュ、アントレ、サラダ、デザート…とつぎからつぎと運ばれてくる美しく皿に盛りつけられた料理…やはりごちそうというイメージである。それはフランスの宮廷の料理だったのだろうか。

マグロンヌ・トゥーサン＝サマの“HISTOIRE DE LA CUISINE BOURGEOISE DU MOYEN ÂGE À NOS JOURS”の翻訳である本書には、フランス料理の歴史にじつはブルジョワ家庭の料理というものが大きな位置を占めていることが書かれている。中世の時代に誕生したブルジョワの祖先たちは、宮廷料理の影響を受けながらも、地方料理の伝統をとりいれたキュイジーヌ・ブルジョワーズという新たな家庭料理を生み出した。そしてその料理がレストランだけでなく、一般家庭にも広まっていったという。

マグロンヌ・トゥーサン＝サマは歴史家であり、ジャーナリスト、作家でもある。数多くの著書があり、そのなかでも“HISTOIRE NATURELLE ET MORALE DE LA NOURRITURE”は『世界食物百科』（原書房）として、また“LA TRÉS BELLE ET TRÉS EXQUISE HISTOIRE DES GÂTEAUX ET DES FRIANDISES”は『お菓子の歴史』（河出書房新社）としてすでに邦訳が出ている。きわめて多方面にわたるその知識は、まさに汲めどもつきぬという印象であるが、本書もまたフランス料理にまつわる興味深いエピソードであふれている。

フランス料理のテーブルに置かれたメニューを見てみると、料理名の最後に「ア・ラ・リヨネーズ」、「ア・ラ・ナージュ」などと書かれていたりする。ア・ラ・リヨネーズつまりリヨン風というのは文字どおりリヨン地方の家庭料理に由来するもので、薄切りのタマネギで作ったソースを添えたものであるらしい。ア・ラ・ナージュつまりナージュ風は魚介類をクールブイヨンでゆで煮して、煮汁を入れたまま出す料理だそうだ。ところで本書によると、このナージュという手法を編み出したのは、ジェルマン・シュヴェという人物である。シュヴェにまつわる物語はじつに興味深い。

一八世紀の終わりごろ、パリ近郊の町でバラを栽培していた園芸家シュヴェは、王妃マリー・アントワネットに花を納めていた。王妃が囚われの身になったあとも花を届けつづけていたが、王党派の扇動的なビラで花を包んでいたことから逮捕されてしまう。一七人もの子どもがいたおかげで温情を得て釈放されるが、貴族の象徴であるバラを抜いてジャガイモを栽培することになる。だがジャガイモは育たず失敗し、パリに出てパテを売りはじめる。そしてこの人物がその後、フランスの食品文化に大きな役割を果たすことになるというのである。

本書は四章に分かれ、第1章はまず中世から始まっている。ローマ帝国崩壊後のガリアの地には城壁に囲まれた都市が各地にあり、ブルグスとよばれていた。このブルグスに住む人々の中から、自由な身分を得たブルジョワの先祖たちが現れた。ほかの文献などを見てみると、この時期については地域によっても違いがあり、また文書の解釈などについても諸説あるようだ。いずれにしても、ブルジョワたちはもちまえの用意周到さで着々と力をたくわえていく。

第2章は新大陸発見後、植民地貿易でブルジョワたちが大きな力をたくわえていく一六世紀から一八世紀までをとりあげている。この時期にコーヒー、紅茶、チョコレート、砂糖をはじめさまざまな新しい食品がフランスに入ってくる。著者はこの時期に奴隷貿易も行なわれていたということもつけくわえている。貿易商人たちはアフリカに商品をもっていって捕虜と交換し、この捕虜をアメリカなどで奴隷として売った。そしてエキゾティックな食品を積みこんで帰ってきた。美食の陰にいたましい犠牲者たちがいたということも忘れてはいけない事実である。

第3章は大革命後の一九世紀である。ブリア゠サヴァラン、カレームといった名だたる料理家たちがグランド・キュイジーヌとよばれる華やかな料理を演出する一方で、ブルジョワジーの家庭料理もまた花開く。シュヴェが活躍するのもこの時代である。

第4章の二〇世紀にはブルジョワジーという呼称そのものがしだいに用いられなくなっていくが、その家庭料理は女性雑誌に掲載されたり、テレビの料理番組で伝えられたりすることによって、人々に浸透していく。家庭用料理器具も大きく進歩して、現代へといたるのである。

第1章から第4章まで、それぞれの時代の社会的状況、台所設備、食器、食材など、あらゆる角度から光をあてて語られている。コラムや章末では、文学作品に描かれた食の場面や、その時代ごとの料理のルセット（レシピ）が、ポタージュからメインディッシュ、デザートまで満載されている。まさにフランス料理の一大スペクタクルを観るような趣である。

著者の幅広い知識の中からわき出てくる軽妙洒脱な言葉の数々を、できるかぎり日本語にして伝えようと悪戦苦闘したが、訳者の力がおよばない点もあったかと思う。とくに中世でとりあげられている古い文献の言葉については、現代の言葉と大きく異なる点が多く苦労した。いたらぬ点についてはご教示いただければと願っている。

最後になりましたが、原書房の寿田英洋さん、廣井洋子さん、株式会社バベルの鈴木由紀子さん、そしてそのほか多くの方たちにたいへんお世話になりました。心から感謝申し上げます。

二〇一一年二月

太田佐絵子

参考文献

AMOUROUX Henri, *La Vie des Français sous l'Occupation*, Fayard, 1961.
ARON Jean-Paul, *Le Mangeur du XIXe siécle*, Denoël, 1976.『食べるフランス史——19世紀の貴族と庶民の食卓』、佐藤悦子、人文書院、1985年
BALZAC Honoré (de), *La Comédie humaine*, Gallimard, de 1970 à 1981 (12 volumes)『人間喜劇』セレクション、藤原書店、1999年
BALZAC Honoré (de), *Le Père Goriot*, Gallimard, « Folio », 2000.『ペール・ゴリオ』、鹿島茂、藤原書店、1999年
BALZAC Honoré (de), *Les Français peints par eux-mêmes*, Parangon, 2001.
BRILLAT-SAVARIN, *La Physiologie du goût*, Tallone, 1967.『美味礼讃』、関根秀雄・戸部松美、岩波書店、1983年
CHABOT Paul, *Jean et Yvonne, domestiques en 1900*, Belfond, 1980.
CHÂTILLON-PLESSIS, *La Vie à table à la fin du XIXe siécle*, Firmin-Didot, 1894.
COHEN Albert, *Belle du Seigneur*, Gallimard, « Folio », 1998.『選ばれた女』、紋田廣子、国書刊行会、2006年
COLOMBIÉ Auguste, *La Cuisine bourgeoise,* Réty, Meulan, 1907.
COLOMBIÉ Auguste, *La Pâtisserie bourgeoise*, Réty, Meulan, 1907.
CROZE Austin (de), *Les Plats régionaux de France*, D. Morcrette, 1977.
D'AUSSY, *Histoire de la vie privée des François*, Laurent Beaupré, 1815.
DELAHANTE Adrien IV, *Une famille de finance au XVIIIe siècle*, Hetzel, 1881.
DEVEAU J.-M., *Les Anneaux de la mémoire*, Nantes, 1994.
Dictionnaire portatif de Cuisine, ouvrage collectif, Payot, 1995
DOSTOÏEVSKY, *Le Bourgeois de Paris*, Ressouvenances, 1986.
FLANDRIN Jean-Louis, *Introduction à : Le Cuisinier françois*, Montalva, 1983.
GARLIN Gustave, *La Bonne Cuisine*, Magasins réunis, 1887.
GIONO Jean, *Regain*, LGF, 1958.
GRENIER-SAMAT France, *Une Enfance marseillaise*, C. L. C., 2001.
Guide Michelin pour les Chauffeurs et les Vélocipédistes, Michelin, 1900.
HUGO Victor, *Les Misérables*, Gallimard, 1976.『レ・ミゼラブル』、佐藤朔、新潮社、1967年
Inventaire du patrimoine culinaire de la France L' , Albin Michel/Conseil national des Arts culinaires, sous la direction de Claude Lebey, 1992.
Isle des Hermaphrodites L' , Droz, 1996.
Journal d'un bourgeois de Paris : de 1405 à 1449, Livre de Poche, 1990.
KAMMENTHALER J., *La Cuisine de Jeanneton, 1001 Recettes et 100 Menus pour faire de la Bonne Cuisine économique*, Albin Michel.
MASSIALOT, *Le Cuisinier royal et bourgeois*, Parangon, 2001.
Ménagier de Paris, Slatkine, 1982.
MENNELL Stephen, *Français et Anglais à table du Moyen Âge à nos jours, Flammarion*, 1987.『食卓の歴史』、北代美和子訳、中央公論社、1989年
MENON, *La Cuisinière bourgeoise*, D. Morecrette, 1978.

MERCIER Louis-Sébastien, *Tableaux de Paris*, Mercure de France, 1994 (2 volumes).『十八世紀パリ生活誌——タブロー・ド・パリ』、原宏、岩波書店、1989年
MERMET Gérard, *Francoscopie*, Larousse, 1999.
MICHEL-THIRIET Philippe, *Quid de Marcel Proust, en ouverture de La Recherche*, R. Laffont, coll. « Bouquins ».
MIQUEL Pierre, *La Grande Guerre*, Fayard, 1984.
MONTAIGNE Michel (de), *Essais*, Pocket, 1998.『随想録〈エセー〉』、松波信三郎、河出書房新社、1970年
PERRIER Jean-Louis, *Le Pain de mémoire*, Albin Michel, 1999.
PRÉVOST Marcel, *Lettres à Françoise*, 1902-1912.
PROUST Marcel, *Le Côté de Guermantes*, Flammarion, 1987 (2 volumes).『失われた時を求めて——ゲルマントのほう』、プルースト全集、井上究一郎、筑摩書房、1985年
RABELAIS, *Gargantua*, Flammarion, 1995.『ガルガンチュア——ガルガンチュアとパンタグリュエル』、宮下志朗、筑摩書房、2005年
Recettes et histoire du baron Brisse, gastronome provençal, L'Étoile, 1998.
REVEL Jean-François, *Un festin en paroles*, Plon, 1995.
ROUFF Marcel, *La Vie et la passion de Dodin-Bouffant, gourmet*, Le Serpent à plumes, 1995.
SACCHETTI Franco, *Tables florentines : écrire et manger*, Stock, coll. « Moyen Âge », 1984.
SAINT-ANGE Mme, *Le Livre de cuisine de Mme E. Saint-Ange*, Larousse, 1995.
SERRES Olivier (de), *Le Théâtre d'agriculture et mesnage des champs*, Slatkine, 1991.
Larousse gastronomique, Larousse, 2000.
STAFFE (Baronne), *Usages du monde. Règles de savoir-vivre dans la société moderne, éditions* 1900, 1989.
TAILLEVENT Guillaume, *Le Viandier*, Slatkine, 1967.
TEXIER Edmond, *Tableau de Paris*, Inter-Livres, 1988.
SWIFT Jonathan, *Instructions aux domestiques*, 10/18, 1997.『奴婢訓』、深町弘三、岩波書店、1950年
TOUSSAINT-SAMAT Maguelonne, *Histoire naturelle et morale de la nourriture*, Larousse-Bordas, « In Extenso », 1987.『世界食物百科』、玉村豊男、原書房、1998年
TOUSSAINT-SAMAT Maguelonne et Lair Mathias, *Grande et petite histoire des Cuisines*, Robert Laffont, 1989.
TRÉVIÈRES Pierre, *Comment recevoir ses invités*, Librairie Garnier, 1929.
YOUNG Arthur, *Travels in France during the Years 1787-1789*, Georges Bell, Londres, 1889.
ZOLA Émile, *Thérèse Raquin*, Gallimard, « Folio », 1978.『テレーズ・ラカン』、小林正、岩波書店、1966年
ZOLA Émile, *Germinal*, Gallimard, « Folio », 1978.『ジェルミナール』、小田光雄、論創社、2009年
ZOLA Émile, *Les Mystères de Paris*, Gallimard, « Folio », 1978.
ZOLA Émile, *L'Assommoir*, Gallimard, « Folio », 1978.『世界文学全集55　居酒屋』、清水徹、集英社、1978年
ZOLA Émile, *Pot-Bouille*, Gallimard, « Folio », 1978.『ごった煮』、田辺貞之助、角川書店、

1958年
ZOLA Émile, *Le Ventre de Paris, Gallimard*, « Folio », 1978.『ゾラ・セレクション2　パリの胃袋』、朝比奈弘治、藤原書店、2003年

Les ouvrages indiqués ci-dessous sont tous cités dans Histoire de la cuisine bourgeoise du Moyen Âge à nos jours. *Néanmoins, certains ont été publiés il y a parfois plusieurs siècles. Il a donc été impossible de retrouver leurs références complètes.*

AUDIGER, La Maison *réglée*, 1642.
AUDOT L. E., *La Cuisinière de la ville et de la campagne* (68 éditions de 1818 à 1910).
BEAUVILLIERS François (de), *Voyage de Louis XIV à Nantes.*
BONNEFONS Nicolas (de), *Les Délices de la Campagne.*
BRUN Charles, *Psychologie de la table*, 1928.
CARÊME, *L'Art de la cuisine au XIXe siècle* (5 vol.).
Cuisine du siècle La (1895).
Cuicine pas chère de Tante Mag (*La*) *: Nouveau traité de cuisine permettant à toute ménajère soucieuse de ses intérêts de réaliser une alimentation saine, abandante et économique* (*1925*).
DESCHAMPS Eustache, *Le Miroère du mariage.*
Dictionnaire des arts et de l'ameublement (publié sous Louis XV).
DIDEROT Jacques, *L'Encyclopédie*, tome XIII.
Excursion chez l'épicier, v. 1880.
GAUTIER Théophile, *Tableaux du siège* (Paris 1870-1871).
Guide du voyageur (*Le*), (1855).
LACAM Pierre, *Mémorial historique et géographique de la pâtisserie.*
Livre des Mestiers (*Le*).
MARKHAM Gervase, The English Hus Wife, 1615.
MENON, *Le Nouveau Traité de cuisine* (1742), *La Science du maître d'bôtel cuisinier* (1750), *La Science du maître d'bôtel confiseur* (1750), *les Soupers de la Cour* (1755).
MERIGOT Mme (de), *La Cuisinière républicaine.*
NICOT, *Le Thrésor* (début du XVIIe siècle).
OUDIN, *Lexique*, 1640.
PHOEBUS Gaston, *Chroniques*, L. IV.
RENGADE docteur, *Les Besoins de la vie et les elements du bien-être.*
ROBIDA Albert, *La Vie électrique ou la vie au XXe siècle*, 1892.
SARCEY Francisque, *Le Siège de Paris.*
SAVARY Jacques, *Le Parfait Négociant.*
SÉDILLE Paul, *L'Architecture moderne en Angleterre*, 1895.
Thrésor de danté (*Le*).
Traité des sols et des champ (*Le*).
VALLET Pierre, *Le Jardin du Roi très chrétien Henri IV*, 1608.
VARENNE La, François Pierre dit, *Le Cuisinier françoii* (1631), *Le Pâtissier françois* (1653), *Le Gonfiturier françois* (1660).『フランスの料理人』、森本英夫、駿河台出版社、2009年

◆著者◆

マグロンヌ・トゥーサン＝サマ（Maguelonne Toussaint-Samat）

1926年、パリ生まれ。作家、歴史家、ジャーナリスト。フランスの雑誌に寄稿するほか、料理・歴史・フランス文化関連の著作を多数執筆。専門領域は、フランスおよびイタリアの中世からルネサンス。Histoire naturelle et morale de la nourriture（邦題『世界食物百科』）で、文芸家協会歴史賞およびルレ・グルマン文学賞を受賞。

◆訳者◆

太田佐絵子（おおた・さえこ）

1958年生まれ。早稲田大学第一文学部フランス文学専攻卒業。訳書に『第三帝国の嘘』（原書房）がある。その他『フランソワ・トリュフォー』（原書房）など翻訳協力多数。千葉県柏市在住。

フランス料理《りょうり》の歴史《れきし》

●

2011年4月10日　第1刷

著者………マグロンヌ・トゥーサン＝サマ
訳者………太田佐絵子《おおたさえこ》

装幀………渋川育由
本文組版・印刷………株式会社ディグ
カバー印刷………株式会社明光社
製本………小高製本工業株式会社

発行者………成瀬雅人
発行所………株式会社原書房
〒160-0022　東京都新宿区新宿1-25-13
電話・代表 03(3354)0685
http://www.harashobo.co.jp
振替・00150-6-151594
ISBN978-4-562-04682-9